河南协调发展

现实与未来

薛玉莲 等／著

社会科学文献出版社
SOCIAL SCIENCES ACADEMIC PRESS (CHINA)

目　录

第一章　绪论 ……………………………………………………………… 1
　第一节　开放与新开放的比较 ………………………………………… 1
　第二节　开放的阶段性与渐进性 ……………………………………… 10
　第三节　对外开放面临的挑战 ………………………………………… 18
　第四节　新开放战略的未来预期 ……………………………………… 24

第二章　"一带一路"新开放布局 ……………………………………… 31
　第一节　"一带一路"倡议的时代背景 ……………………………… 31
　第二节　"一带一路"倡议的理论依据 ……………………………… 37
　第三节　"一带一路"建设的目标愿景 ……………………………… 42
　第四节　"一带一路"建设的时空意义 ……………………………… 47

第三章　河南对外开放的历史向度 ……………………………………… 53
　第一节　河南对外开放的阶段性过程 ………………………………… 53
　第二节　河南省对外开放取得的标志性成绩 ………………………… 63
　第三节　河南对外开放的风险评估 …………………………………… 77
　第四节　河南对外开放的深层次问题分析 …………………………… 85

第四章　河南对外开放的优势 …………………………………………… 99
　第一节　空间的地理区位优势 ………………………………………… 99
　第二节　系统的政策支持优势 ………………………………………… 100
　第三节　独特的陆空物流优势 ………………………………………… 109

第四节　悠久的文化资源优势……………………………………… 116
  第五节　丰裕的人力资源优势……………………………………… 122

第五章　河南对外开放的新体制建构………………………………… 134
  第一节　河南对外开放环境国际化………………………………… 134
  第二节　河南对外开放原则法制化………………………………… 144
  第三节　河南对外开放措施便利化………………………………… 149
  第四节　河南对外开放方式自主化………………………………… 151

第六章　提升河南对外开放的产业素质……………………………… 156
  第一节　河南制造业转型升级与"走出去"战略………………… 156
  第二节　河南省服务业全球化布局与信息经济发展……………… 163
  第三节　河南农业现代化与碳汇农业发展………………………… 172
  第四节　河南手工业规模化与世界品牌培育……………………… 180

第七章　河南在国家"一带一路"建设中的作为…………………… 185
  第一节　郑州航空港与"空中丝绸之路"建设…………………… 185
  第二节　中欧班列带动下的"丝绸之路经济带"建设…………… 199
  第三节　河南自贸区与"网络丝绸之路"建设…………………… 206
  第四节　中原文化与丝路文化旅游建设…………………………… 210

参考文献………………………………………………………………… 215

后　记…………………………………………………………………… 225

第一章
绪 论

1978年，中国开启了改革开放的新时代。邓小平同志在科学地总结我国历史经验和正确把握世界经济发展趋势的基础上提出了改革开放的国策。经过了三十多年的发展，改革开放国策让中国取得了举世瞩目的成就，但同时也遇到了新问题和新挑战。自2008年国际金融危机以来，世界经济格局发生了重大变化，中国的经济结构也发生了深刻变革。随着最初的对外开放红利的逐渐减少，中国主动采用更加全面的对外开放手段，用新开放倒逼中国经济进行改革，以实现中国经济的转型升级。这样一来，中国必须要顺应当前国内经济结构及世界经济形势的变化，构筑新的开放格局和谋划新开放战略。因此，在党的十八届五中全会上，把"新开放战略"放在了"十三五"蓝图的核心位置。

第一节 开放与新开放的比较

一 中国对外开放的历史背景

以党的十一届三中全会为标志，我国开始了对外开放的历史性转变。邓小平同志在科学地总结我国历史经验和正确把握世界经济发展趋势的基础上提出了对外开放理论。对外开放是我国的一项基本国策，也是建设社会主义市场经济的伟大实践，具有其独特的意义。后来随着实践的不断发展，开放又不断被赋予新的内涵。"开放"本意主要是指解除封锁、禁令、限制等，允许进入或利用。我们经常把开放与改革并列，称之为改革开放，实际上开放也是改革，开放是对封闭环境的一种改革。① 开放主要是针对外部来讲

---

① 参见十八届五中全会公报。

的,"开"主要体现在对外破除国家(地区)之间的封闭状态,对内不同地区、部门之间的互相开放;"放"体现在摒弃各种限制经济社会发展的条框。对外破除国家(地区)之间封闭的状态,就是打开国家和地区之门,引进资金和技术,吸纳优秀人才。实践证明,走闭关锁国、自我封闭之路是没有发展前途的。

对于中国而言,开放不仅要对外开放,还包括对内开放。对内不同地区、部门之间互相开放,就是指打破地方保护主义和地区封锁,实现国内资源优化配置的问题。对内要开放,国内各地区之间更要互相开放。经济比较发达地区和比较不发达的地区,沿海、内地和边疆,城市和农村,以及各行业各企业之间,都要打破封锁,打开门户,按照扬长避短、形式多样、互利互惠、共同发展的原则,大力促进横向经济联系,促进资金、设备、技术和人才的合理交流,发展各种经济技术合作,联合举办各种经济事业,促进经济结构和地区布局的合理化,加速我国现代化建设的进程。[①] 长期以来,在推进解放思想、改革开放的过程中,有效促进了经济发展的同时,也形成了制约经济发展的障碍,造成部门、行业和单位之间条块分割严重,重复和浪费现象突出,极大地制约了经济社会的进一步发展。不断深化改革开放,就要打破分割,消除壁垒,进行部门、行业和单位之间的整合与重组,自觉主动地从约束和限制经济发展的壁垒中解脱出来,为推动我国经济的发展扫清障碍。

党的十一届三中全会开创了改革开放和集中力量进行社会主义现代化建设的历史时期。邓小平同志在总结国内外经验教训的基础上,提出了一整套科学的思想理论和推进改革的战略策略,形成了改革开放理论,这是决定中国社会主义命运和国家前途的根本大计。邓小平同志指出改革的目的是解放和发展社会主义生产力、促进社会主义中国经济社会全面发展、实现中国人民物质文化生活的共同富裕。江泽民同志在结合新的实践的基础上,进一步发展了改革开放思想,创造性地提出了建立社会主义市场经济体制的改革目标和实施"引进来"和"走出去"相结合的开放战略。胡锦涛同志根据我国经济社会发展的实际情况,进一步提出了必须通过进一步的深化改革开放,来解决我国发展中不平衡、不协调、不可持续的问题。

开放政策顺应了当时的经济全球化趋势,而当时国内的因素也迫使我们

---

① 参见《中共中央关于经济体制改革的决定》。

必须采取对外开放。改革开放前,国民经济亟须发展,百废待兴,人民对物质文化生活的要求越来越高。随后,施行了一系列的改革开放措施。引进国外先进的技术,不断增强国内企业的实力和水平;面向国际市场,建立出口产业结构,通过出口劳动密集层型产业的产品取得外汇,并以此支持内地的发展;通过建立经济特区,吸引国外的企业前来投资从而吸收国际资金促进内地的发展;通过减少进口,提高关税,保护国内的企业发展,鼓励企业内销,帮助国内的企业实现现代工业化。

按照邓小平同志提出的上述改革开放措施,我们在20世纪80年代开始实施"引进来"战略,积极吸纳外资,开展对外贸易,发展外向型经济,保持了经济的持续、快速发展。在外向型经济发展到一定阶段后,单一的"引进来"战略出现发展后劲不足,不能满足我们更高层次、更高质量发展经济社会的需要。后来,根据国内外经济形势的变化,我国又提出实施"引进来"和"走出去"相结合的开放战略,积极吸纳外资,开展对外贸易,让国内的企业在竞争的环境中优胜劣汰,促进国内企业综合实力的提高,鼓励本国、本地区优质企业在国外投资,让这些企业利用全世界各个地区的优势,灵活地进行国际和国内资源的调配,使公司的成本降低而竞争力提高。

然而,从我国的发展情况来看,"引进来"与"走出去"的发展极不平衡。由于过去只是利用了劳动力廉价的优势,通过输出初级产品换取外汇,我国企业的整体综合实力不强。而且与国外相比,我们一些部门和行业的实力明显弱小,缺乏国际竞争力,影响"走出去"战略的实施。因此,在新的历史时期需要政府消除利益之争,进一步突破行业限制,实施企业之间的强强联合、重组、并购,积极培育大企业,发展大品牌,做强一些部门或行业,切实提高企业的国际竞争力。在新的阶段下继续推进改革开放,坚持"引进来"和"走出去"同时进行,交互式发展,不断优化经济结构,为实现经济社会又好又快地发展打下坚实的基础。

摒弃各种限制经济社会发展的条框,就是要从旧思想中解放出来,从旧体制中解脱出来。从旧思想中解放出来,就是要摆脱不符合科学发展观的旧思想。思想决定行动,有什么样的思想,就会采取什么样的行动。改革开放前,人们的思想还有待解放,关于搞市场经济是姓"资"还是姓"社"的问题还在争论之中,所以中央采取了经济特区的办法,先在少数的城市实行对外开放。通过积累经验和教训,来灵活地对其他地区施行对外开放的政策。党的十一届三中全会以来，我国始终坚持在解放思想中推进改革开放，在改革开放中不断解放思想，厘清了许多影响和制约我国发展与改革的思想误区，思想得到了极大的解放。但在一些地区、部门和单位还存在一些旧的思想，不符合科学发展观的要求，束缚和误导我们一心一意搞建设、聚精会神谋发展的思想。新的时期，继续推进改革开放就要冲破思想牢笼，自觉主动地从那些不合时务的旧思想的束缚中解脱出来，牢固树立科学发展观的理念。

从旧体制中解脱出来，就是要跳出影响和制约经济社会发展的旧的体制机制。邓小平同志指出只搞计划经济会束缚生产力的发展，"计划经济不等于社会主义，资本主义也有计划；市场经济不等于资本主义，社会主义也有市场。计划和市场都是经济手段"。① 这一论断率先打破了思想禁区，主张把社会主义同市场经济统一起来，创立了社会主义市场经济理论。我国实行的社会主义市场经济同传统的社会主义计划经济和资本主义市场经济都不相同，它既遵循市场经济的一般规律，又体现了社会主义制度的基本要求，为我国把经济改革目标确定为建立社会主义市场经济体制奠定了理论基础，具有划时代的创新意义。改革开放以来，我们的各项改革事业取得了明显成效，发展的体制机制被进一步理顺，为我们的事业发展扫清了障碍。

二 新开放的丰富内涵

新开放相对于开放有了更丰富的内涵，主要体现在新开放观要求完善开放布局，深化开放程度，提高开放效益。完善开放的布局，就是要优化国内区域布局、完善对外贸易布局以及提升双向投资布局。

第一，优化国内区域布局就是要实现国内区域协同发展，城乡协调发展。在第三届中美省州长论坛上，习近平主席指出："我们将采取有力措施促进国内区域协调发展、城乡协调发展，加快欠发达地区发展。我们将加快推进'一带一路'建设，为国内各地区拓展对外合作搭建平台。"开放之初，我国选择了渐进式的开放道路，但是经过三十多年的开放，渐进式开放带来了巨大开放成就的同时，也造成了我国目前的城乡、区域开放的不协调问题。在新的时期，就需要在继续保持东部地区强劲开放势头的情况下，更加注重和扩大中西部地区的开放，使东中西部全面协调推进。随着东部沿海

---

① 邓小平：《邓小平文选（第三卷）》，人民出版社，1993，第45页。

地区向中西部地区产业转移步伐的加快，中西部地区的发展备受关注。中西部地区的企业更需凭借与东部沿海截然不同的区位优势和政策优势，把握机遇，探索出适合自己的创新之路。城乡发展不平衡不协调，是我国经济社会发展存在的突出矛盾，是全面建成小康社会、加快推进社会主义现代化必须解决的重大问题。改革开放以来，我国农村面貌发生了翻天覆地的变化。但是，城乡二元结构没有根本改变，城乡发展差距不断拉大的趋势没有发生根本性扭转。要从根本上解决城乡发展不平衡不协调的问题，要求我们要大力发展经济，增加农民收入，并要打破城乡二元结构，促进城乡要素平等交换和公共资源均衡配置。

第二，完善对外贸易布局。就是要实现对外贸易的结构化升级，由贸易大国向贸易强国转变。在中央全面深化改革领导小组第十八次会议上，习近平总书记指出："要主动适应经济发展新常态，以创新驱动和扩大开放为动力，坚持巩固传统优势，加快培育竞争新优势，保持加工贸易政策连续性和稳定性，发挥企业主体作用，加强产业链分工合作，提升加工贸易在全球价值链中的地位，促进沿海地区优化转型，支持内陆沿边地区承接产业梯度转移，有序开展国际产能合作，深化加工贸易体制机制改革，建立健全与开放型经济相适应的管理体系，逐步变大进大出为优进优出，推动贸易大国向贸易强国转变。"中国已经成为世界贸易大国。继 2009 年我国成为世界第一大出口国后，就一直保持着贸易大国的地位。尽管我国已经成为世界贸易大国，但距离贸易强国还存在很大的距离。我国出口产品附加值较低，出口产业仍处在全球产业链的中低端，拥有自主品牌较少，营销网络不健全，外贸发展质量总体上还有待提升，统筹国内外两个市场、两种资源的能力还需要进一步提高。此外，还面临着要素成本上升、人民币升值、订单向其他国家转移等具体困难。接下来中国在对外贸易方面，将继续坚持转变发展方式，优化贸易方式，优化出口商品结构，不断提高供应链管理水平，大力发展跨境电子商务等，积极培育外贸竞争新优势，促进对外贸易平衡协调发展，与贸易伙伴加强务实合作，实现互利共赢。①

第三，提升双向投资布局。就是在引进境外资金和先进技术的同时，支持企业扩大对外投资。习近平总书记曾强调过，"中国利用外资的政策不会

---

① 甄炳禧、李晓玉：《未来五年外部经济环境与中国对外开放新思路》，《世界经济研究》2015 第 4 期。

变,对外商投资企业合法权益的保障不会变,为各国企业在华投资兴业提供更好服务的方向不会变"。在积极有效利用外资、集聚全球优势资源的同时,也要加快走出去步伐,不断提高全球资源和市场配置能力。经过多年的开放发展,我国拥有全球第二大消费市场,完整的产业体系,完善的基础设施,快速增长的人才队伍,利用外资具有独特优势。但是与此同时,国际上跨国直接投资波动性增大,各国引资竞争日趋激烈,我国劳动力等要素成本不断上升、投资环境有待进一步完善等因素,给我国利用外资的工作带来了新的困难。现阶段我国利用外资不应当是单纯的引进资金,而要吸收国际投资承载的技术创新能力、先进管理经验以及高素质人才。党的十八届五中全会审议通过关于制定"十三五"规划的《建议》提出:"扩大开放领域,放宽准入限制,积极有效引进境外资金和先进技术。"着力引进一批关联度高、辐射力大、带动力强的龙头型、集群型项目,在更大范围内实现资源配置的联动发展;进一步深化与国际大企业、大集团的战略合作,引进一批拥有先进技术、装备和人才的项目和企业;同时也要大力推动我国企业对外投资。我国对外开放已进入由产品输出到产业输出,由贸易大国向投资大国转变的新阶段,出现了市场、能源资源、投资三方面对外深度融合的新局面。在此背景下,《建议》明确提出:"支持企业扩大对外投资,推动装备、技术、标准、服务走出去,深度融入全球产业链、价值链、物流链,建设一批大宗商品境外生产基地,培育一批跨国企业。"支持企业扩大对外投资,推动装备、技术、标准、服务走出去,深度融入全球产业链、价值链、物流链,建设一批大宗商品境外生产基地,培育一批跨国企业,积极搭建国际产能和装备制造合作金融服务平台。

深化开放程度。新开放是全面开放、深度开放,是利用国内国际两个市场、两种资源的开放。进一步开放一般制造业,像钢铁、化工、汽车等领域的外资准入限制,包括放宽外资在注册资本、股权比例、经营范围等方面的限制。吸引外资进入高端制造业,对国内相关产业不仅能带来替代性影响,也会带来互补性影响。像我国的高铁和家电等领域都经历了这个过程,实现了产业的跨越式发展。在分工越来越精细的全球化时代,产业间碰撞和合作的机会越来越多。所以,高端制造业引进外资,既是中国经济转型升级在外资领域的要求,也是全球产业链中位置转移的需求。

同时服务业扩大开放范围,逐步放宽服务领域市场准入门槛,分层次推进服务业开放。不仅要将金融、电信、运输、服务作为我国服务业对外开放的重点领域，而且要积极推动建筑、旅游、计算机和信息等竞争相对比较充分的部门对外开放，还要大胆推进视听服务、个人文化娱乐等相对敏感部门的对外开放，也要主动推进教育、医疗、养老等公共服务部门的对外开放。[1] 通过服务业全面开放，推动经济发展方式的根本转变。放宽服务业领域门槛，对外表现为统一的市场准入制度，实行准入前国民待遇和"负面清单"为基础的市场准入，各类市场主体可依法平等进入清单之外领域。

加快金融市场的全面对外开放，体现在以下几个方面。

一是，推进资本市场双向开放，改进并逐步取消境内外投资额度限制。首先，要扩大境外的证券、期货和基金管理机构参与中国的金融服务业；其次要扩大跨境投资。截至2015年年底，共有296家境外机构获得QFII（合格境外机构投资者）资格，有196家境外机构获得RQFII（人民币合格境外投资者）资格，有外资参股证券公司11家，外资参股基金管理公司44家，外资参股的期货公司2家，此外有69家境内企业赴外直接上市。自2015年以来，中国坚定不移地推进资本市场双向开放，进一步完善RQFII和QFII制度，吸引境外长期资金和证券期货经营机构参与中国资本市场，推进境内企业以优先股、可转债等创新方式在境外融资，同时也进一步拓宽中国境内企业赴境外上市的渠道。

二是，推动外汇市场进一步开放。中国当前的外汇市场是一个封闭的、以银行间市场为中心同时外汇交易的诸多方面受到政府管制的市场体系，造成了市场竞争不足、效率低下等问题。因此需要放宽境外投资汇兑限制，放宽企业和个人外汇管理要求，放宽跨国公司资金境外运作限制。转变外汇管理和使用方式，进一步便利市场主体用汇，按照负面清单原则推进外商投资企业外汇资本金结汇管理改革。加强国际收支监测，保持国际收支基本平衡。

三是，加快推动人民币国际化的进程。全球金融危机为人民币崛起提供了良机，欧美日发达经济体陷入低迷，传统国际货币的困境为人民币成为潜在的全球性货币奠定了基础。李克强总理在2015年夏季达沃斯论坛上指出："至于人民币的国际化，那将由市场来选择，也要根据中国经济发展的实际，它有一个过程，我们也会逐步推进资本项下可兑换等措施。"有序实现

---

[1] 王海峰：《我国服务业对外开放的范畴、目标和思路》，《宏观经济管理》2014年第10期。

人民币资本项目可兑换，推动人民币加入特别提款权，逐步成为可兑换、可自由使用的货币。

提高自由贸易区建设质量，在更大范围内推广复制。习近平总书记指出："我们要加快亚太自由贸易区建设，推进区域经济一体化。要平等参与、充分协商，最大程度增强自由贸易安排的开放性和包容性，提高亚太开放型经济水平、维护多边贸易体制。要致力于合作共赢，反对保护主义，促进公平竞争。"在加快实施自由贸易区战略，推进亚太自由贸易区建设，致力于形成面向全球的高标准自由贸易区网络的同时，也要把自贸区可复制、可推广的经验尽快向其他地方特别是中西部地区推广。

提高开放效益。不断提升国家对外开放的质量和效益是我国开展国际合作的重要原则和方针之一。对外开放是手段而不是目的，最终目标是实现经济效益的稳步提高，实现经济增长方式由粗放型向集约型转变，提高经济质量和效益。经过三十多年的快速发展，我国产业体系相对完备，社会生产力水平、综合国力大幅度增强，参与国际竞争与合作的能力不断提升，具备了进一步扩大开放的基础。但是，单凭土地、资金的优惠政策，并不能引来真正的好企业。要开拓和占领国际市场，就必须提高产品档次，优化产品结构，提高和增加产品附加值，降低成本；要招商引资，发展经济技术合作，就必须优化产业产品结构，增加消化吸收能力；要实现与国际经济接轨，就必须使我国经济的整体素质从较低层次上升到一个较高层次。我国传统出口商品量大面广，是我国出口的重要骨干商品，应着重提高产品质量，增加附加值，提高竞争力，继续积极推进运用高新技术改造传统机电产品、纺织品和农产品等。努力提高机电产品和高新技术产品在出口总额中的比重，加快优化调整出口商品结构，搞好市场协调，健全和完善机电产品销售网络和售后服务，大力扶持、培育名牌产品出口，发挥名牌效应和效益。北京、上海等有基础、有条件的国家高新技术产业开发区，加快启动建立"高新技术产品出口创业园"的试点。① 加快优化对外承包工程的主体结构，推动企业更多地承揽总承包项目，以设计咨询业务为龙头，提高对外经济技术合作的科技含量。

此外，国家在考虑利用了多少外部资源、创造多少就业、贡献多少国内生产总值的同时，更加重视提升我国在国际分工体系和国际经贸利

---

① 刘建昌：《对外开放新战略》，《中国经贸》2010 第 8 期。

益分配格局中的地位，以更主动、更充分地利用外部资源，促进我国经济社会可持续发展。强调在直接从事对外开放工作的过程中，不论是在指导思想，还是在具体操作运行过程中，都始终树立和强化效益观念。为此，科学对待开放工作中的数字指标，不要为了完成上级下达的招商引资任务，片面强调数量而忽视质量，片面强调速度而忽视效益，要充分认识到没有质量的经济增长不算经济增长。这都表明我国对外开放迎来从规模速度型到质量效益型转变的关键期。在引进资本的同时，更加重视引进与资本相结合的先进技术、精英人才、管理经验、运营机制、市场网络与国际规则。

三　开放与新开放的比较

自2008年国际金融危机以来，世界经济格局发生了重大的变化，经济全球化、区域经济一体化、全球价值链的革命正在成为不可逆转的大趋势。随着世界经济的结构性变化，中国经济结构也发生了重大改变，而且经过三十多年的开放，我国对外开放的基础和条件已经发生了根本性变化。中共"十三五"规划《建议》指出："完善对外开放战略布局。推进双向开放，促进国内国际要素有序流动、资源高效配置、市场深度融合。"[①]

新开放观是对邓小平同志开放观的继承和发展，新开放观是就现行开放观相对而言的，结合中国当前的经济发展情况，以实现经济强国为目标，走全面推进之路的，以完善的制度为保障的，注重效益的开放新理念。这种新理念要求我们从我国开放与发展的成就与现实出发，探索更高阶段和更高效益的开放。

新开放观与开放观是两个既有联系又有区别的概念。一方面，开放观是新开放观的基础，新开放观是对现行开放观的继承、发展和超越，是对现行开放观进行反思与批判的结果；没有最初的开放，就没有今天的新开放，开放为新开放奠定了良好的基础。开放与开放观指导了新中国走向世界的新纪元，新开放与新开放观是引领中国走向全球化的新开端。另一方面，二者在价值目标以及策略等方面差别很大。开放观的价值目标在于如何突破封闭的旧观念实现开放，而新开放观则在于如何提高开放效益；现行开放观在策略上主要是运用优惠政策，而新开放观则是运用完善的制度。"如果说现行开

---

① 参见《中共中央关于制定国民经济和社会发展第十三个五年规划的建议》。

放观在于怎样突破旧体制旧观念束缚以实现更大开放的话,那么新开放观则在于解决在开放中如何提高效益的问题;如果说现行开放观在于如何运用政策激励更多出口和吸收外资的话,那么新开放观则在于探索以战略和体制的优化实现国家综合国力的提升。"①

再一方面,新开放是"一带一路"倡议带动下的国际性开放战略,也是国际性区域发展战略,是双重发展战略。原来的开放更多的是"引进来",尽管后来也有"走出去",但是由于中国制造业实力有限,"走出去"能力很有限。而新开放则是建立在中国制造业水平大幅度提高具有一定国际竞争力基础上的全面开放。对于新开放而言,既有国际贸易层面的传统开放,又有服务贸易方面的新型开放;既有商品贸易,也有电子商务贸易,这让新开放打上了信息化的烙印。

第二节 开放的阶段性与渐进性

一 第一阶段实现开放在地域上的平衡

中国正在进行一场新型的改革开放。这轮改革开放不仅仅是 37 年前开启的改革开放的延续和纵深发展,更是根据中国和世界发展的新形势提出的,对中国未来的发展具有重大意义。开放的地域平衡体现在国内开放平衡及国外开放平衡两个方面。我国过去的开放是沿海的开放,是对发达国家的开放,旨在从发达国家寻找开放的红利。如今,开放是向沿边西部内陆的开放,是对发展中国家的开放,欲从发展中国家寻求开放的红利。

自由贸易区的建设。我国自贸区的建设是我国在新形势下面向世界的主动实验。上海自由贸易区已于 2013 年正式挂牌,是实行政府职能转变、金融制度、贸易服务、外商投资和税收政策等多项改革措施的试验田。上海自贸区 2013 年版负面清单大幅度减少至 190 条,2014 年版负面清单大幅度减少到 139 条,减少了 26.8%,2015 年版负面清单比 2014 年又减少了 17 条。"截至 2014 年 11 月底,上海自贸试验区一年投资企业累计 2.2 万多家、新设企业近 1.4 万家、境外投资办结 160 个项目、中方对外投资额 38 亿美元、

---

① 李文峰、李玉梅:《以新开放观推进新一轮对外开放》,《国际贸易论坛》2007 年第 1 期。

进口通关速度快41.3%、企业盈利水平增长20%、设自由贸易账户6925个、存款余额48.9亿元人民币"[①]。2015年自贸区范围不断扩大，广东、福建、天津已被批准建设自由贸易区，还相继有内陆地区正在申报自贸区。广东自由贸易区，主要将自贸区打造成为粤港澳深度合作示范区及21世纪海上丝绸之路的重要枢纽和全国新一轮改革开放先行地。其主要任务就是探索更开放、更便利的国际投资贸易规则。天津自由贸易区意在构建京津冀协同发展，借"一带一路"服务带动环渤海经济。福建自由贸易区，旨在进一步深化上海自贸区的改革方案。据商务部统计，截至2015年9月，中国四个自贸试验区建设取得了明显成效。上海、广东、天津、福建四个自贸试验区共新设外商投资企业4639家，吸收合同外资3461.1亿元人民币。上海自贸试验区新设外商投资企业数同比增长52.6%，广东、天津、福建自贸试验区自挂牌后新设外商投资企业数同比增长均在3倍以上。我国将在继续维护多边贸易体制在全球贸易发展中主导地位的同时，加大实施自由贸易区战略力度，努力建设以周边为基础、面向全球的高标准自由贸易区网络。

加快内陆和沿边地区对外开放步伐。《中共中央关于全面深化改革若干重大问题的决定》（以下简称《决定》）将扩大内陆沿边开放提上日程，指出要支持内陆城市增开国际客货运航线，发展多式联运，形成横贯东中西、联结南北方对外经济走廊；加快沿边开放步伐，允许沿边重点口岸、边境城市、经济合作区在人员往来、加工物流、旅游等方面实行特殊方式和政策。相对于沿海地区，我国内陆和沿边地区开放型经济发展比较落后。一方面，扩大内陆沿边开放可以减少资源限制，促进资源有效流通利用，有效提升中西部经济主体及企业竞争力，带动加快推动内陆沿边地区经济发展，形成全国区域发展的新开放高地。另一方面，扩大内陆沿边开放可以加强中西部地区同周边国家和区域基础设施的互联互通，可以发挥更大的辐射和带动作用。丝绸之路经济带向西可以辐射到上合组织成员国及东欧国家，广西云南经济走廊可加强同东盟的交流。此举将会更有利于我国构建东中西良性互动、互补支撑的全国统一大市场，在内陆沿边开发开放中形成中国经济发展的新优势。

[①] 童元松、王光伟：《"上海自贸"板块的深化发展与辐射效应》，《企业经济》2015第10期。

大力推进"一带一路"建设。"一带一路"东起势头强劲的东亚经济圈,西至发达的欧洲经济圈,连接起一条横贯东西的经济带,更好地促进了世界各国的共同发展。目前,经过二年多来的实践表明,共建"一带一路"不但为中国进一步巩固了来自中亚和俄罗斯的能源供给,为经济持续发展提供了可靠、安全的周边保障,而且使与中国合作的中亚国家摆脱了"内陆国""双重内陆国"的困扰,为其经济发展提供了更大的地缘空间和广阔市场。中国与海湾国家、南亚和西亚国家、中东欧国家以及欧盟、东盟的合作将日益深化。

二 第二阶段构建开放型经济新体制

当开放向纵深发展之时,开放倒逼我国经济体制方面进行改革,这就使得开放进入到构建新体制阶段。对国有企业体制机制的改革是为了让国企走在开放的最前沿,以带动中国所有企业走向国际市场。推进国企国资改革,完善产权保护制度,支持非公有制经济健康发展,进一步增强市场主体活力。2014 年国务院国资委宣布,在中央企业实行四项改革的试点,分别是国有资本投资公司试点、混合所有制经济试点、董事会授权试点及向央企派驻纪检组试点。其目的主要是探索建立混合所有制有效制衡的治理体系,探索职业经理人制度和市场化劳动用工制度,探索市场化激励和约束机制,探索混合所有制企业员工持股;此外,国企负责人和高管薪酬制度改革正在推行,行政任命负责人和高管薪酬大幅度下降,与一般员工收入差距缩小。2015 年中共中央、国务院印发了《关于深化国有企业改革的指导意见》,其他配套文件也陆续出台。还出台了关于进一步深化电力体制改革的若干意见,全面启动新一轮电力改革制度等。

完善产权保护制度。2013 年党的十八届三中全会的《决定》首次提出完善产权保护制度,并指出产权是所有制的核心,健全归属清晰、权责明确、保护严格、流转顺畅的现代产权制度。公有制经济财产权不可侵犯,非公有制经济财产权同样不可侵犯。国家保护各种所有制经济的产权和合法利益,而不是只保护公有制经济的产权和合法权益。产权制度的完善有利于强化政府有效保护产权的职责,同时防止政府变为"掠夺之手";同等保护各类产权,特别是同等、有效地保护非公有产权。2014 年,知识产权工作取得显著成效。知识产权数量持续快速增长。全年共受理发明专利、实用新型和外观设计申请 236.1 万件,其中发明专利 92.8 万件,同比增长 12.5%,

申请量连续四年居世界第一；知识产权行政执法和司法保护进一步加强，全国专利行政执法办案总量24479件，同比增长50.9%。

促进非公有制经济发展。非公有制经济在我国经济社会发展中扮演着非常重要的角色。2014年我国私营企业达到1546.37万家，注册资本达到59.21万亿元、个体工商户为4984.06万家，资本达到2.93万亿元，包括私营企业、个体工商户在内的非公有制经济对GDP的增长、就业、投资、扩大就业、增加税收等方面都做了突出的贡献。党的十八届三中全会《决定》指出要坚持权利平等、机会平等、规则平等，废除对非公有制经济各种形式的不合理规定，消除各种隐性壁垒，制定非公有制企业进入特许经营领域的具体办法。在推进非公有制经济发展过程中，为保持非公有制经济与公有制经济平等的法律地位及竞争地位。《决定》规定："保证各种所有制经济依法平等使用生产要素、公开公平公正地参与市场竞争、同等受到法律保护。"

市场体系改革的关键是正确处理好政府与市场的关系，实现商品的价格由市场决定。这是为开放营造良好国际与国内市场环境的着力点。正确处理好政府与市场的关系。在现代市场经济条件下，市场是看不见的手，在资源配置中发挥决定性作用；政府是看得见的手，主要是弥补市场失灵。无论是使市场在资源配置中起决定性作用，还是更好发挥政府作用，都要搞好政府和市场"两只手"的协调配合。正确处理好政府与市场的关系，首先，就是要建立公平、开放、透明的市场规则，实行统一的市场准入制度，在制订负面清单基础上，各类市场主体可依法平等进入清单之外的领域。中央全面深化改革领导小组第十六次会议审议通过《国务院关于实行市场准入负面清单制度的意见》，首次明确我国将从2018年起正式实行全国统一的市场准入负面清单制度，建议一到两年内基本实现中央和省级负面清单管理，并赋予地方改革更大的试点权，推动多个自贸区商事制度。其次，改革市场监管体系，实行统一的市场监管，清理和废除妨碍全国统一市场和公平竞争的各种规定和做法。最后，对必须国有控股经营的自然垄断行业，实行以政企分开、政资分开、特许经营、政府监管为主要内容的改革，放开竞争性业务。

价格改革正在稳步进行。党的十八届三中全会以后，大批商品和服务价格陆续放开由市场决定，中央政府管理的近六十项商品和服务价格已放开或下放，全部农产品、绝大多数药品、绝大多数专业技术服务价格都已由市场定价。中央直接定价的项目仅剩二十多项，且已按照三中全会要求确定限定在公共事业、公益性服务、网络型自然垄断环节。一些重要的领域，如电力、天然气、成品油、医疗、铁路运输等领域价格市场化程度明显提高。输配电价改革试点已由深圳电网扩大到其他六个省域电网，跨区跨省输电价格全部放开；非居民用存量气和增量气价格顺利并轨，非居民用气价格将逐步放开，居民生活用气也将建立阶梯价格制度；成品油价格也基本实现了市场化；2014年发展和改革委员会等部门宣布放开非公立医疗机构医疗服务价格，标志着医疗改革向前迈进了一大步；铁路货运价格基本理顺，并建立了上下浮动的灵活调整机制，对推动铁路运输企业转变经营观念、灵活应对市场供求变化、更好满足社会需求发挥了重要作用。地方价格改革也在同步推进，平均减少定价项目55%左右，市场活力被进一步释放，上海、北京等11个地区已经完成地方定价目录修订，等等。①

深化财税体制改革。进一步完善公共财政体系，更有效地发挥财政政策对稳增长、调结构的积极作用。财税体制改革主要集中在以下三个方面。

第一，调整中央和地方政府间财政关系，构建有利于发挥中央和地方积极性的财政体制新局面。十八届三中全会在"发挥中央和地方两个积极性"的旗帜下，将财政调整改革作为新一轮财税体制改革的重点任务，明确了改革的目标是建立事权与支出责任相适应的制度，同时要求稳定中央地方收入分配格局，调整收入分配方式。随着计划经济向社会主义市场经济的转变，为解决我国现行的分税制财政体制，转变政府职能，分清哪些责任必须是政府承担的，哪些责任可以是社会和市场承担的，有必要进行改革，以解决当前财政运行中存在的中央和地方财权事权不匹配、转移支付不规范、地方债务风险上升等一系列问题。十八届三中全会的《决定》已经确立改革的基本方向，即建立事权和支出相适应的制度，主要把中央该管理的事务管理起来，对地方的事权充分简政放权。"十三五"规划《建议》提出：建立健全有利于转变经济发展方式、形成全国统一市场、促进社会公平正义的现代财政制度，建立税种科学、结构优化、法律健全、规范公平、征管高效的税收制度。财税体制改革关系到整个国家治理体系和治理能力，中央和地方的关系，政府、企业、居民个人三者之间的关系，扮演着国家治理现代化的基础和重要支柱的角色，是改革的重点和难点。

---

① 《价格改革攻坚期提速落地生根》，《价格理论与实践》2015年第7期。

第二，改进预算管理制度，加快建设全面规范、公开透明的现代预算制度。按照 2015 年颁布的新《预算法》及已经出台的国务院、财政部等各项文件，预算改革的任务主要包括：建立透明预算制度，实现中央和地方政府预决算以及所有使用财政资金的部门预决算除法定涉密信息外全部公开；规范地方政府债务管理，加快建立规范的地方政府举债融资机制，对地方政府债务实行限额管理，建立地方政府债务风险评估和预警机制；改进年度预算控制方式，公共预算审核重点由平衡状态、赤字规模向支出预算和政府拓展，建立跨年度预算平衡机制，实现中期财政规划；推进政府财务规范，推进权责发生制财务报告制度建设，制定发布政府会计基本准则，发布政府财务报告编制办法及操作指南；落实政府购买服务管理办法，提高政府购买服务资金占公共服务项目资金的比例。

第三，完善税收制度，建立有利于社会公平的税收制度体系。目前，税制改革中，营改增、消费税、资源税改革先行推进；环境税、房地产税和个人所得税改革也取得了一定成就；最难的事权和支出责任划分改革，需在相关税制改革基本完成后进行。正在推进的"营改增"改革，已逐步扩展范围到生活服务业、建筑业、房地产业、金融业等方面。自 2012 年到 2014 年年底，"营改增"三年累积减税 3746 亿元，超过 95% 的试点纳税人减轻了税赋。同时扩大小微企业税收减免政策，进一步扶持小微企业的发展。继续控制和压缩"三公"消费支出。财政支出继续向民生倾斜。消费税则在原来改革的基础上，进一步扩大征税范围、征收环节和税率结构。重点将高能耗、高污染的产品以及部分高档消费品、高档服务纳入征收范围。同时为适应人们收入水平的提高，将部分已成为正常消费品的应税产品从征税范围内剔除，或降低税率。资源税在原来的目标石油、天然气和煤炭实行从价税基础上，扩大适用范围，特别在水流、森林等资源生态空间，全面推行从价计征改革。

为了适应国际新形势，中国进一步扩大金融开放。主要是解决推动原有金融体制的改革以及民营金融机构的市场准入问题。推进金融体制改革，健全金融有效服务于实体经济的体制机制，进一步扩大金融业对内对外开放，推进利率市场化和人民币资本项目可兑换，建立健全多层次资本市场。由于我国的经济发展情况导致我国的金融市场是一个政府监管过度、干预过多的市场，是一个准入门槛高的国有垄断市场，因此导致了金融市场对资源的配置扭曲现象严重，金融进入实体经济的监管没有打通，迫切需要加大金融改革力度。因此我国从利率市场和资本市场的改革开始,因为前者在于让各类经济主体可以自由地进行不同的交易融通,从而由市场决定不同资产的价格,后者要求建立多层次的市场结构、多样化的投资品种的市场结构以及多元化的投资主体。

党的十八大以来,中国金融市场改革成绩突出。例如,利率市场化改革已基本完成,银行存款利率上限已经开放,推出大额存单,实行存款保险制度,五家民营中小银行也已陆续开业,人民币国际化程度不断提高,人民币被批准纳入国际货币基金组织特别提款权(SDR)篮子,说明国际社会已经认可人民币是可以自由兑换的储备货币。

在经济结构矛盾中,金融领域存在的问题比较突出。金融体制改革不到位,使得经济增长中产生了很多结构性矛盾。首先,中小企业融资贷款难的问题没有得到根本性的解决;其次,在金融市场尚未开放前,金融分业监管和金融混业经营的发展趋势不相适应;最后,在"互联网+"的背景下,经济转型升级给金融创新带来了更多机遇的同时,金融严重脱离实体经济的问题日益凸显。因此,金融体制改革已经成为加快我国机构性改革的重大任务。

我国要建设现代化的金融体系仍旧任重道远。2015年国务院批转发改委《关于2015年深化经济体制改革重点工作的意见》(简称《意见》)对下一步改革的目标做了大概的要求。在利率市场上,加强金融市场基准利率体系建设,完善利率传导机制,健全中央银行利率调控框架,不断增强中央银行的利率调控能力。完善人民币汇率市场化形成机制,增强汇率双向浮动弹性,推动汇率风险管理工具创新。稳步推进人民币资本项目可兑换,扩大人民币跨境使用,择机推出合格境内个人投资者境外投资试点,进一步完善"沪港通"试点,适时启动"深港通"试点。建立健全宏观审慎管理框架下的外债和资本流动管理体系,提高可兑换条件下的风险管理水平。修订外汇管理条例。在资本市场上,为丰富金融产品种类和投资选择,推进信贷资产证券化,鼓励发展债券市场,制订出台私募投资基金管理暂行条例,开展商品期货期权和股指期权试点,推动场外衍生品市场发展。推动证券法修订和期货法制定工作,推进公司上市将逐渐从审批制改为注册制。

稳步推动民营金融机构的市场准入。中小型民营金融机构能够进一步完善我国多元化、多层次的金融机构体制,进一步激活金融市场活力,促进利率市场化改革，为破除我国小微企业融资难、融资贵的难题，为经济的创新发展和转型升级提供更有针对性的金融服务。我国中小型民营金融机构的发展相对比较落后，市场准入门槛很高。以银行业为例，虽说民营资本在我国银行业资本中已经达到了一定比例，但是严格意义上由民间资本发起设立的中小民营银行仍长期处于空白状态。

2013年，国务院总理李克强在主持国务院常委会上首次提到："鼓励民间资本参与金融机构重组改建中，并探索设立民间资本发起的自担风险的民营银行。"随后，银监会在9月发布的《关于中国（上海）自由贸易试验区银行业监管有关问题的通知》中明确指出："支持民营资本进入区内银行业。支持符合条件的民营资本在区内设立自担风险的民营银行、金融租赁公司和消费金融公司等金融机构。"这是我国对设立民营金融机构释放的积极信号。2013年11月，十八届三中全会通过的《决定》，明确提出："扩大金融业对外开放，在加强监管前提下，允许具备条件的民间资本依法发起设立中小型银行等金融机构。"[①] 2014年3月11日，银监会选择了一批民营资本参与到五家民营银行的试点工作中去，试点分别在天津、上海、广州以及浙江等省市展开。当前，获得试点的民营银行主要有四种经营模式，分别是"小存小贷"（限定存款上限，设定财富下限）；"大存小贷"（存款限定下限，贷款限定上限）；"公存公贷"（只对法人不对个人）；"特定区域存贷款"（限定业务和区域范围）。

当前，我国的民营金融机构还处在起步阶段，要想推动民营金融机构的稳步发展，未来还需要进一步降低民营金融机构的进入门槛。首先要取消设立民营金融机构的数量限制，提高民营金融机构的竞争力度。以民营银行为例，当前的试点阶段，我国对民营银行的设立存在严格的数量限制，民营银行之间几乎不存在竞争，难以激发民营银行的活力和创造力。以后，需要取消设立民营金融机构的数量限制，提升民营金融机构的竞争力。放宽民营资本的进入领域，增加民营金融机构的种类。当前我国的民营金融机构主要集中在银行领域，未来要将民营金融机构进一步扩展至保险、证券等领域，进一步丰富民营金融机构体系。放开对民营金融机构的区域和业务限制。此次民营银行的试点地域特征明显，不利于民营银行使用区域外的资源发展自身，未来应该鼓励和推动民营金融机构跨区域经营。另外，此次民营银行试

---

① 洪誉：《浅析金融改革背景下我国民营银行的发展进程》，《中国科技投资》2015年第2期。

点对其业务范围做了比较严格的限制,要求"与现有商业银行实现互补发展,错位竞争",但是这五家民营银行只是从事金融业务的边角业务,其经营的业务范围只局限在小微企业上,仅仅弥补了国资大银行对小微企业支持力度不够的空缺,还要承担国资银行不愿意承担的风险。未来需要放开民营金融机构的业务准入限制,鼓励民营金融机构与其他金融机构的竞争。存款保险制度的完善,可以减少出现民营金融机构风险的扩散。对于处在初步阶段的民营金融机构来说,风险控制可能成为其主要薄弱环节之一。我国在2015年5月1日正式实施的存款保险制度的一个重要作用就是缓冲因银行机构——包括民营银行——破产可能引起的风险扩散。

第三节 对外开放面临的挑战

自2001年12月11日中国正式加入世界贸易组织(WTO)以来,我国对外开放的步伐不断迈进;"入世"以来,我国宏观经济持续保持高增长态势。然而,在取得辉煌成就的同时,随着对外开放条件与国际环境的不断变化,中国经济将面临越来越多的挑战:国内人口红利的逐渐消退、跨国产业转移方兴未艾、贸易保护主义抬头以及国际金融风险因素增加,等等。

一 国内人口红利消退,出口贸易品竞争力下降

所谓人口红利,是指一定时期内劳动年龄人口占总人口的比例;充足的劳动人口、低抚养率以及高储蓄率将为经济增长提供更为有利的条件。[①] 在我国,存在一个传统的观念:中国人口基数庞大,农村剩余劳动力众多,劳动力总量取之不尽、用之不竭。然而,随着我国经济的不断推进,这种观念受到越来越多专业人士的质疑。据2000年第五次人口普查数据显示,60岁以上人口数量已达1.3亿人,占总人口的比重达到10.2%,65岁以上人口数量达到8811万人,占总人口的比重达到6.96%,这意味着我国已经步入老龄化社会。

人口红利逐渐消失,使得我国劳动力成本不断抬高,从而导致出口贸易品竞争力明显下滑,经济增长势头遭到遏制。过去,我国依靠传统的劳动密

---

① 蔡昉:《人口转变、人口红利与刘易斯转折点》,《经济研究》2010年第4期。

集型产业维持经济的高速增长，其所生产产品的附加值较低，而技术密集型产业以及第三产业发展较为迟缓，同时，部分劳动密集型企业采用大量的低成本劳动投入扩大产出这种粗放型生产方式。这种生产方式所带来的后果是资源的严重浪费、生产效率持续低下以及环境污染的加剧。然而，随着人口红利的消退，低成本劳动力持续减少，这种粗放型生产方式难以为继，大量企业面临破产倒闭的困境。在这种情况下，改变企业的生产方式，提升企业的生产与运作效率，通过"走出去"战略引进新技术提升企业的核心竞争力，成为现阶段保持经济增长的重点。

在劳动力成本不断上升的背景下，环境问题给予高污染行业的发展以巨大的压力。我国作为世界制造中心，化工行业以及机械行业进入高速发展时期，发达国家以碳排放等因素抵制我国相关出口贸易品，高举贸易保护主义大旗，使得国内企业被动提升环保成本，削弱了国内相关行业出口商品的国际竞争力。

人民币持续升值也是导致出口贸易品竞争力下降的重要影响因素。中国新一轮汇率制度改革使得人民币相对美元以及一揽子货币的升值压力增加，从而导致出口商品成本上升，企业利润率出现下滑。另外，由于我国对大宗商品定价权的缺失，使得国际贸易商在人民币升值的背景下持续抬高大宗商品（如农产品、矿产品等）价格，从而导致国内加工制造业的生产成本不断上涨，出口贸易品竞争力减弱。

总之，在劳动力成本、环保成本、资源成本以及出口成本不断上升的趋势下，国内出口贸易品的国际竞争力面临巨大的挑战。鉴于此，如何有效提升相关企业的生产效率，降低企业生产成本，成为可否顺利实现中国产品快速走出去的重要因素。

二 跨国产业转移方兴未艾，国内产业重心面临挑战

从最近的全球产业格局来看，以制造业为经济增长引擎的时代逐渐远去，服务业等第三产业对全球经济的影响越来越突出。从制造业的发展格局来看，以日韩为主的东南亚国家成为工业零部件的主要供应商，以欧美为主的发达国家作为全球制造业的技术研发中心、设计中心以及最终消费市场，而我国主要以组装以及初步加工为主，这构成了目前全球制造业的基本格局；然而，随着我国劳动力成本的不断攀升，组装业务逐渐向印度等劳动力价格低廉的国家转移，从而使得我国制造业的发展面临巨大的国际压力，以

新技术、新理念为主流的新型发展模式正在不断引领我国制造业走出困境。

全球服务业的产业转移格局尚未成型，主导力量仍是欧美国家的大型跨国公司，如微软、IBM、Intel、Casio、美国在线等，它们在自身的生产经营与资本运营过程中，将部分服务业务的分支机构建立在其他国家或地区（如中国、印度等），以获得更优质的人力资源、政策资源以及法律资源，等等①。其采用的主要形式有外商直接投资、项目外包以及兼并收购，等等，产业转移的内容主要是软件、信息、金融服务、管理咨询等新兴产业结构。

近年来，随着我国改革开放的逐渐深入，经济增长取得了举世瞩目的成就，各项基础设施建设、服务配套、政策配套措施不断完善，在全球服务业转移浪潮中，我们应积极利用发达国家服务业向外转移的历史机遇，采取更为开放、更为包容的心态迎接这一挑战。当然，将服务业国际转移引入中国必将为我国的经济发展带来诸多益处，如能够为更多的农村剩余劳动力提供就业机会，缓解社会就业问题；有利于吸引更多的人力资源与管理资源，提升我国服务业的核心竞争力，同时进一步促进我国产业结构调整顺利推进；也有利于提高我国服务业在全球服务业中的地位，为中国企业打开国际市场提供较好的契机。另外，随着我国政府对环境问题的持续重视，在资源类产业发展遭遇瓶颈的情况下，大力发展以服务业为主的第三产业，能够有效缓解为了保持经济增长所面临的环境政策压力。

显然，我国在国际服务业转移浪潮中存在一定的优势与劣势。主要优势体现在：较为稳定的社会秩序、经济环境及政策环境；自加入 WTO 之后更为宽松的投资环境；人口基数巨大，对现代服务业的消费需求较为旺盛；我国经济的持续高增长，为服务业的发展提供了较好的经济基础；交通、通信等基础设施逐渐完善，特别是东部沿海地区，以及以"一带一路"为中心的沿线城市，这也为现代服务业的快速发展提供了便利条件。主要劣势体现在：我国服务业发展基础薄弱，较为缺乏相关的人力资源与管理经验，且我国产业结构发展一直倾向于制造业等固定资产较多的相关行业，对服务业等轻资产行业的投资比重严重不足，服务意识与服务水平与国外服务业仍存在较大差距；中国的消费文化存在"重价不重质"的特点，这与国外服务企业的经营理念存在较大差异，从而也在一定程度上影响国际服务业向中国的转移。

---

① 张珺：《全球产业转移下的服务生产网络及其对发展中国家的启示》，《科技管理研究》2010 年第 11 期。

总而言之，跨国产业转移的持续推进，必将为我国宏观经济提供一个非常好的发展契机。在这一背景之下，我国要抓住这一机遇尚需诸多努力：一是应加大现代服务业的对外开放力度，积极引导外商直接投资与间接投资，同时提升自身的服务行业的整体水平，建立健康的、具有竞争环境的经济体制环境；二是应健全相关的法律体制，特别是对知识产权的保护，同时完善金融体制等方面；三是从人才梯队入手，鼓励培养具有现代服务业理念的技术与管理人才，建立充足的人力资源团队。鉴于此，我国应尽快规划相应的发展措施，制定相应的法律法规，积极主动的改善与化解相关矛盾，为迎接国际产业转移提供良好的外部环境。

三 国际贸易摩擦不断，国际贸易保护主义抬头

自 2008 年全球金融危机以来，世界经济复苏步伐一波三折。美国经济总体保持稳定，制造业规模有所扩展，就业出现复苏，消费规模与消费预期均出现好转，然而，其经济增长速度仍显著弱于危机前水平，投资增速相对疲软；欧元区经济疲弱态势依旧，欧元持续贬值、石油价格低迷以及量化宽松政策在一定程度上刺激了经济增长，但就业环境仍不容乐观，"难民潮"持续出现，欧元区各国的内部政治斗争更是增加了其政策的不确定性；主要新兴经济体经济增速也出现显著下降；据 IMF 近期发布的《全球经济展望》显示，全球经济增长预期再次被下调，预计 2016 年全球经济增长速率仅为 3.2%，其中发达经济体增长 1.9%，新兴经济体增长 4.1%；预计 2017 年全球经济增长速率为 3.5%，其中发达经济体增长 2.0%，新兴经济体增长 4.6%。在这种背景下，为了谋求本国经济增长，国际贸易成为各国政府角力的主战场，从而造成摩擦不断，贸易保护主义出现复苏迹象。

2015 年，多边贸易自由化进程逐步推进，世贸组织起草的《信息技术协定》扩围谈判也达成了全面协议，多数成员国依据《贸易便利化协定》的相关规定稳步实施；然而，由于全球制造业产能明显过剩，终端消费需求持续萎靡，使得国际贸易量也出现大幅下滑，各国争夺国际贸易份额空前激烈，其中部分国家希冀通过贸易保护措施维持本国相关产业发展，从而导致世界经济中贸易保护主义出现复苏迹象，我国的外贸形势也出现了许多变数。[①]

---

① 王向阳：《区域和双边贸易协定的不断增长对多边贸易自由化进程的影响》，《现代营销：学苑版》2013 年第 8 期。

2016年9月20日，商务部举行的例行发布会表示，2016年1月至2016年8月，我国出口商品遭遇的贸易救济案件达到85起，案件数量同比上升了49%，涉案金额高达103.21亿美元；同比上升了94%。在全球经济复苏缓慢的背景下，国际贸易市场面临较为严重的"僧多粥少"的局面，同时中国产业结构调整使得国内相关产业面临双向的贸易摩擦：一是高端领域的发展与发达经济体的相关产业从互补关系向交叉关系转变，甚至出现了部分重叠；二是较为低端的轻工纺织行业也面临着新兴经济体较强的贸易壁垒。据统计，钢铁行业成为2016年贸易摩擦案件和金额的重灾区，其数量与金额均达到所有贸易摩擦的1/2左右，共计35起案件，涉案金额58.86亿美元，案件数量和金额同比分别上升了40%和63%。部分专家认为，解决我国的钢铁产能过剩问题，应该加强国际的互助合作，而非对抗性质的贸易摩擦。

在这样的严峻形势之下，我国政府近年来出台了一系列刺激对外贸易的政策措施，主要包括以下几个方面：一是完善相关的加工贸易政策，取消加工贸易业务的行政审批，健全事中事后的监管机制，同时鼓励中西部承接加工贸易的转移，引导中西部地区到东部地区进行招商引资，并指示东部地区从事加工贸易相关业务的腾退用地经批准可转变为商业、养老以及旅游等用途。二是鼓励发展跨境电子商务等新型商业模式，进行市场采购贸易方式和外贸综合服务企业试点，同时积极鼓励相关企业建设境外营销和服务体系，培育对外贸易的自主品牌。三是实行积极的进口政策，重点支持先进技术与先进设备的进口。四是鼓励金融机构加大对经营效益良好的外贸企业的贷款比重，扩大出口信保保单融资，并增加短期出口信保规模，同时提高部分机电产品的出口退税率。五是在符合条件的海关特殊监管区域尝试货物状态分类监管试点，在风险可控、税负公平的前提下，赋予满足条件的企业增值税一般纳税人资格。

四　全球经济一体化进程加快，国际金融风险因素增加

随着我国加入WTO进程的不断深入，国际服务业及制造业向我国转移的步伐持续加快，这一方面使得我国在更大范围、更深层次上参与全球分工体系，助推我国经济的高速增长，同时刺激本土企业提升自身的核心竞争力；另一方面也将国际市场的金融与经济风险传递至我国，加剧了我国宏观经济的不确定性，且对我国相关产业构成更大的冲击与威胁。

汇率问题也是影响我国对外开放不可回避的一个重要方面。随着我国启动新一轮的汇率制度改革，人民币对美元、欧元以及一揽子货币的升值压力不断增大，然而，人民币汇率升值必然会导致资产价格的重新估价，推动资产价格的上涨，且人民币升值也使外贸企业出口成本上升，企业利润率出现下降。[①] 虽然人民币升值在一定程度上能够降低相关生产原料的进口成本，且进口产品价格在理论上也将出现下降，然而，由于出口商在部分大宗商品的出口方面具有一定的垄断地位，而我国对许多大宗产品（如矿产品）的进口依存度较高，使得出口商会利用自身的寡头垄断地位以及我国进口需求不断扩大的机会提高价格，从而导致在人民币升值的背景下进口产品价格不跌反涨，进而增加了相关外贸企业的进口成本。

全球经济的持续疲软，其通过金融市场的传导，对我国宏观经济也构成了较大影响。以美国、欧盟、日本等为主的发达经济体失业率仍处于高位，且一些国家财政赤字仍在大幅攀升，大宗商品价格居高不下，严重制约着全球消费需求与投资需求的进一步扩张；同时，南欧的希腊等一些国家的债务危机仍在继续蔓延，对欧洲乃至整个世界经济构成拖累；在这一背景下，由于全球各国经济复苏进程不一，经济刺激政策出现明显分化，从而影响了世界经济贸易的快速复苏，这也必将对我国宏观经济的持续增长构成阻碍。

近期国际金融风险因素也对我国经济构成潜在威胁，这主要来自于以下三个方面：一是美国总统选举所带来的未来外贸政策的不确定性，政治因素加剧了我国对外开放的紧迫感；二是美国加息预期的持续增强以及美元指数的强势，使得我国资本外流幅度进一步扩大，国际资本存在部分回流；三是英国宣布脱离欧元区，这进一步加剧了欧元解体的可能性，使得疲软的欧洲经济面临更多的不确定性。

在这种情况下，我国政府应采取一系列必要措施应对这一风险，主要包括：一是从政治上加强与其他贸易国之间的沟通，坚持互利共赢战略，从而为我国对外开放创造好的外部环境；二是利于全球资源进行自主创新，通过招商引资，引进先进的生产技术与管理理念，提升我国企业的核心竞争力；三是积极实施"走出去"战略，支持本国企业的对外投资，培育我国的跨

---

① 王晓佳：《人民币汇率制度改革与中国对外贸易的相关性分析》，硕士学位论文，黑龙江大学，2007。

国公司；四是完善对外开放的风险防范机制，建立健全金融市场特别是外汇市场的相关法律法规，同时实施灵活的货币与财政政策；五是协调国内不同区域间的发展，鼓励中西部地区加大对外开放力度。

第四节　新开放战略的未来预期

新开放战略以沿海内陆沿边共塑"三位一体"区域发展新局面，以"一带一路"建设及区域性自由贸易区打造互联互通的中国新开放格局，凭借亚投行和丝路基金的优势，带动中国经济寻找新的开放动力，面对危机后复杂的国际新环境，中国要把握好对外开放的新机遇，实现中国经济的腾飞，力争将中国打造成经贸强国。

一　新开放战略的新动力

以"一带一路"以及"三位一体"为核心展开中国空间战略与开放战略是新时期中国开放新战略。20世纪末以来，我国坚持在鼓励东部地区发展的基础上，先后作出实施西部大开发、振兴东北地区等老工业基地、促进中西部地区崛起的多项重大战略，极大地激发了区域经济的活力。2013年十八届三中全会规划新开放战略，沿海内陆沿边共塑"三位一体"区域发展新格局。促进开放空间从沿海向沿边延伸，对于优化开放空间格局、促进区域协调发展，打造东西呼应、海陆并进的空间开放格局，具有重大的战略意义。

在坚持沿海、内陆和沿边开放相结合的基础上，深化沿海开放，巩固沿海开放先导地位，推动沿海开放型经济率先转型升级，加快从全球加工装备基地向研发、先进制造和现代化服务业基地转化。拥有2亿人口的东部沿海地区，经济技术基础好，地理位置优越，应积极引进国外资金和先进的技术，率先实现经济的快速发展。在新经济形势下，更要坚持沿海发展的带头作用。

扩大内陆开放，有序引导外向型加工制造业向内陆地区转移，培育国际加工制造基地和外向型产业集群。自中部地区战略实施以来，经济发展速度加快，总体实力进一步增强，粮食生产基地、高新技术产业基地、现代装备制造基地、能源原材料基地和综合交通运输枢纽的建设，产业结构得到升级优化。扩大内陆开放，一方面，推动内陆贸易、投资、技术创新协调发展，是抓住全球产业重新分布的机遇。内陆加工贸易和沿海地区因在时效和物流成本上存在很大的差异，故应创新内陆加工贸易模式，建立内陆一体化集群发展的模式，使内陆成为沿海加工制造贸易升级版的承接地。另一方面，建设内陆地区国际贸易大通道。发挥好郑新欧国际铁路及渝新欧国际铁路联运的作用的同时，加快建设向中亚、东南亚、俄罗斯及欧洲等方位的国际物流通道。支持内陆增开国际客货运航线，形成横贯东中西，连接南北方向的对外经济走廊。

加快沿边开放，推动基础设施建设与周边国家互联互通。西部大开发、东北老工业基地的振兴等涉及沿边地区扩大开放的一系列重大发展战略的实施，有效地带动了沿边地区的经济发展。沿边地区的开放对于优化开放具有以下三点重要意义。第一，有利于增强沿边地区自我发展能力，将区位优势变成开放优势，缩小同沿海和内陆的发展差异，将促进开放空间由沿海向沿边扩展，打造东西呼应、海陆并进的空间开放格局。第二，有利于拓展能源战略通道。我国周边国家资源丰富，与周边国家的合作，有利于缓解国内资源短缺问题，降低我国对远洋资源及运输通道的依赖风险，实现国家能源战略通道多元化发展。第三，有利于构建和平发展的外部环境。沿边开放后，我国同周边国家的利益关系更加紧密，增强了战略互信，促进了民族团结，给我国发展带来了良好的环境。

"一带一路"战略的实施为我国未来经济增长提供了动力。2013年习近平主席在访问中亚（哈萨克斯坦）和东南亚（印度尼西亚）期间，先后提出了"丝绸之路经济带"和"21世纪海上丝绸之路"的构想。随后，这一构想被纳入了党的十八届三中全会通过的《中共中央关于全面深化改革若干重大问题的决定》。《决定》提出要"加快周边国家和基础设施互联互通建设，推进丝绸之路经济带、海上丝绸之路建设，形成全方位开放新格局"。2015年，经国务院授权，国家发展改革委员会及外交部、商务部联合发布《推动共建"丝绸之路经济带"和"21世纪海上丝绸之路"的愿景与行动》，标志着"一带一路"进入实施阶段。

"一带一路"覆盖六十多个国家，惠及东亚、东南亚、西亚、南亚、北非及欧洲沿线的一些国家，涉及50亿人口，意义重大。对于我国来说，"一带一路"核心区域有16个省区，其中"丝绸之路经济带"包括新疆、青海、甘肃、陕西、宁夏5个西北省区，重庆、四川、广西、云南4个西南省市区，及新扩展的内蒙古；"21世纪海上丝绸之路"包括江苏、浙江、福建、广东、海南东部沿岸5个省区,及新扩展的山东省。① 通过"一带一路"两个共同体建设,极大地拓宽了中国对外经贸、能源、金融、投资等合作空间,提升了地缘政治安全水平,形成了以"上合组织"为龙头,以"一带一路"为两翼,向西拓展广阔经济腹地,营造出周边区域一体化发展环境。其对我国经济增长的促进作用体现在以下几个方面。第一,可盘活国内生产要素,为劳动力、资本、技术、服务、信息等生产要素的畅通流动创造了条件。第二,可优化区域经济空间格局,更好地挖掘中西部地区的发展潜力,促进中西部地区经济更快地发展。第三,可进一步开拓国际市场,为我国全方位对外开放拓展更广阔的空间。

区域性自由贸易区的建设对强化中国开放起到示范效应。首先,起到以局部带动整体的开放效果。自上海自贸区建成后,各地纷纷开始建造自由贸易区,如福建、广东、天津是第二批自贸区,而第三批自由贸易区也在积极申报中。其次,拓展我国对外经贸空间。据国际规则规定,自由贸易区的成员必须相互提供超过世界贸易组织最惠国待遇的优惠贸易待遇,而成员对自贸区之外的贸易伙伴仍然实行着世界贸易组织规定的最惠国待遇,所以对其他成员来讲,客观上构成一种贸易歧视。这种自由贸易协定会抑制从自由贸易区以外的进口,而且有可能减少对自由贸易区以外的投资。最后,加快实施自由贸易区战略是实现产业升级、推动企业"走出去"的重要举措。区域经济合作发展的主要内容是在追求区域之间利益一致基础上生产要素的移动和优化配置,所以自由贸易区建设的过程必然伴随着生产要素流动的加快和区位比较优势下专业化生产的进一步发展,促进各成员更有效地发挥比较优势,将内部的资源配置向优势产业集中,从而促进结构升级和整体效率的提高。自由贸易区取消了关税保护,促使企业在产品市场、生产要素资源等方面重新布局,迫使企业为求得生存提高自身素质,优化产业结构,改善企业管理。

自由贸易区的建设会使有关国家和地区的货物和服务的市场准入条件进一步改善,贸易和投资环境更加规范透明,从而降低企业的进出口成本,有利于企业实施"走出去"战略。根据规则,自由贸易区的成员之间,除了要减少和消除货物贸易的壁垒之外,还会减少和消除服务贸易以及投资的壁

---

① 郑蕾、刘志高:《中国对"一带一路"沿线直接投资空间格局》,《地理科学进展》2015年第5期。

垒。比如，提高投资企业在合资企业中的占比，或允许对方控股，或者取消对方投资企业的地域限制和经营范围限制等。总之，这种市场更加开放的行动举措，有助于消除区域内的贸易投资壁垒，有助于我国实施"走出去"战略，更广泛地参与国际分工，实现互利共赢、共同发展。

金砖银行、亚洲基础设施投资银行、丝路基金等国际金融机构的构建，是新开放的重要工具。有利于打破欧美一统国际金融的格局，给发展中国家带来新的话语权。新兴国际金融机构的构建带来以下影响。

一是促进"一带一路"的构建。虽然亚投行是一个独立的金融机构，但是它服务的重点主要是基础设施投资。中国的困境在于产能过剩、巨额的外汇储备成为包袱，希望通过亚投行和"一带一路"进行产业转移、资本输出，让外汇储备变成外汇资本提高其投资效益。

二是有利于中国出口企业开拓潜在的海外新市场。亚投行的成立，直接带动了周边国家对于中国基础设施建设企业的需求。亚投行将带动大量的基础设施建设项目，而中国企业在基础设施建设方面已经处于领先地位，亚洲的基础设施项目需要中国企业的参与。

三是进一步推进人民币国际化。首先，亚投行将加快人民币国际化及国际贸易结算货币的进程。目前，人民币跨境贸易结算已在缅甸、越南、柬埔寨、新加坡等东盟国家迈出重要的一步，但要真正实现人民币跨境贸易结算还需要借助亚投行发挥作用。其次，我国已与周边诸多国家和地区建立自贸区，签署双边边贸本币支付结算协定、货币互换协议等。

四是提升我国在世界金融领域的话语权。亚洲基础设施投资银行是对世界银行和亚洲开发银行推进亚洲发展中国家业务的一个补充。随着亚投行规模的扩大和作用的凸显，一旦我国和东盟国家参与构建，将在很大程度上提升双方在国际金融体系中的地位。以世界银行为代表的多边开发银行对援助发展中国家做出了巨大贡献，但由于改革步伐滞后，大部分话语权掌握在少数发达国家手中，阻碍了资源流动和利益分配。亚洲基础设施投资银行的设立，能够提升我国在世界金融领域的话语权。

五是推动中国融入国际市场。一方面，作为互联互通建设的有力支撑，亚投行将为我国企业联通区域内其他国家打造金融通道，为其他各方面互联互通提供资金支持；金融领域的开放或将提升本区域与全球经贸合作的层次和水平，帮助我国高端产业融入区域内及全球高端市场，从而促进"高精尖"产业的发展，推动科学、技术、人才的国际合作。另一方面，我国正积极推动实施自贸区战略，APEC北京会议开启了亚太自贸区的进程，中澳、中韩自贸区也已取得了实质性成果，包括中国—东盟在内的多个自贸区已经建成，中日韩等自贸区谈判也正在进行。亚投行的设立将为我国的自贸区建设提供更加开放的合作平台。

无论是亚投行和丝路基金的建设，还是自贸区的建设，抑或是人民币入篮，都是中国实施"一带一路"倡议的战略支点，是中国新时期新开放的时代选择，是中国寻求自身发展和带动世界经济共同发展的有效措施，是习近平主席提出的"人类命运共同体"发展理念在后金融危机时代的实现形式，是中国开放视野、开放空间、开放格局的转型。这样的前所未有之新国策必将为中国新开放注入强大的发展动力。

二 中国面临的机遇

世界向多极化方向发展给中国全面开放带来新机遇。国际金融危机改变了发达国家与发展中国家的力量对比，发达国家实体经济复苏步伐缓慢，发展中国家特别是新兴大国实体经济复苏势头强劲，推动世界经济增长的作用更加明显。新兴市场凭借多年的发展，经济实力大大增强，经济总量和比重上升的同时在国际事务中的话语权也相应上升。但是，必须看到，发达经济体仍占据当今世界经济的主导地位，其技术领先优势、全球规则主导权和全球配置资源能力的优势，在相当长时期内不会发生根本性转变。世界向多极化发展，欧洲未来的情况虽然不乐观，但其经济总量和美国相当，仍然不可忽视。得益于过去十年原油和能源价格的上涨，俄罗斯已经摆脱了"休克式"经济改革带来的后遗症，财政和经常账户状况大为改观。在全球力量更趋均衡的情况下，中国在和美国的博弈中将有更多的"筹码"在手，可以凭借自身的优势，与欧盟和主要新兴国家建立良好的关系，在国际事务中取得更大的话语权并承担更多的国际义务。

全球经济正在朝着温和复苏的方向前行。全球经贸增长速度回升且有增长的趋势。据国际货币基金组织预测，2016年到2020年，全球生产总值GDP年增长率预计为3.8%~4%，尽管低于2003年到2008年的4.8%，但高于2011年到2015年的3.5%；全球贸易量年增长率将为5.6%，低于2003年到2007年的8.2%，但高于2011年到2015年的3.7%。无论是发达国家还是发展中国家的经贸增长速度均高于五年前，但是低于国际金融危机前的五年。

值得注意的是，美国经济在逐渐复苏。尽管美国目前经济状况不容乐观，但毕竟出现了好转的迹象。美国的制造业和服务业仍在扩张中，虽然就业情况改善得较为缓慢，但总的趋势是就业增加、失业率下降。随着私人部门去杠杆化和资产负债表修复接近尾声，消费者的信心有了较大的回升，企业支出意愿提高，虽然和危机前相比有很大的差距，但是已经表明复苏势头。受益于美联储长期的低利率政策、美元的国际货币储备地位及美元资产在全球动荡环境中的安全特征，美国国债收益率创下了两百多年以来的最低。同时，美国高等级公司债券的收益率也在近年来呈下降趋势。这说明美国政府和企业能够以很低的成本融资，有利于支持经济复苏。在技术创新方面，美国仍是世界上最有竞争力的国家，其科研投入仍占全球总投入的31%。美国发达的高等教育和科研体系、宽松的研究环境、优厚的待遇、有倾向性的移民政策仍吸引着全球的科技人才。

种种迹象表明，美国经济有望进入较高增长、温和通胀的繁荣周期。外需将有望再次成为拉动中国经济增长的重要因素。同时，虽然全球的经济复苏处于上升阶段，但一些结构性因素将在较长时间内压制全球的通胀水平。这些因素包括，美国的就业市场要想完全复苏还有很长的路要走，因此产能缺口仍将存在；欧洲需求不旺，压低了全球总需求；发达国家工会的势力和影响力在下降；过去30年全球化的结果导致竞争在世界范围内增强，资本在各地区之间的流动也更加容易。全球央行在过去几年中的货币政策虽然非常宽松，但央行传统意义上的政策目标并未改变，因此在必要的时候仍将有足够的手段和空间收紧过于宽松的流动性。这些因素的意义在于，未来数年全球的通胀仍将维持在一个温和的水平，全球通货膨胀的风险并不高，国际大宗商品原材料的价格很难再大幅上涨。这为中国继续增加投资、把握美国和全球经济复苏所带来的机遇提供了一个良好的外部条件。

欧元区经济逐渐缓和。经济复苏的基本面在扩大，在欧元区19个国家中，绝大多数经济均保持增长或稳定增长。欧元区的劳动力市场持续改善，就业继续温和增长，失业率继续下降，实施劳动力市场改革的国家失业率降幅将更加明显。由于经济活动强劲和利息支出降低，欧元区政府赤字率继续下降。新兴经济体由于内部结构性矛盾不能根本化解，加上美联储加息预期升温，使资本进一步向美国等发达国家回流，经济增长仍将较为乏力。

中欧、中日以及中国与新兴市场国家关系良好给中国经济发展和全面开放也带来了新契机。欧洲经济需要走出衰退，而欧洲的技术和品牌正是中国所需。中国拥有巨大的外汇储备，但大多数都投资于美元资产，尤其是美国国债，投资回报很低；如果投资欧元区，"周边五国——葡萄牙、爱尔兰、意大利、希腊和西班牙（PIIGS）"与中国在重点产业上有合作的意义和机遇，中国可以结合"周边五国"的产业优势，同时考虑自己经济发展过程中对稀缺资源、海外扩张、技术升级、资产保值增值等需求，积极寻找合作机会。另外，可以设想，欧洲的状况迫使欧洲各国在未来对外的经济政策方面只能采取"防守"的姿态，而中国则可以更加主动地出击，逐渐"蚕食"欧洲老牌资本主义国家在新兴国家的经济利益，包括矿产资源、投资目的地等。

全球公共产品需求旺盛，进入基础设施建设浪潮。而中国正是基础建设等公共产品供给大国，这为中国开放又提供了新领域。新一轮基建投资大潮，对通信、港口、交通等基础设施需求量非常大。对发达经济体来说，面临的是基础设施更新；对新兴经济体来说，需要的是基础设施兴建；对于更多发展中国家来说，是补足基础设施这个短板。无论是美国奥巴马政府提出的"再工业"战略、德国"工业4.0"这样的振兴经济战略，还是亚非拉广大发展中国家的工业化计划，都要求更好的基础设施来满足发展战略的需要。高速铁路建设、机场高速公路和港口的建设、电力设施的建设、信息工程的基础设施，都是基础设施建设的重点。

根据《国际商业监测》（BMI）发布的报告预测，随着各国政府加大对基础设施建设的投入，到2030年，全球基础设施投资需求将达57万亿美元，其中水和水处理、能源及交通、桥梁和住宅建设约占80%，成为国际基础设施投资建设最主要领域。在基础设施建设领域，中国企业有着相当强的竞争优势。中国现在已经成为世界最大的制造国与出口国，在全球价值链中扮演着重要的角色。如今，中国制造业平均年产值超过2万亿美元，在规模上位居全球第一，在全球制造业竞争力排名榜上，也位居全球第一。中国企业大规模获得基础设施建设合同的同时，也会带动中国的设备出口。中国的发电设备、交通运输设备、移动通信设备等，比起以前大量出口的产品，技术密集、资金密集程度或附加值都更高。因此，全球基础设施建设热潮，有利于中国出口结构的升级，更有利于中国的新开放。

第二章
"一带一路"新开放布局

在世界经济形势变化的21世纪初，中国国家主席习近平提出"一带一路"倡议。此倡议一经提出，就获得了国际社会的高度认同和积极参与。这是因为，"一带一路"倡议不是仅仅着眼于中国自身发展需求而提出的狭隘区域战略，而是基于全球化趋势情况下世界各国共建、共荣、共享的国际开放战略，是基于"人类命运共同体"理念下而提出的旨在振兴世界经济的国际发展思路。"一带一路"开放战略之所以获得很多国家的支持和赞赏，原因在于中国政府的美好愿景——"让更多国家人民过上同中国人民一样幸福的生活"，给世界经济注入了强大的发展动力，这种美好愿景让"一带一路"倡议成为世界各国对外开放的共同选择目标。"一带一路"倡议的提出是有着深厚理论根据的，不是凭空想象的单方面发展战略；不仅是将古丝绸之路同新时期国际经济形势紧密结合的时空发展设计方案，更体现了中国想要全球经济治理朝着公平、公正、合理方向发展的文化智慧。

第一节 "一带一路"倡议的时代背景

2013年9月和10月，中国国家主席习近平同志先后提出建设"新丝绸之路经济带"和"21世纪海上丝绸之路"的战略构想。"一带一路"指的是"丝绸之路经济带"和"21世纪海上丝绸之路"，简称"OBAOR"或"OBOR"或"BAR"（One Belt and One Road；One Belt One Road；Belt and Road）。"一带一路"精神以"和平合作、开放包容、互学互鉴、互利共赢"十六个字作为理念，同时也是"新丝绸之路"的愿景与行动方案。"一带一路"的战略构想将东亚、东南亚、南亚、中亚、欧洲南部、非洲东部的广大地区联系在了一起,该区域覆盖60多个国家,总人口超过40亿,经济总量超过20万亿美元。从资源富集情况看,"一带一路"覆盖区域是全球最主要的能源和战略资源供应基地,区域内资源互补性强;从比较优势来看,"一带一路"沿途国家多为处于不同发展阶段、具有不同禀赋优势的发展中国家,这些国家经济发展潜力巨大,有着在农业、纺织、化工、能源、交通、通信、金融、科技等诸多领域进行经济技术合作的空间广阔。

一 古丝绸之路的历史回溯

悠悠华夏史,深深友邦情。五千年的中华文明,不只养育了世世代代的炎黄子孙,也联结了辽阔的亚欧大陆上的睦邻。2100多年前,西汉使者张骞历经艰险两次出使西域,开辟了一条横贯东西、连接欧亚的通道。这条通道起自中国古代都城长安(今西安),经中亚国家、阿富汗、伊朗、伊拉克、叙利亚等,远达地中海,以罗马为终点,全长6440公里。至此,古代亚欧大陆东西方文明的交汇之路得以贯通,由于丝绸为当时最具代表性的货物,陆上"丝绸之路"应时而生。

同样,从秦汉时代起,连接古代中国与欧亚国家的"海上丝绸"之路也逐步兴起。陆上和海上丝绸之路共同构成了我国古代与欧亚国家交通、贸易和文化交往的大通道,促进了东西方文明交流和人民友好交往。中国与亚欧其他国家之间,从此打破封闭,走向共融。

古代"丝绸之路"经过了一些重要的路段与城市。这些路段和城市就今天新提出的"一带一路"而言,具有重要的启示意义。具体来讲,古代"丝绸之路"一般可分为三段,而每一段又都可分为北中南三条线路。

古代"丝绸之路"分为东段、中段和西段。东段为汉代开辟的从长安或洛阳到玉门关、阳关的线路。东段各线路的选择,多考虑翻越六盘山以及渡黄河的安全性与便捷性。三线均由长安或者洛阳出发,到武威、张掖会合,再沿河西走廊至敦煌。中段也开辟于汉代,起自玉门关、阳关,西至葱岭。西段为唐朝开辟的从葱岭往西经过中亚、西亚直到欧洲的线路。

除了以上在今天可以借鉴的路线,"丝绸之路"各段上有一些地理位置非常重要的城市。这些城市经过历史的变迁,也成为中国与世界其他国家交流发展的关键枢纽。

东段的三条线路包括北线、中线和西线。北线：从泾川、固原、靖远至武威，路线最短，但北线的自然环境恶劣，极度缺水，甚少补给，因此在所有线路里面是通行最为艰苦的一条线路。南线：从凤翔、天水、陇西、临夏、乐都、西宁至张掖，此条线路较之北线，环境条件大大改善，但路途漫长，行程艰辛。中线：从泾川转往平凉、会宁、兰州至武威，距离和补给均属适中；途经西安（须弥山石窟、麦积山石窟、炳灵寺石窟）、武威、张掖、酒泉、敦煌（莫高窟、榆林窟）等重要地点。

事实上，"海上丝绸之路"的产生要比陆上"丝绸之路"的产生时间更早。它形成于秦汉时期，三国隋朝时期得以发展，唐宋时期走向繁荣，是已知的最为古老的海上航线。主要有东海起航线和南海起航线。其中，东海起航线最早始自周王朝（公元前1112年），从山东半岛的渤海湾海港出发，到达朝鲜，传授当地民众蚕织作。中国的养蚕、缫丝、织绸技术由此通过黄海最早传到了朝鲜；南海起航线建立于汉代，是中国与外邦交流的主要通道。至唐宋以后，这条海上的丝绸之路更是成为中外进行交通贸易和文化交往的重要通道。汉代"海上丝绸之路"始发港——徐闻古港，起点主要有广州、泉州、宁波，所以称南海丝绸之路。

到了明清时期，陆上和海上"丝绸之路"的作用发生了转变，由于海禁的政策，这两条连通亚欧大陆的重要路线地位大不如前。然而，"丝绸之路"原有的路线和轨迹，一直保留至今，这也使得新时期"一带一路"的提出有源可寻。

古代陆上、海上丝绸之路传递的不仅有中国的丝绸和瓷器、西域的苜蓿和葡萄、南亚和东南亚的奇珍异宝、欧洲的玻璃和雕塑，还有各地的音乐、绘画、舞蹈、宗教，使者甘英等出使大秦、马可波罗访问元朝、郑和下西洋等中外交流创举，为当时不同种族、不同民族、不同国家之间的经济互通、人文沟通交流创造了条件。古丝路沿途是世界上典型的多类型国家，多民族、多宗教集聚区域，古代"四大文明古国"诞生于此，佛教、基督教、伊斯兰教、犹太教等也发源于此并流传至世界各个角落。与西方对外交往总是充满征服和奴役、刀剑和鲜血不同，我国的文化传统始终坚持"己所不欲，勿施于人""以礼相待"等为人处事的基本道德原则，因而平等友好、互惠互利是古代陆上、海上丝绸之路的对外交往活动的主旋律。对中国传统文化的坚守是我国新时期"一带一路"倡议的核心力量，也是开展中外友好合作关系的基本准则。

二 "一带一路"提出的国内外背景

"一带一路"的提出并非偶然。2013年9月7日，习近平主席访问哈萨克斯坦时，首次提出共同建设"丝绸之路经济带"的重大战略构想。2013年10月3日，习近平主席在印度尼西亚国会发表演讲时又提出共同建设21世纪"海上丝绸之路"的倡议。

先后不到一个月，习近平同志对"古丝绸之路"途经的两个要地所在国——哈萨克斯坦和印度尼西亚——进行访问，希望能够在新的历史时期，沿着陆上和海上"古丝绸之路"构建经济大走廊，给中国以及沿线国家和地区带来共同的发展机会，拓展更加广阔的发展空间。2013年12月，习近平同志在中央经济工作会议上提出，推进"丝绸之路经济带"建设，抓紧制定战略规划，加强基础设施互联互通建设。建设"21世纪海上丝绸之路"，加强海上通道互联互通建设，拉紧相互利益纽带。至此，"一带一路"，即"丝绸之路经济带"和"海上丝绸之路"正式提出，成为新时期中国同亚欧其他国家共同建设、共享资源平台的新的发展战略。

"一带一路"的提出，是当下中国经济发展面临国内外重重困难和机遇时的重要抉择。从国际方面看，世界经济全球化、区域经济一体化加快推进，中国作为最大的发展中国家，对于全球经济增长和贸易、投资格局的调整必须做出灵敏的反应。世界经济的转型升级，为中国的发展带来了巨大阻力，同时也提供了重要的发展机遇。只有进一步激发国内的发展活力，充分发挥中国与周边国家的睦邻合作潜力，才能在国际竞争中得到更多的支持和帮助。

"一带一路"的提出，是中国与亚欧其他国家开展深度合作的基本保障，这一战略无疑是新时代中国走向世界的明智选择。由于丝绸之路沿线具有重要的区位优势、丰富的自然资源和广阔的发展前景，相关国家近年来纷纷提出针对这一区域的战略构想，影响较大的有日本的"丝绸之路外交战略"、俄印等国的"南北走廊计划"、欧盟的"新丝绸之路计划"和美国的"新丝绸之路战略"。世界主要国家针对这一区域的贸易自由化战略或区域经济合作方案，为我国实施"一带一路"战略创造了机遇。习近平同志强调，要把世界的机遇转变为中国的机遇，把中国的机遇转变为世界的机遇，在中国与各国良性互动、互利共赢中开拓前进。建设"一带一路"，能够充分发挥上合组织、东盟"10+1"、中阿合作论坛等现有机制作用，促进区域内经济要素有序自由流动和优化配置,带动沿线国家经济转型和发展。这既能为实现中国梦创造良好条件,又能向相关国家和地区辐射"中国红利",实现战略机遇的对接、交会。更为重要的是,"一带一路"建设可以与欧盟、北美自由贸易区形成"三足鼎立"态势,加快形成国际经济新格局,进而对经济全球化产生深远影响。

从国内方面看,"一带一路"的提出是中国改革和发展现状下的必然选择。首先,中国在坚持改革开放的过程中取得了巨大成就,但随后就进入了新的发展阶段。当前改革已步入深水区,同时对外开放也面临调整转向,经济发展处于换档期、阵痛期、消化期"三期叠加"的新阶段。由全面改革开放带来的成绩背后,是许多发展过程中遇到的新问题。社会改革和发展到矛盾集聚、风险积压,需要攻坚克难、爬坡过坎的关键期。这些艰难险阻,既不利于中国经济的发展,也不利于中国为全球经济做出贡献。因此,中国必须创新发展路径,寻求开放性的发展模式,利用有限的国内资源和无限的国际资源,推动中国经济发展进入新常态。

其次,经济的高速增长使中国成为世界能源进口和消费大国,原油进口来源和运输渠道比较集中和单一,这种原油进口格局与近年来南海局势的紧张,使得我国原油进口潜在的"马六甲之困"日益突出,能源安全形势加剧。如果说发展方式不合理是中国当前各种经济问题的方法不当,那么能源安全的问题则是中国发展过程中的保障不足。伴随经济的高速增长,能源已经成为世界各国经济发展的命脉,中国虽然也是能源出口大国,但是由于中国能源的储量和经济的发展结构不均衡,并且在原油进口方面受到的限制和威胁过多,使得经济发展对于进口能源有太强的依赖性。这些都极其不利于经济的稳定和可持续发展。因此,片面地追求经济高速发展所带来的问题,已经成为当前中国必须要解决的困难。"一带一路"的提出,能够为中国解决能源及可持续发展问题提供新的方式方法,是重要的战略决策。

三 "一带一路"战略的重要作用

"一带一路"战略把国内区域发展同世界区域经济一体化紧密结合起来,促进了中国中西部地区的发展。我国的对外开放经历了由经济特区到沿海开放城市,再到沿江沿边开放,最后全面开放这样几个阶段。受地理区位条件制约,东部沿海地区开放水平明显较高,沿边地区特别是西部沿边地区在全国进出口贸易额中所占比重依然较小,因此全方位开放新格局的重点和难点在中西部。"一带一路"国内段覆盖了我国中西部的大部分地区,使广大中西部地区由原先的"内陆腹地"变成现在的"开放前沿",为中西部地区进一步提高对外开放水平、促进经济平稳健康发展提供了契机。

"一带一路"战略助推中国供给侧结构性改革。2008年世界金融危机给我们的重要教训是,对外贸易主要依靠欧美发达国家、"一条腿走路"的风险很大。而现阶段许多发展中国家经济发展速度加快、市场需求不断扩大,已经成为世界市场中一支不容忽视的力量。而"一带一路"构想恰好将我国巨大的产品制造能力与沿途发展中国家的巨大市场需求联系起来,将中国的过剩产能同沿线国家工业化振兴计划相结合,将中国外汇储备用于国际基础设施建设,扩大商品贸易和服务贸易往来,深化经济合作。客观而言,产能"过剩"并不意味着产能"落后",我国现阶段相对过剩的钢铁、水泥等产业可能正是中亚、东南亚、南亚、非洲等发展中地区进行基础设施建设的短板所在,因此通过"一带一路"战略构想将我国的部分过剩产能转移到这些国家,既可以推动我国经济转型升级,也为"一带一路"沿线国家发展提供了难得的机遇。

改革开放为新时期中国的发展和创新提供了巨大的市场和重要的机遇。然而,不平衡的发展结构以及不科学的发展模式,使得我国在取得巨大经济成就的同时,也产生了许多产业结构不合理带来的问题。东部地区受到污染治理、土地价格、劳动力成本等多重因素的影响,出口导向型经济发展已是强弩之末,低端制造业向我国中西部地区以及东南亚等劳动力成本优势明显的地区逐步转移已是大势所趋。"丝绸之路经济带"要连接中亚等广大亚洲腹地,基本要求就是"道路相通",这也就意味着中西部地区即将迎来交通基础设施的一次建设高潮,这对降低中西部地区物流成本、提高产品出口竞争力具有重要意义。东南亚地区劳动力丰富、出口导向型经济优势比较明显,是各国产业转移的重点区域之一,通过"海上丝绸之路"将部分已不具有比较优势的产业从我国东部地区转移过去,可以为我国的经济转型升级留出必要的发展空间。同时与日、韩等较发达国家同场竞技也有利于增强我国企业的国际竞争力。

"一带一路"有利于促进世界区域经济一体化和推动全球化新格局的形成。由于丝绸之路沿线具有重要的区位优势、丰富的自然资源和广阔的发展前景,相关国家近年来纷纷提出针对这一区域的战略构想,影响较大的有日本的"丝绸之路外交战略"、俄印等国的"南北走廊计划"、欧盟的"新丝绸之路计划"和美国的"新丝绸之路战略"。世界主要国家针对这一区域的贸易自由化战略或区域经济合作方案，为我国实施"一带一路"战略创造了机遇。习近平同志强调，要把世界的机遇转变为中国的机遇，把中国的机遇转变为世界的机遇，在中国与各国良性互动、互利共赢中开拓前进。建设"一带一路"，能够充分发挥上合组织、东盟"10+1"、中阿合作论坛等现有机制作用，促进区域经济一体化和全球化，带动沿线国家经济转型和发展。这既能为实现中国梦创造良好条件，又能向相关国家和地区辐射"中国红利"，实现战略机遇的对接、交会。更为重要的是，"一带一路"建设可以与欧盟、北美自由贸易区形成"三足鼎立"态势，加快形成国际经济新格局，进而对经济全球化产生深远影响。

由此可见，新时期"一带一路"的倡议，是在传承丝路历史文化的基础上，结合国内外当前经济发展形势，面对重重挑战的情况下提出的。"一带一路"合作倡议立意高远、内容丰富，对我国的经济社会发展而言，具有历史性的战略意义。这一战略构想的规划实施必将对我国新时期经济可持续发展、社会团结稳定以及对外科技人文交流等方面产生重大而积极的影响。

第二节 "一带一路"倡议的理论依据

"一带一路"倡议的提出，是在一系列较为成熟的理论条件上形成的。无论是"丝绸之路经济带"，还是"21世纪海上丝绸之路"，都蕴含着以经济合作为基础和主轴，以人文交流为支撑的核心理念，以实现开放包容的合作目标。"一带一路"将东南亚、南亚、中亚、西亚各个区域有机地连接起来，使得这些区域间能够更加便捷地互通有无，达到优势互补。由此，贯通亚洲的供应链、产业链和价值链就能更好地得以实现，推动泛亚和亚欧各国各地区之间的合作迈出新步伐。

一 "一带一路"倡议提出的产业理论依据

我国在进行新常态经济建设过程中，关键在于产业结构的调整与优化，因此有关产业的相关理论，也就成为"一带一路"的依据。"一带一路"在经济层面的战略目的有近期和远期两个层次：近期重在"基建产能输出+资源输入"，远期重在"商贸文化互通，区域共同繁荣"。具体而言，新形势下国内产业理论的发展有以下的四大基本内容：

第一，"区带"理论是"一带一路"倡议的新范式。从马克思主义区域经济学理论上讲,"一带一路"倡议创造性的构建了不同于西方区域经济学理论基本范式——"区带","区带"是完全不同于西方区域经济学中的区位、区域的崭新范式。"区带"有着丰富的内涵:它包括交通带、贸易带、产业带、金融带、物流带、信息带、旅游带、绿色带、学术带、文化带、安全带等方面。其中,以高铁、航空港等基础设施建设为主要内容的交通带是"一带一路"沿线国家开展经贸合作与人文交流的物质基础。"亚投行""丝路基金"的组建则是"一带一路"倡议中金融带的具体内容。"一带一路"沿线国家高校之间的学术成果交流和智库之间的交流则是学术带的丰富内容。在这里,安全带主要是指"一带一路"沿线国家的反恐合作、军事演习合作、共同反腐败合作等。"区带"有自身的宽度、厚度和密度。在"一带一路"沿线国家,既可以就某一个方面同中国合作,也可以就多个方面开展深度合作,这是"区带"的宽度。在每一个合作方面,可以有不同的深度,既可以是浅层次合作,也可以是深层次合作,这是"区带"的厚度。在经贸合作中,不同国家的经济发展程度不同,它同我国合作的紧密程度也不同,这就是"区带"中的密度。

第二,"人类共同体"理念是"一带一路"的新支点。习近平总书记"一带一路"战略的提出,是马克思主义区域经济理论在中国国家战略层面的重要实践途径。根据马克思主义区域经济学理论,全世界资产阶级出于对本阶级整体利益的考虑,竭尽全力推动资本主义全球化,但是资本主义全球化导致了世界各国与地区之间的空间不平等和地区间发展差距,在资本主义对落后国家的城市与乡村进行空间重塑的过程中,空间冲突和空间矛盾接连不断,甚至引发了区域性战争。但是,根据马克思主义区域经济学理论,中国作为国际上最大的社会主义国家,本着从各国共同利益出发,从广大发展中国家以及发达国家现实需求出发,在寻找各国利益最大公约数基础上,进行着眼于"人类命运共同体"的创新发展、协同发展、绿色发展、开放发展、共享发展,着眼于缩小地区差距和增加空间平等发展机会,提出了为沿线国家都愿意接受并且欢迎的"一带一路"倡议。这既是新时期马克思主义区域经济学在中国区域经济发展中的运用,也是马克思主义区域经济学在世界范围内的创举。①

---

① 刘美平:《马克思主义区域经济学视阈内"一带一路"倡议实施方略》,《区域经济评论》2016年第2期。

第三,全球化理论是"一带一路"的基础。全球化有资本主义主导的全球化,也必将有社会主义主导的全球化。"一带一路"倡议是社会主义主导的全球化,是平等、公平、合理的全球化。恩格斯研究了资本主义时期资本主义发达国家主导的全球化。恩格斯认为随着世界市场的形成,跨国界的生产地域分工逐渐兴起,资本主义的工业已经使自己相对地摆脱了本身所需原料产地的地方局限性。纺织工业所加工的原料大部分是进口的。西班牙的铁矿石在英国和德国加工;西班牙和南美的铜矿石在英国加工。每个煤矿区都把燃料供给远在国外的逐年扩大的工业地区。在欧洲的全部沿海地方,蒸汽机都用英国的,有的地方用德国和比利时的煤来发动。摆脱了资本主义生产框框的社会可以在这方面更加大步向前迈进。由于国际贸易扩大,不同国家间的生产地域分工更要考虑他国与别的地区的政府经济协调与干预。在马克思的概念中,资本主义主导的全球化是不平等的,在全球化进程中,不同国家之间及同一国家内部,既存在着相互依存,也存在着相互对立。习近平主席提出的"一带一路"倡议是社会主义主导的全球化战略,是立足于世界各国人民共建、共荣、共享这一美好出发点的全球化,是引导全球治理秩序向着公平、公正、合理方向发展的全球化。总之,"一带一路"倡导的全球化同资本主义的全球化有着本质的区别。

第四,产业分工理论、地域分工理论和生产分工理论是"一带一路"的着力点。因为,在全球化背景下,"整个国家的生产既不是用它的直接需要,也不是用扩大再生产所必需的各种生产要素的分配来衡量。因此,再生产过程并不取决于同一个国家内相互适应的等价物的生产,而是取决于这些等价物在别国市场上的生产,取决于世界市场吸收这些等价物的力量和取决于世界市场的扩大。这样就产生了越来越大的失调的可能性,从而也就是危机的可能性"。因此,资本主义主导的全球化进程也伴随着经济危机出现、跨国公司兴起、分工水平转化、国际协调强化等现象。[①] 在人类社会三次大分工前提下,随着资本主义向纵深发展,产业分工和生产分工都会随之出现,产业分工的空间布局必将把不同区域格式化。如果这些分工同发达国家资本家集团利益联系在一起,则会出现国际区域贫富差距;如果这些分工同绝大多数国家利益联系在一起,则形成利益共同体,而利益共同体恰恰是习近平主席提出的"命运共同体"的核心内容。

---

① 程恩富:《全球化与中国之对策》,湖北教育出版社,1999,第45页。

二 "一带一路"倡议在国内外的反响

就中国提出"一带一路"这一战略决策，国外普遍重视各地间的学者交流、青年交流、文化交流和民间交流。吉尔吉斯斯坦文化、信息和旅游部原部长苏尔丹拉耶夫认为，"没有人文合作的发展，很难实现经济合作的进步"。他希望通过亚欧各国间的人文桥梁，进一步推动丝绸之路国家间的合作，使得历史上的辉煌景象得以复兴。德国专家建议丝绸之路途经的国家，共同合作编写历史教科书，挖掘历史文化遗产，加强不同国家对于互通文化的认同感。同时，他们还建议，借鉴波罗的海国家的民间交流经验，组织推动城市间人文交流，推动政府间合作，以软性的外交形式获得持续的政治动力，即通过"软实力"的外交，消除"硬实力"的顾虑。希腊教育部原部长季亚曼托普鲁等提议，设立"丝路文化之都"项目，即每年由一个沿线国家牵头，组织交流文化活动，活动内容涵盖文化、科技、展览等经济合作，并采用定期评估的标准化方式，通过市场化运作，从而建立国家间人文交流的长效机制，进而淡化"文化输出"痕迹。对于这一提法，欧洲一些国家，如希腊、西班牙等国，都表现出浓厚的参与兴趣，这对于具体开展"一带一路"交流活动是重要的支持。

此外，国外智库和专家学者对"一带一路"的倡议也高度关注，这些专家大多以中国崛起为思考角度，进而解读其内涵。世界银行前副行长帕拉西奥在"丝绸之路经济带建设国际学术研讨会"上表示，"古丝绸之路成为文明沟通桥梁的代名词，不冲突不对抗的独立外交政策是新丝绸之路的精华所在"。充分肯定了新时期"一带一路"政策的科学性和正面性。开罗大学亚洲研究中心主任萨利赫认为，"'一带一路'构想与'中国梦'的理念相辅相成"。这是新时期中国有综合实力与人文发展情怀融合的体现，也是中国为和谐世界建设所提出的理论结合。新加坡东亚研究所所长郑永年认为："丝绸之路既是中国古老文明的一部分，也是当代中国文明在国际政治舞台上自信和复兴的有效方法，是大国崛起所依托的时代精神。"他还提出，丝绸之路的核心是贸易，中国对外关系的核心是经济贸易。缅甸资深媒体人吴温丁认为，中国领导人高瞻远瞩，提出了"一带一路"设想，这也是为了解决和平发展、共同发展的问题。俄罗斯科学院远东研究所副所长卢贾宁认为，该构想试图重新划分从太平洋到欧洲的经济版图，是遏制美国并将其赶到大西洋的有效武器，是从根本上改变世界由美元架构的起始平台。

国内专家学者对于"一带一路"倡议的提出也普遍持支持观点并提出多方建议。虽说国内有专家认为，需要对"一带一路"的内涵做出更加全面清晰的阐释，但也有专家认为，"一带一路"内涵博大精深，本身就是理论创新和探索，需要在实施过程中不断丰富深化，不宜过早限定其内涵边界。除此论点冲突之外，国内专家普遍对于新时期推进"一带一路"建设提出了许多建设性意见和建议。上海合作组织研究中心主任陈玉荣等提出，"一带一路"应分阶段实施，近期目标重点是道路、能源管线、电信、港口等基础设施"共建"和互联互通，提高贸易和投资便利化程度；中期目标可在条件成熟国家和地区朝自由贸易区迈进，打造中国与东盟自贸区升级版，与中亚国家建立自贸区，将非洲东海岸和拉美地区环太平洋国家纳入合作机制；远期目标是建成覆盖中亚、南亚、西亚、欧洲、非洲、拉美国家的自由贸易区群，覆盖全球100多个国家。

国内另有一些专家建议，构建"一带一路"沿线国家共同遵循的法律框架。政府应大力推动与"一带一路"国家签署地区多边投资保护协定，放宽市场准入，扩大开放合作领域，为双、多边投资项目提供共同的法律保护和争议解决依据。提升通关效率，降低商品流通成本。加快贸易和投资自由化与便利化进程，创造更加自由开放的贸易投资环境。中国银行战略发展部研究员李建军等专家认为，"海上丝绸之路"沿线国家与我国有良好的经贸条件和合作基础，是人民币迈向区域化进而实现国际化的第一"实验田"。恰逢美欧金融危机，引起东南亚对美元风险的警觉，我国成为全球第二大经济体、第一大货物贸易国，人民币"南下"正迎来窗口期。复旦大学亚洲经济研究中心主任袁堂军等专家认为，人民币"南下"须依托实体经济，通过树立我国在亚洲产业分工中的枢纽地位，推动贸易结构平衡。无论是实体经济的国际化拓展，还是虚拟经济人民币国际化步伐加快，都需要新的国际法作为支持其运行的条件。

虽然国内外专家对于"一带一路"的角度各有不同，但有一点达到共识，即中外专家一致认为，文化和旅游业是促进经济合作和民心相通的重要抓手，可作为"一带一路"建设的先导产业。袁堂军认为，文化与旅游合作能让双方百姓更多了解对方国家，消除偏见和误解，同时带来大量的人流、物流、信息流和资金流，有力地推动经贸发展。因此，我们要在"一带一路框架下"坚持文化自信的阵地，在大力弘扬传统丝路文化的同时，学习与融合世界各国的文化，来滋养和丰富中华文化的底蕴和品位。

第三节 "一带一路"建设的目标愿景

"一带一路"的建设，既是为了推动中国"走出去"战略的实施，同时也是拉动亚欧沿线国家共同发展的举措，以实现中外互通合作、睦邻互帮和谐目标。由于"一带一路"沿线各国的资源禀赋各异，相互之间有较强的经济互补性，因此蕴含着巨大的合作潜力和发展空间。"一带一路"的建设，既要保证政策方面的完善，又要加强基础设施的建设，保证资金的充足配备，从而实现合作共赢的目标。"一带一路"的建设以完成以下基本目标为核心，共建繁荣经济圈。

一 政策完善

完善政策和增强沟通是"一带一路"建设的重要保障。加强沿线国家政府间合作，积极构建政府间多层次的宏观政策沟通交流机制，创造共赢机会，深化产业融合，促进国家间的政治互信，以达成合作新共识。通过互利共荣政策的制定和完善，有利于沿线各国就经济发展战略和相应对策开展充分的交流对接，进而共同制定推进区域间合作的规划，拟定互利措施，共同协商解决跨国跨区域合作中的问题，为实现务实合作和推进大型项目的实施提供政策方面的支持。"一带一路"发展过程中政策的完善，能够保证其他目标更好地实现。

二 实现基础设施联通

基础设施的互联互通是"一带一路"建设的基础保障和优先领域。只有完善了基础设施建设，相关的一些能源输送、配套建设才能够真正落到实处。在尊重沿线相关国家主权基础上，根据安全关切的原则，沿线国家要加强基础设施建设规划，严格按照技术标准体系进行规范，共同努力推进国家间基本骨干通道的建设，逐步形成连接亚欧各次区域以及非洲地区之间的基础设施网络。在进行基础设施联通建设的过程中，注重强化绿色低碳化建设和可持续发展的运营管理，充分考虑气候变化和各地自然条件的影响。基础设施实现联通，"一带一路"各项工作的开展就有了基石。

三 把握关键通道、节点及重点工程

在基础设施实现联通的基础上，要注意优先打通联结通道的缺失路段，重点打通瓶颈路段，并且在配套道路安全防护设施和相关交通管理设备方面着重加强，进而提升关键道路的通达水平。在推进重点工程中，建立统一的全程运输协调机制，促进国际通关、换装、多式联运的有机衔接，逐步形成兼容规范的运输规则，实现国际运输便利化。推动口岸基础设施建设，疏通陆路和水路联运通道，推进港口合作建设，增加海上航线和班次，加强海上物流信息化合作。拓展建立民航全面合作的平台和机制，加快提升航空基础设施水平。

四 加强能源基础设施建设，实现互联互通合作

油气资源的合作共享是当前我国发展新兴产业的一大重心。中亚与我国新疆接壤的国家，拥有丰富的油气资源，一旦形成有效沟通，将能大大缓解我国油气进口方面的巨大压力。而中亚国家也因有以中国为代表的一个巨大的世界市场，能够更好地输出资源。此外，我国电气设备和电力技术在全世界都处于领先水平，有了中国的加入，能够保证"一带一路"沿线国家电力的建设得以更好地维护，并且有利于解决中国电力设备产能过剩的问题。因此，共同建设能源基础设施，共同维护输油、输气管道的安全，同时完善推进跨境电力与输电通道建设，可以有效推动区域油气网络与电力网络升级改造合作。

五 建设信息丝绸之路

"一带一路"在新的时期不只局限于陆上丝绸之路和海上丝绸之路，信息丝绸之路，也被称为网络丝绸之路，是适应当前大数据的环境下，为了更好地实现沿线国家信息资源共享所要建设的通道。通过各国共同推进跨境光缆等通信干线的网络建设，提高国际通信的互联互通水平，从而使信息丝绸之路畅通。并且在建设信息丝绸之路的过程中，注意加快推进双边跨境光缆等建设，规划建设洲际海底光缆项目，完善空中（卫星）信息通道，以扩大国家之间的信息交流与合作。

六 贸易畅通

经济活动要想得以实现，就必须要依赖于贸易活动。"一带一路"建设

的重点内容之一是投资贸易合作。在建设丝绸之路经济带的过程中,应着力研究解决有关投资贸易便利化的问题,通过消除投资和贸易壁垒,完善并净化区域内和各国间的经营贸易环境,积极共商自由贸易区,激发沿线国家释放合作潜力,做大做好合作"蛋糕"。各国要根据自身存在的产业优势,优化产业结构,将贸易的畅通与本国的实际情况紧密结合,以实现共赢为基本目标,进而实现"一带一路"贸易合作的畅通。

七 沿线国家加强海关合作

由于各国在"一带一路"的倡导下,将会更加开放地进行对外经济互动,因此必须要加强信息互换、监管互认、执法互助的海关合作,实现认证认可、检验检疫、统计信息、标准计量等方面的双边和多边合作,进而推动世界贸易组织《贸易便利化协定》的生效和实施。通过改善边境口岸通关设施条件,加快对边境口岸"单一窗口"建设,降低通关成本,提升通关能力。此外,供应链的安全与便利化合作,能够推进跨境监管程序协调,通过协助检验检疫证书国际互联网核查,开展"经认证的经营者"(AEO)互认。国家间还要降低非关税壁垒,这是促进各国经济活动顺利开展的主要条件,进而共同提升技术性贸易措施透明度,提高贸易自由化便利化水平。只有沿线国家在海关方面互相予以支持,才能更好地促进各国的互助合作,求得共荣发展。

八 优化贸易结构,拓宽贸易领域

通过挖掘各国间贸易的新增长点,促进贸易的平衡。传统的贸易方式仍可被采用,但是,应适当裁剪其比例。通过创新贸易方式,能够节约资源,降低交易成本。全新的贸易方式包括跨境电子商务、完善服务贸易体系等,合理利用信息数据,缩短交易时间,提升交易数量。通过巩固和扩大传统贸易,同时大力发展现代服务贸易,将"一带一路"国家间的贸易活动有机化、高效化。另外,要把投资和贸易有机结合起来,以投资带动贸易发展。国家间的投资既可以充分利用当地资源,又能够缓解国内产能过剩的紧张局面。通过加快投资的便利化进程,进而消除投资壁垒,根据双边投资保护协定和避免双重征税协定等合约的协商,保护投资者能够得到应有的权益。

九　实现相互投资领域的拓展

通过开展国家间和地区间的农林牧渔业、农机及农产品生产加工等领域的深度合作，重点开展远洋渔业、海水养殖、水产品加工、海洋工程技术、环保产业、海水淡化、生物制药和海上旅游等领域的合作。同时加大煤炭、油气、金属矿产等传统能源资源的勘探开发合作，广泛推广水电、风电、核电、太阳能等清洁能源的开发合作，采取能源资源就地就近实现加工转化等合作，从而形成上下游一体化的能源资源合作产业链。此外，还要注重加强能源资源的深加工技术，配套其装备与工程的服务合作。

十　优化产业结构

通过推动新兴产业的合作，根据优势互补、互利共赢的原则，促进"一带一路"沿线国家加强在新一代信息技术、生物、新能源、新材料等新兴产业领域的深入合作，推动建立创新合作机制。通过优化产业链的分工布局，推动各产业链上下游关联产业的协同发展，进而鼓励建立研发、生产和营销体系，提升区域内国家间的产业配套能力和综合竞争力。由于扩大服务业相互开放，沿线国家间的服务业合作也得以加快发展。对于投资合作新模式的探索将不断得以开展，鼓励各国合作建设境外经贸合作区、跨境经济合作区等各类产业园区，以推动产业集群发展。此外，在投资贸易中突出生态文明理念，进而加强生态环境、生物多样性和应对气候变化合作，共建绿色丝绸之路。通过鼓励本国企业参与沿线国家基础设施建设和产业投资，促进企业按属地化原则经营管理，积极帮助当地发展经济、增加就业、改善民生，主动承担社会责任，严格保护生物多样性和生态环境。

十一　金融贯通

资金方面的融通是"一带一路"建设的重要支撑。只有通过深化金融合作，才能推进亚洲货币稳定体系、投融资体系和信用体系建设。在"一带一路"沿线，要不断扩大各个国家双边本币互换、结算的范围和规模，同时推动亚洲债券市场的开放和发展。金融方面的贯通离不开金融基础设施银行的建设。各国共同推进亚洲基础设施投资银行、金砖国家开发银行的筹建，能够促进有关各方就建立上海合作组织融资机构开展磋商。通过加快丝路基金组建运营，保障基本金融工具的落实。深化中国—东盟银行联合体、上合组织银行联合体务实合作,以银团贷款、银行授信等方式开展多边金融合作。支持沿线国家政府和信用等级较高的企业以及金融机构在中国境内发行人民币债券。符合条件的中国境内金融机构和企业可以在境外发行人民币债券和外币债券,鼓励在沿线国家使用所筹资金。同时,要格外注意加强金融监管合作,推动签署双边监管合作谅解备忘录,逐步在区域内建立高效监管协调机制。完善风险应对和危机处置制度安排,构建区域性金融风险预警系统,形成应对跨境风险和危机处置的交流合作机制。加强征信管理部门、征信机构和评级机构之间的跨境交流与合作。充分发挥丝路基金以及各国主权基金作用,引导商业性股权投资基金和社会资金共同参与"一带一路"重点项目建设。

十二 文化与民意相通

民心民意的相通是"一带一路"建设的社会根基。传承和弘扬丝绸之路友好合作精神,广泛开展文化交流、学术往来、人才交流合作、媒体合作、青年和妇女交往、志愿者服务等,为深化双多边合作奠定坚实的民意基础。在"一带一路"文化交流的过程中,深化沿线国家间人才交流合作。文化的交流除了通过办学和人才流动,还有一个重要方式就是文化旅游。通过加强旅游合作,扩大旅游规模,互办旅游推广周、宣传月等活动,联合打造具有丝绸之路特色的旅游产品,创新旅游模式,提高沿线各国游客签证便利化水平。同时要推动21世纪海上丝绸之路邮轮旅游合作,并且积极开展体育交流活动,支持沿线国家申办重大国际体育赛事。

十三 人文关怀与科技发展同行

"一带一路"的建设,不仅是中国希望能与沿线国家进行经济文化交流,更是中国发扬大国情怀,与沿线国家睦邻友好,以达到各国互帮互助,共同发展的目的。在医疗援助方面,通过强化与周边国家在传染病防治技术交流、疫情信息沟通、专业人才培养等方面的合作,进而提高国家间合作处理突发公共卫生事件的能力。在为有关国家提供必要的医疗援助和应急医疗救助时,着重在妇幼健康、残疾人康复以及艾滋病、结核、疟疾等主要传染病领域开展务实合作,真正以各国人民的利益为上,扩大在传统医药领域的合作。在科技方面,要注重加强合作,共建联合实验室、海上合作中心、国际技术转移中心,促进科技人员的交流讨论,合作开展一些重大的科技攻关项目，各国共同提升科技创新能力。

十四 共创正能量社会

通过整合沿线各国现有资源，积极开拓和推进与沿线国家在青年就业、创业培训、职业技能开发、社会保障管理服务、公共行政管理等共同关心的领域的务实合作。既要保证就业，又要提高素质。充分发挥各国政党、议会交往的桥梁作用，加强沿线国家之间立法机构、主要党派和政治组织的友好往来。同时，开展城市交流合作，欢迎沿线国家重要城市之间互结友好城市，以人文交流为重点，突出务实合作，形成更多鲜活的合作范例。各个国家要注重智库的建设，在智库之间开展联合研究、合作举办论坛等。

此外，还要加强沿线国家民间组织的交流合作，重点面向基层民众，广泛开展教育医疗、减贫开发、生物多样性和生态环保等各类公益慈善活动，促进沿线贫困地区生产生活条件改善。加强文化传媒的国际交流合作，积极利用网络平台，运用新媒体工具，塑造和谐友好的文化生态和舆论环境。通过一系列努力，最终推动"一带一路"全线实现健康、有序、正能量的绿色发展态势。

"一带一路"目标愿景是一个系统，每一个目标愿景的实现都需要我们做非常耐心、周到、细致的工作。从这些目标愿景中可以看出，文化与外交是先锋，是我们首先要同沿线国家建立的友好方面。"一带一路"沿线国家只有接受我们中国的文化，才能接受中国的外交政策，进而才能向纵深发展，涉及经济贸易、工程项目、旅游合作、能源合作、对外投资等方面的国际合作与交流。

第四节 "一带一路"建设的时空意义

"一带一路"建设是全面深化改革的重要组成部分，是通过扩大开放促进经济结构调整，以内引外联促进经济发展的务实之举，是顺应我国经济转型升级要求的重大战略举措。"一带一路"的建设，是我们党在国际国内形势发生深刻变化的时代条件下，以全新理念推动的新一轮开放，有利于实现国内与国际的互动合作、对内开放与对外开放的相互促进，从而更好地利用两个市场、两种资源，拓展发展空间、释放发展潜力。"一带一路"这一战略决定，充分彰显了中国敢于担当的精神风貌和互利共赢的合作态度，有助于我国同沿线国家一道，推动政治、经贸、人文、安全各领域合作再上新台阶，共同打造政治互信、经济融合和文化包容的利益共同体、命运共同体、责任共同体，真正使中国梦与世界梦交相辉映。

一 "一带一路"是全方位开放之路

经过三十多年的改革开放，中国对外开放的程度已经得到明显提高，进出口贸易额在世界位居前列。与此同时，国际环境也发生了重大变化，多哈回合谈判进展缓慢，以WTO为主的多边机制遭到进一步削弱，以双边和区域为主的地区性协定成为国家间战略竞合的重要手段，并加快向高标准、全面性迈进，以美国为主导的TPP与TTIP在政府采购、劳工权益、国有企业、知识产权等领域确定的新规则和新标准使我国的对外开放面临着巨大的挑战。因此，党的十八届三中全会《决定》提出："推进丝绸之路经济带、海上丝绸之路建设，形成全方位开放新格局。"

在未来一个时期，推进"一带一路"建设将成为我国推进全方位开放的重要出发点和着眼点。在向西开放上，依托丝绸之路经济带，我国将通过更多面向西部和南部的中亚、欧洲、东南亚国家以及西南方向的非洲的经贸合作，提高我国向俄罗斯和东欧国家及第三世界国家的对外贸易与投资水平，以此深化与俄罗斯和东欧国家及第三世界国家的经济合作关系。在向东开放上，我国将顺应贸易自由化、便利化向深度和广度发展的趋势，在面向亚太地区及西方发达国家与地区的开放上，通过参与新一轮国际经贸规则的制定，提升我国对外开放的层次与水平。

"一带一路"既是对发达国家的开放国策，也是对发展中国家的开放国策，是一视同仁的开放战略。"一带一路"沿线国家中，既有德国、英国、法国、意大利等欧洲发达国家，也有中亚、西亚、东南亚、南亚等诸多发展中国家，还有新兴国家经济体俄罗斯、印度等这些大国。"一带一路"的倡议既是投资、贸易、金融、能源、基础设施建设等经济领域的深度开放国策，也是外交、国防、军队、宗教等方面开放的国策，还是文化、科技、体育、民间往来、智库、考古等方面的开放国策，形成了全方位、各领域的新开放格局。

二 "一带一路"是全面合作之路

党的十八届三中全会《决定》提出要"坚持双边、多边、区域、次区域开放合作，扩大同各国各地区利益汇合点"。"一带一路"沿线大多是新兴经济体和发展中国家，涵盖中亚、南亚、西亚、东南亚和中东欧等国家和地区，总人口约 44 亿，经济总量约 21 万亿美元，分别占全球的 63% 和 29%。"一带一路"沿线国家与我国的经济互补性较强，如东南亚地区在农业、工业、基础设施、资源开发以及电子商务等领域；中亚、西亚在提升基础设施和推进加工业发展上；南亚地区在基础设施建设（如高铁）、扭转外贸逆差、工业园区建设等方面；非洲在产业发展、金融服务、减贫、医疗卫生、生态环保等领域，均有引进我国产业、技术、资金的需求，在推进本国基础设施建设，我国在对外投资、自由贸易区建设、拓展海外市场、扩大能源资源进口、推动产能过大产业向外转移等方面也有与上述国家深化经贸合作的需要。因此，"一带一路"建设，有利于推进我国与上述国家和地区在技术、投资、贸易、能源、工业园区建设等领域的深层次合作。

"一带一路"建设也有利于促进区域协调发展。针对改革开放初期以来出现的中国区域发展不平衡问题，党的十八大报告提出"创新开放模式，促进沿海内陆沿边开放优势互补，形成引领国际经济合作和竞争的开放区域，培育带动区域发展的开放高地"。依托"一带一路"的建设，扩大内陆沿边地区开放，离不开东部沿海地区产业、技术和资金的支持。提升东部沿海地区的对外开放水平，离不开内陆沿边地区的腹地支撑。内陆沿边地区与东部沿海地区可以围绕着"一带一路"建设提升经济的互补合作水平。一是内陆沿边地区可以与东部沿海发达地区共建面向"一带一路"投融资平台，建立内陆沿边地区企业对外投资的融资平台与东南亚、南亚、阿拉伯国家对内陆沿边地区投资的跨境投资平台。二是可以依托沿海港口经济的发展优势，通过东部沿海地区全球供应链管理中心、物流中心、虚拟贸易中心建设，构筑横贯东西、联结南北方的对外经济走廊，提升内陆沿边地区"走出去"的能力。三是内陆与沿海地区共同打造科技创新与成果转化的合作平台，推进沿海地区的技术、产业向内陆沿边地区转化、转移，在支撑沿海地区实体经济转型升级的同时，提升内陆沿边地区的经济内生发展能力。四是深化内陆沿边地区与东部发达地区在体制创新方面的合作，通过复制东部沿海地区对外开放的实践经验，推进制度体系的对接，提升内陆沿边地区与国际规则对接的水平。例如，内陆沿边地区可以在机构组建、企业设立程序、税收制度、市场准入与监管、过境管理、投资者保护、负面清单、信息公开、电子政务、交通和通信设施建设等方面学习东部沿海发达地区的经验，改善内陆沿边地区开放发展的营商环境。总之，"一带一路"建设，有利于推动沿海内陆沿边优势互补、良性互动，增强中西部地区的自我发展能力与对外开放水平，促进中西部地区跨越式发展。

三 "一带一路"是和平交流之路

通过古代陆上、海上丝绸之路，中国的丝织品、瓷器、茶叶、农产品加工技术、建筑工艺、度量衡工具等源源不断输往世界各地，番薯、玉米、南瓜、番茄、苦瓜、香料、棉花等农作物与天文历法、阿拉伯数字、地理学和机械工程学等科学技术也被引进中国，传统的丝绸之路为当时不同国家、民族之间的和平交流与发展创造了良好的条件，至今为各国人民所津津乐道。近几年来，一些西方国家将"新殖民主义"的帽子强加在我国的头上，到处渲染"中国威胁论"，宣传中国的丝绸之路建设便于中国对外"掠夺"资源，与中国贸易逆差的扩大不利于其自身的长期发展；中国是它们在全球范围内的重要竞争对手等谬论。

通观历史便可知，我国不可能走殖民主义道路。从历史上看，丝绸之路沿线涉及的中亚、东欧、东南亚、南亚与西亚、非洲等国家和地区，与我国一样，同样遭受了被殖民的历史，同为殖民主义的受害国，中国绝不会走老牌帝国主义国家曾经走过的殖民主义道路。丝绸之路虽然是一个文化符号，但彰显的是和平交流、共同发展的理念，和平与发展是丝绸之路的"内核"。

明朝时期，郑和七下西洋，并没有在当地留下一兵一卒，所到之处传递的是友谊，是文明。西亚、北非与中亚地区石油资源虽然较多，中国的进口规模也相对较大，但中国并没有在该地区拥有军事力量，石油资源富裕的国家需要石油进出口来获得发展资金，需要有稳定、可靠的市场需求者。随着美国页岩气的开发，经济快速发展的中国对石油等资源的需求也正符合这些国家的利益。

此外，我国已经多次明确提出，我国的"一带一路"建设，采取的是平等和开放的态度，不谋求私利，不搞势力范围，不干涉他国内政，不强加于人，也不与其他大国和既有机制竞争。中国努力将自身发展战略与亚洲区域合作战略以及他国的发展战略对接，将"中国梦"与"亚洲梦""欧洲梦"连接，支持有关国家改善民生、增加就业和工业化的努力，积极地为本地区提供公共产品，让有关国家安心、舒心、开心。因此，从这个层面，我国的"一带一路"也是一条和平发展之路。

四 "一带一路"是共同发展之路

改革开放以来，受制于对外开放次序、政策及地理等因素影响，我国的外贸、外资和对外投资主要集中于东部沿海地区，我国东部沿海地区经济发展水平较高，中部地区对外开放水平与东部地区相比存在较大差距。以2012年为例，我国西部12省、市、自治区在全国进出口贸易总额中仅占5.96%，外商投资企业注册数和投资总额占全国的比重分别为8.33%和8.17%，西部12省、市、自治区非金融类对外投资存量占全国的比重为12.76%，而东部沿海地区非金融类对外投资存量占全国的比重为75%，进出口总额占比为86.41%，企业注册数和投资总额占比分别为66.17%和80.8%。大开放促进大发展，依托丝绸之路经济带建设，我国内陆沿边地区可以充分利用两种资源、两个市场，有效发挥沿边地区紧邻南亚、中亚的区位优势和地缘优势，通过区域性中心城市的发展，聚集产业，集中人口，能够有效克服地广人稀的劣势，不仅发展速度会加快，发展质量也会大大提高。

改革开放以来，我国经济取得了巨大发展，已经成为世界第二大经济体，中国也成为世界经济增长的重要贡献者。2013年，中国GDP达到9.2万亿美元，占世界的比重为12.4%。中国对世界经济增长的贡献率接近30%。与此同时，广大发展中国家基于国内资金缺乏，制造业发展不足，基础设施落后，较多的贫困和失业人口及逐渐扩大的贸易逆差等问题，也迫切需要在资金、技术、产业、发展经验上寻求中国的支持。随着中国沿海地区劳动密集型产业渐趋饱和，加之受土地、劳动力、产能过大等因素的限制，钢铁、服装、纺织、塑料制品、金属与非金属制品、电子信息等产业正在向周边国家转移。"一带一路"战略的实施，将为广大发展中国家引进中国资本与产业、利用中国技术与发展经验创造良好的条件，为其经济发展创造新的外部红利，有效促进中东欧国家、第三世界国家与我国共同发展。

中国在吸引外资、经济特区建设和融入全球生产网络上可以为其他国家提供发展经验。中国进入国际生产网络所引发的价值创造活动对周边国家而言更具有补充性。通过对外贸易与投资，中国将为"一带一路"沿线国家在扩大利用外资规模、填补国内资金缺口，缩小贸易逆差、扩大出口规模，推进工业化进程和城镇化进程、缓解就业压力，推进基础设施建设、提升等方面带来新的发展机遇。与此同时，中国服务业的有序开放与制造业的全面开放，也有利于"一带一路"沿线资金充裕的国家投资，来分享中国改革开放的经济成果。

"一带一路"建设将为沿线国家对华出口提供便利条件。依据迈克尔·斯宾塞在2011年3月的《中国经济中长期发展和转型》报告称，中国中产阶级消费潜力将成倍扩大。到2020年，中国中产阶级的人口规模将达到40%以上；到2030年，中国中产阶级的人口规模将达到70%以上。按照中产阶级人口每人平均每天10美元的消费来计算，中国中产阶级将为本国带来巨大的消费需求。依据阿罗拉（Arora）和万瓦基迪斯（Vamvakidis）的研究，中国经济对周边国家的外溢效应随着中国经济的增长而逐渐扩大，距离中国越近，其获得的溢出效应越大。因此，对于"一带一路"沿线国家而言，依托互联互通的交通设施与便利化的贸易制度，中国巨大的消费需求将成为这些沿线国家发展生产、扩大对华出口贸易带来前所未有的发展机遇。

"一带一路"倡议的提出是适应当前我国经济发展和全球经济形势的战略抉择，既是为我国优化产业结构寻找新的发展方向，又是发展我国与"一带一路"沿线国家间睦邻友好关系的政策保障。各个国家之间各有所长，通过交流合作，实现互通有无，共建亚欧经济共同体，以造福各国人民。对中国来说，可以带动内陆沿边向西开放，相当于扩大西部的发展空间，有利于增强中国的影响力。对沿线国家来说，共建丝绸经济带的倡议深受中亚各国的欢迎和赞同，加快推进丝绸之路经济带建设，具有良好的合作基础和共同规定发展目标。同时"一带一路"的建设，必会形成对阿拉伯和东欧国家的辐射作用，有利于新的欧亚商贸通道和经济发展带的形成。只要各国齐心协力，以共荣的目标沟通协作，就能实现各国各地区的和谐发展。

第三章
河南对外开放的历史向度

新中国成立以来,河南省对外开放经历了起步、酝酿与初步发展、转型与发展、跨越式发展和危机中前进等发展阶段。不同的历史阶段有着不同的开放内涵,不同的开放阶段存在不同的问题。为了在新时期做好河南的开放发展工作,我们必须研究河南开放发展的阶段性、渐进性和风险性。开放的历史向度不断延伸,开放型经济虽然取得了显著的成就,但是在河南省对外开放的过程中,仍然存在一系列深层次问题需要深入探究和全面解决。因此,在河南开放发展的历史演进中发现问题、分析问题、解决问题就是本章的思路。

第一节 河南对外开放的阶段性过程

改革开放以前,河南省对外开放度很低,总体规模较小。改革开放以后,国内外政治经济条件发生了深刻变化,和平和发展成为时代的主题。在这样的背景下,河南省对内搞改革,对外搞开放,整体对外交往日益活跃,日益呈现出以进出口贸易为导向,引进外资和先进技术、输出劳动力和资源、加强跨国投资等全面发展、中心开花的新格局,实现了全省乃至全国经济的大发展。河南对外开放历程大致可分为以下几个阶段。

一 起步阶段(1949~1978年)

起步阶段从新中国成立后到改革开放前,主要是我国实行计划经济时期的对外经济。在这一阶段,由于我国实行的是计划经济体制,外贸企业的自主权较小，对外贸易的积极性不高，导致对外贸易规模较小，对外贸易程度较低。这个时期，所有的对外贸易都掌握在政府的手中，实行计划管理和行政管理，企业没有出口权。当时河南省主要的出口产品是原材料和一些初级产品，20世纪50年代主要的出口对象包括苏联、东欧、朝鲜等社会主义国家，60年代后河南开始对港澳地区直接出口，包括郑州至深圳的供港商品快运专列，源源不断地把河南的生猪出口到港澳市场。70年代，河南的出口市场进一步扩大，包括新加坡、马来西亚、日本、美国等国家和地区，与河南有贸易往来的国家和地区扩大到44个。不过，这个时期河南省的对外贸易规模仍然较小，1977年河南省的进出口总额仅8726万美元。

这一阶段，河南省基本上没有引进外资，外汇主要用于技术引进，几乎全部用在设备引进上。随着我国和西方国家关系的改善，河南省开始逐渐从日本、德国、英国、比利时等国家引进成套机械设备，为河南重工业发展打下了重要的基础。①

二 酝酿与初步发展阶段（1978～1991年）

1978年，党的十一届三中全会决定把工作重点转移到社会主义现代化建设上来，改革经济体制，实现对外开放。自此后三十多年来，河南省坚持不懈地推进对外开放工作，积极探索发展外向型经济的途径和手段。

1989年2月召开的中共河南省委工作会议提出，要"加快对外开放步伐，广泛开展横向联合"，同年3月，中共河南省委办公厅、省政府办公厅联合发文，要求"努力实现'两个打出去'（把名优产品打入国际和沿海城市）、'两个引进来'（从国外和沿海引进先进技术、引进资金，发展国内外市场替代产品）、'两个一起上'（增加出口创汇、加速企业技术改造），加速经济发展"。

1991年3月，河南首次召开全省对外开放工作会议，会议通过了《关于加强全省对外开放工作的决定》以及14个相关配套文件。这次会议确立了河南省对外开放的指导思想，提出把"优化环境、外引内联、四面辐射、梯次发展"作为扩大对外开放的基本思路。会议提出了"五树五破"的发展新思路，要求全省要树立改革开放、开拓进取的观念；树立有计划的商品经济观念；树立互惠互利、全面对外开放的观念；树立勇于拼搏、敢打必胜

---

① 王建丰：《新形势下河南省对外开放发展格局分析》，《特区经济》2003年第5期。

的观念；树立学先进、找差距、努力改变落后面貌的观念。同时，要破除因循守旧、僵化保守思想，破除小农经济、产品经济思想，破除自我封闭、自成体系思想，破除消极畏难、无所作为思想，破除故步自封、盲目自满思想。这一时期，河南的对外开放工作从酝酿、起步进入到发展的第一时期，特别是首届对外开放会议提出的"五树五破"，对全省解放思想、转变观念，推动对外开放工作的开展起到了巨大的促进作用，标志着河南的对外开放工作开始进入新的阶段。

这一阶段，河南省地区生产总值不断提高（见图3-1），从1978年的162.92亿元提高到了1991年的1045.73亿元，增长了5.42倍。

图3-1 1978~1991年河南省地区生产总值

同时，进出口贸易也有了较快的增长（见图3-2），从1978年的11845万美元，增长到了1991年的121489万美元，增长了9.26倍，超过了同期GDP增长速度。

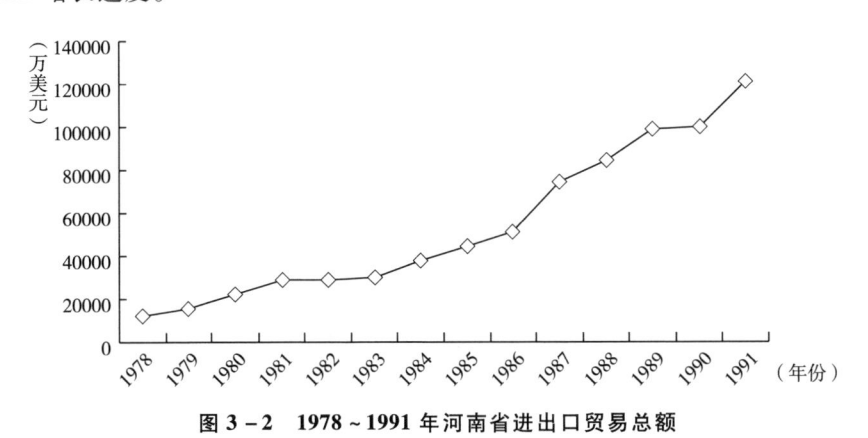

图3-2 1978~1991年河南省进出口贸易总额

1979年河南开始尝试利用外资，但是由于当时外商对我国的对外开放政策还存有疑虑，河南对利用外资兴办外资企业还缺乏经验，国家绝大部分的涉外法规政策正在制定之中，中外双方还处于一个相互理解、相互探索的时期。直至1985年，利用外资才开始起步，但这一时期河南省利用外资总体发展缓慢，且存在明显波动（见图3-3），外商投资项目还仅限于一般加工业，规模不大、水平不高。

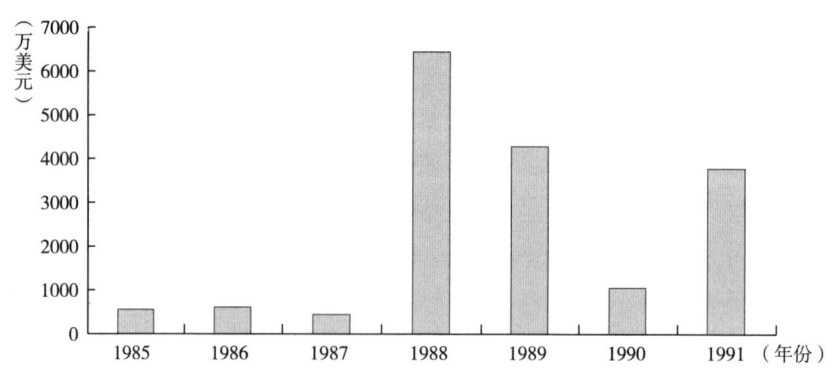

图3-3 1985~1991年河南省实际利用外商直接投资额

另外，在国民经济基本上是沿工业化主轴展开的大格局下，对外贸易不仅居于从属地位，作用难以发挥，而且受制于经济发展的低水平和高度集中的外贸计划管理体制的束缚。以独家经营、行政管理、吃"大锅饭"为主要特征的国家外贸垄断体制，在经营上是单一渠道，通过外贸部所属的十余家专业进出口公司，直接进行进出口贸易活动，产品由外贸公司统购包销，并由国家制定的若干个口岸公司组织出口，河南的外贸专业公司处于向沿海口岸公司调拨供货的地位；在管理上依靠行政手段，在指令性计划的轨道上运转，国家对出口商品的收购、调拨、出口等全部实行指令性计划；财务上统收统支、统负盈亏。这种体制不仅使河南的外贸活动因与国际市场隔膜而失去明确目标，而且使从事出口生产与经营的主体——企业，缺乏对外贸易的动力与激励机制。

三 转型与发展阶段（1992~2000年）

1992年初邓小平同志南方讲话以后，河南省的对外开放出现热潮，呈现全面蓬勃发展的大好局面。在这一阶段，河南省把引进外资作为对外开放的重头戏，多渠道、多形式地引进外资，使河南省外商投资企业的发展呈现前所未有的高速发展局面。

1992年8月，党中央、国务院批准包括郑州在内的17个省会为内陆开放城市，至此，开放城市已遍布我国所有省区，改革开放进入了新的快速发展时期。河南省对外开放工作也进入了转型与快速发展的阶段。这一时期，河南省省委、省政府高度重视对外开放工作，多次召开有关会议，采取多项政策措施改革外贸体制，推进对外开放步伐的快速迈进。

1992年2月，中共河南省省委就进一步加快全省开放工作召开专题会议，要求：思想再解放一些，胆子再大一些，步子再快一些，效果再好一些。这是河南作为一个内陆省份，首次痛下决心，要克服内陆意识，增强大外贸、大外经、大旅游意识，实行全方位对外开放；1992年11月，中共河南省第五届委员会第五次全体会议指出，要"抓住关键环节，扎扎实实地做好对外开放工作"，要"调动一切积极因素，加快形成多层次、多渠道、全方位对外开放格局"。

1994年，河南省政府配合我国贸易体制的重大改革，结合实际制订了13条配套措施，决定实行有利于外贸出口的信贷政策、鼓励出口的分配政策，不断拓宽外贸经营领域，有秩序地放开进出口商品的经营权，实现针对外贸企业的三项制度改革。为进一步鼓励外商投资、引进先进技术，河南省还对1987年发布的《外商投资条例》进行修改并重新颁布《河南省鼓励外商投资条例》。

1996年，河南全面实施开放带动战略，积极拓宽招商引资的新途径、新领域，完善地方性涉外经济法规和政策体系，加强涉外管理和服务，努力改善投资的软硬环境，成功举办了"我国中西部地区对外经济技术合作洽谈会"，对外开放取得了新的进展。1998年5月，第二次全省对外开放工作会议召开，会议明确了对外开放的指导思想和目标，讨论了《河南省鼓励外商投资优惠政策》《河南省关于鼓励扩大出口、对外经济技术合作的若干政策》《河南省关于加强豫港合作的实施意见》《河南省人民政府关于加快发展旅游业的决定》等配套文件。

为了适应对外开放和对外经济贸易发展的需要，河南省建立和完善了海关、出入境检验、口岸办、金融、外汇管理、商品仓储、保险、运输、对外信息咨询、涉外法律和会计事务、商会、外商服务、外商投诉等多种对外经济贸易服务体系。1999年，河南省政府又决定在全省范围内实行外贸工作责任制，并建立和启动了省外贸出口发展基金。这些措施有力地推动了全省对外开放的发展。

这一阶段，河南省地区生产总值继续提升（见图3-4），从1992年的1279.75亿元提高到了2000年的5052.99亿元，增长了2.95倍。

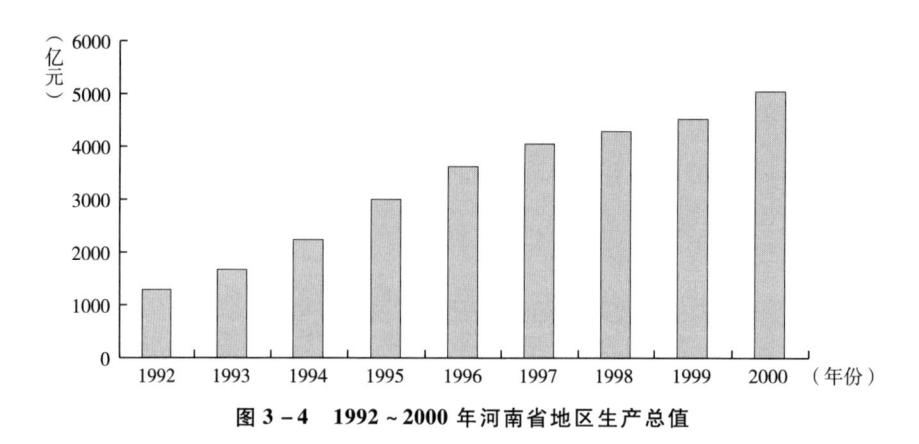

图3-4 1992~2000年河南省地区生产总值

这一阶段，河南省进出口贸易处于稳步发展阶段（见图3-5），从1992年的116194万美元，增长到了2000年的227486万美元。需要注意的是，由于受到东南亚金融危机的影响，1996年开始河南省进出口总额受到了一定的影响。

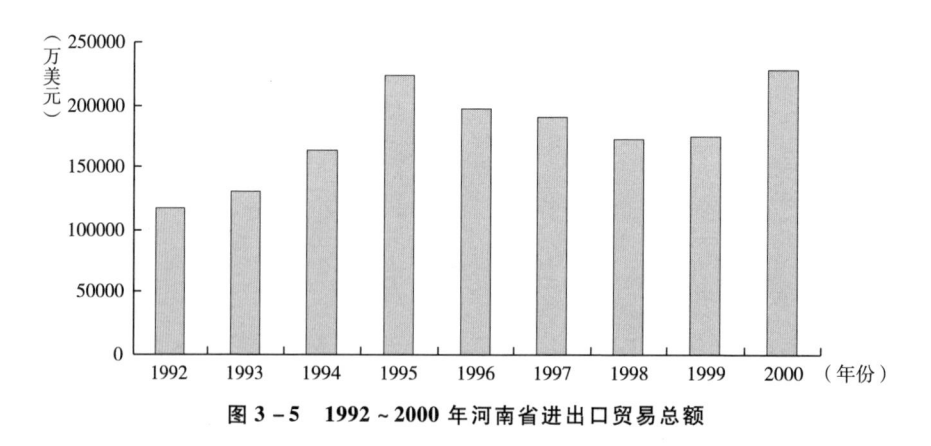

图3-5 1992~2000年河南省进出口贸易总额

经历了起步阶段的波动，这一阶段，即使受到了东南亚金融危机的影响，河南省实际利用外商直接投资仍取得了较快发展（见图3-6），实际利用外商直接投资额从1992年的10691万美元，增长到了2000年的53999万美元。

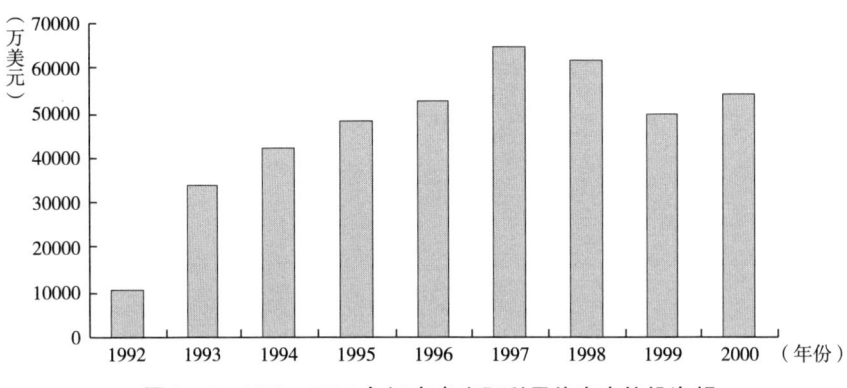

图 3-6　1992~2000 年河南省实际利用外商直接投资额

四　跨越式发展阶段（2001~2007 年）

进入 21 世纪，我国对外开放的广度和深度进一步扩展，特别是加入 WTO，标志着我国之前的主要依靠政策性开放逐步向在法律框架下的制度性开放转变，要求对外开放的一切工作都要与国际接轨。河南的对外开放工作也进入了一切运作都要以 WTO 标准为依据，遵守制度、用好制度，创新开放新思维的全新时期。在加入 WTO 的头几年中，河南省利用外资相对 2001 年以前有所降低。但是随着对 WTO 规则的熟悉与掌握，河南省出台了《关于进一步扩大对外开放的决定》，无论从对外开放的深度和广度，还是从可操作性等方面，都有了创新和突破，对全省的对外开放工作产生了深远影响。2003 年利用外资总额就达到了 2000 年的水平并连年快速增加（见图 3-7）。

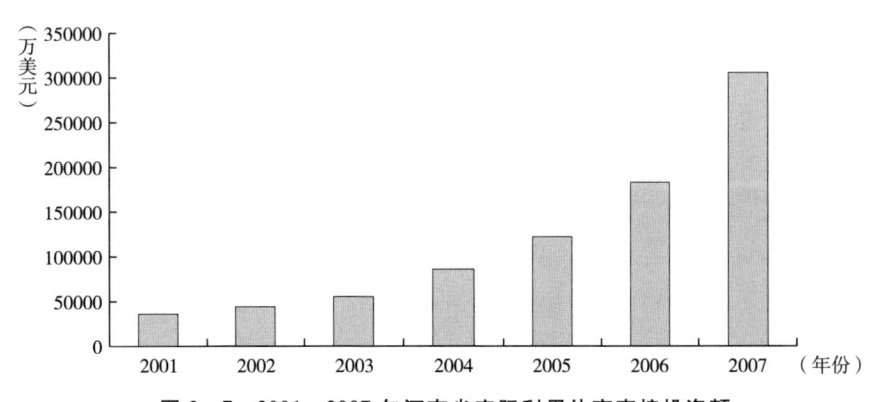

图 3-7　2001~2007 年河南省实际利用外商直接投资额

这一阶段，河南省对外贸易仍保持快速发展势头（见图3-8），进出口贸易总额连年增加，从2001年的279256万美元增加到2007年的1280493万美元。

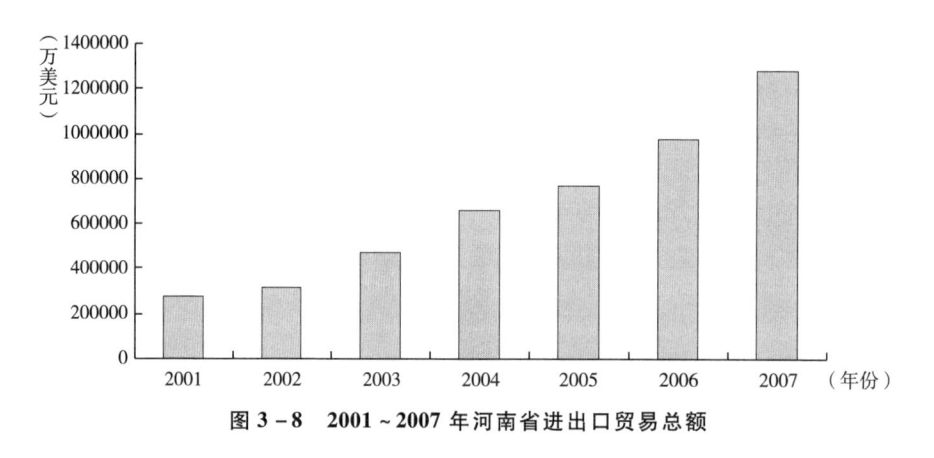

图3-8 2001~2007年河南省进出口贸易总额

2003年，河南省省委、省政府召开全省第四次对外开放工作会议，首次明确提出把开放带动作为推动河南经济社会发展的主战略，对外开放政策被提到了前所未有的突出地位和战略高度。

2006年，河南省省委、省政府又出台了《河南省加快实施开放带动主战略指导意见》，对加快实施开放带动河南经济社会发展主战略的指导思想、目标任务、总体要求、工作重点及保障措施做了进一步明确。随后相继出台了外商投资项目代理制、外商投资便利化等一系列优惠措施，并实行重大外商项目跟踪制度。

2007年5月，胡锦涛同志在河南省视察工作时，针对河南省的对外开放问题，提出河南要"积极扩大对内对外开放，加强与国内其他地区的横向经济联系，不断提高对外贸易和利用外资的质量和水平"。这对河南的对外开放工作是一个有力的促进。

五 危机中前进（2008~2010年）

2008年经济危机以来，世界各国的经济都受到了严重影响。中国作为招商引资的大国，对外资的过度依赖给我国经济带来了很大的负面效应，过于优惠的外资政策也给我国企业增加了竞争压力。利用外资的质量和水平亟待优化和提高，要发挥外资的积极作用，削弱其消极影响，更好地推动科技创新、产业优化升级以及区域经济协调发展，2010年国务院出台了《关于进一步做好利用外资工作的若干意见》（国发〔2010〕9号）提出，要继续"优化利用外资结构""促进利用外资方式多样化""引导外资向中西部地区转移和增加投资""深化外商投资管理体制改革""营造良好的投资环境"，这表明我国利用外资已进入了调整优化阶段。

另外，我国又实施了一系列结构性减税的财政政策，完全取消了外资企业的"超国民待遇"，全面统一了内外资企业税制，结束了"内外有别"的税收制度。尽管这给利用外资带来了暂时的影响，但是从长远发展来看，这有利于我国利用外资质量和水平的提高，也有利于我国经济社会稳定持续发展。

这一阶段，河南省省委、省政府准确分析和把握复杂多变的国际国内形势，深入贯彻落实科学发展观，将扩大开放、招商引资作为"一举应多变，掌握主动权"的全局性、战略性重大措施，举全省之力强力推动大招商活动的深入开展，大力实施开放带动主战略，以开放促改革、促发展、带全局，新一轮开放热潮正在形成。

2010年，全年实际利用外资62.5亿美元，同比增长30.2%，成为河南省来豫客商最多、签约项目和合同金额最多、招商规模最大、招商成效最为显著的一年。2010年进出口贸易总额为17.79亿美元，同比增长32.39%，富士康集团、惠普集团、百事可乐、法国雅高、美国联合包裹运送服务公司、嘉里集团等一批跨国公司重大投资项目相继落户河南省。[①]

六 全面开放阶段（2011年至今）

这一阶段，中原经济区上升为国家战略，国务院出台《关于支持河南省加快建设中原经济区的指导意见》为河南的发展带来了千载难逢的重大历史机遇。大量外商投资"西进北上"进程加快，产业投资由沿海地区向中西部地区、由大城市向城市郊区的转移明显，东部沿海企业饱和性外溢等现象凸显，这为中部地区招商引资、加快发展提供了良好的潜在性发展机遇。中部地区尤其是河南要紧紧抓好这一重要机遇，解放思想、开阔眼界，转变招商理念，由对项目的"招商引资"转变为"招商选资"，努力选择能

---

① 孙丹萍：《改革开放以来河南省招商引资战略与对策研究》，硕士学位论文，西安工程大学，2012。

耗低、污染少、科技含量高、发展前景好的高新技术企业入驻，努力引进项目质量好、支柱作用强、带动能力强、能够促进招商引资地经济结构转型升级的产业。

进入2011年后，河南省对外开放的格局发生了很大的改变，三大开放载体正式形成。第一是郑州新郑综合保税区。这是国务院批准设立的中国第13个综合保税区，也是中部地区唯一一个综合保税区。2011年郑州新郑综合保税区正式封关运行，并且当年创造出口90多亿美元，占到当年河南省出口的三成左右。第二是出口加工区。出口加工区属海关监管区域，同时还有外汇管理、国税、外经贸等有关部门协助，并且对出口产品提供补助，这些优惠政策为加工区的持续快速发展创造了优良环境。2011年，河南郑州出口加工区实际利用外资2.12亿美元，是2010年的16倍，实现进出口总额14.5亿美元。第三是国际物流园区。郑州国际物流园区依托新郑国际机场、铁路集装箱中心站、干线公路物流港等设施，毗邻郑州新郑综合保税区，目前已经成为河南省公路、铁路、航空多式联运枢纽中心。2010年国际物流园区推进了80多个投资规模超亿元的物流项目建设，其中超10亿元项目24个。郑州国际物流园内新开工亿元以上项目10个，完成固定资产投资20亿元。此外在2013年年初，郑州航空港区建设获批准，这是全国第一家，这将给河南省开放格局注入更多的活力。

2011年河南省出口达到180亿美元，仅机电出口就达85亿美元，几乎占据了全省出口的"半壁江山"；同时，高新技术产品出口30亿美元，占16%以上。在国际市场不景气的时候，高新技术和机电产品出口的逆势崛起创造了"河南奇迹"。2011年河南省累计签约项目1000多个，合同金额超过8000亿元。新批准外商投资企业355个，实际利用外商直接投资100.8亿美元，比上年增长61%，同比提高31.2个百分点，居中部地区首位；实际利用省外资金4000多亿元，比上年增长近47%。[①]

2012年河南省进出口总额517.50亿美元，比上年增长58.6%。其中出口总额296.78亿美元，增长54.3%；进口总额220.72亿美元，增长64.9%。机电产品出口193.79亿美元，增长130.5%；高新技术产品出口162.22亿美元，增长184.1%。全年新批准外商投资企业363个。河南省实际利用外商直接投资121.18亿美元，比上年增长20.2%。实际利用省外资金5026.6亿元，

---

① 王建丰：《新形势下河南省对外开放发展格局分析》，《特区经济》2003年第5期。

增长25.2%。全年对外承包工程、劳务合作和设计咨询业务新签合同额34.71亿美元,比上年增长18.3%;营业额37.09亿美元,增长15.9%。

2013年河南省进出口总额599.51亿美元,比上年增长15.9%。其中出口总额359.92亿美元,增长21.3%;进口总额239.59亿美元,增长8.6%。机电产品出口244.96亿美元,增长26.4%;高新技术产品出口207.36亿美元,增长27.0%。全年新批准外商投资企业344个。河南省实际利用外商直接投资134.57亿美元,比上年增长11.1%。实际利用省外资金6197.5亿元,增长23.3%。全年对外承包工程、劳务合作和设计咨询业务新签合同额40.58亿美元,比上年增长16.3%;营业额40.09亿美元,增长13.5%。

2014年河南省进出口总额3994.36亿元,比上年增长7.5%。其中出口总额2418.81亿元,增长8.4%;进口总额1575.55亿元,增长6.1%。机电产品出口1625.9亿元,增长7.1%;高新技术产品出口1360.5亿元,增长5.9%。全年新批准外商投资企业328个。河南省实际利用外商直接投资149.27亿美元,比上年增长10.9%。实际利用省外资金7206.0亿元,增长16.3%。全年对外承包工程、劳务合作和设计咨询业务新签合同额42.29亿美元,比上年增长4.2%;营业额47.1亿美元,增长11.9%。①

2015年河南省进出口总额4600.19亿元,比上年增长15.3%。其中出口总额2684.03亿元,增长11%;进口总额1916.16亿元,增长21.9%。机电产品出口1982.12亿元,增长21.9%;高新技术产品出口1729亿元,增长27.1%。全年新批准外商投资企业272个。河南省实际利用外商直接投资160.867亿美元,比上年增长7.8%。实际利用省外资金7821.5亿元,增长8.5%。全年对外承包工程、劳务合作和设计咨询业务新签合同额43.35亿美元,比上年增长2.5%;营业额48.32亿美元,增长2.6%。②

第二节 河南省对外开放取得的标志性成绩

改革开放以来,河南省同全国其他省份一样,对外开放进程不断取得进展。对外贸易规模不断扩大,贸易手段方式多元化发展,招商引资环境逐渐

---

① 河南省统计局、国家统计局河南调查总队:《2014年河南省国民经济和社会发展统计公报》,http://henan.people.com.cn/n/2015/0303/c351638-24045012.html。
② 河南省统计局、国家统计局河南调查总队:《2015年河南省国民经济和社会发展统计公报》,http://news.163.com/16/0228/03/BGSP50TC00014AED.html。

优化，外商投资稳步增长，对外经济技术合作良性发展，从自身纵向比较来看，取得了不小的成绩。①

一 对外贸易发展迅速

1. 对外贸易规模稳步扩大

如图3-9所示，在21世纪初，河南进口额仅为7.81亿美元，出口额为14.93亿美元，净出口额为7.12亿美元，在接下来十多年的发展中，河南省调动一切可以调动的力量致力于外贸的发展，寻求与国际经济接轨，包括出台了一系列的政策措施，抓住国家优惠政策，开拓国际市场，承接国际国内产业转移等，在风云多变的国际环境下，实现了外贸规模的迅速增长。2001~2014年，进出口总额增长了30倍之多，呈陡峭上升状态。其中2009年由于美国次贷危机波及全球范围，导致河南省的出口额出现了明显的下降，但只用了一年的时间，河南省的外贸即复苏过来，继续快速增长。2000年进出总额居于全国第18位，占省内生产总值的3.7%，2005年上升到16位，到了2014年，河南省进出口总额达到了644.47亿美元，占省内生产总值的12%，其中进口总额为254.32亿美元，出口总额为390.15亿美元。

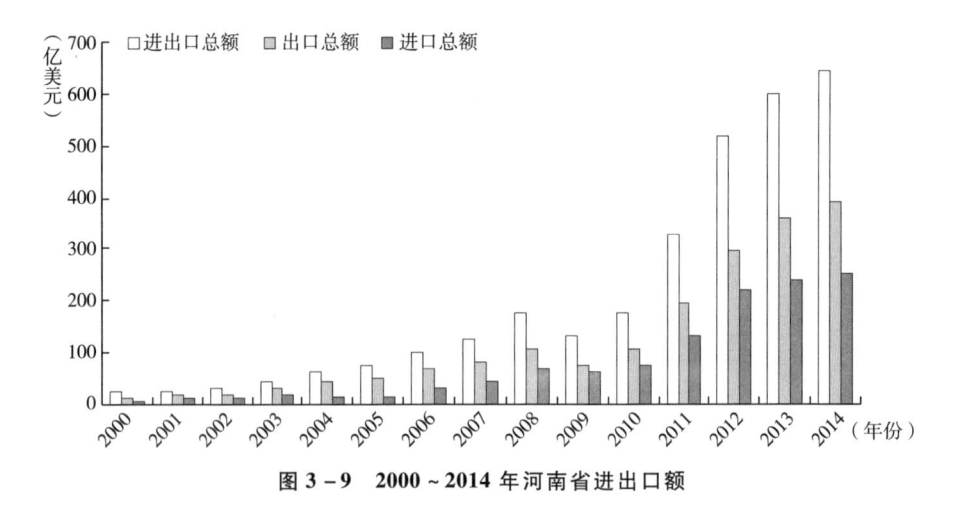

图3-9 2000~2014年河南省进出口额

2. 进出口结构优化

近年来，河南省加工贸易、高端制造业在对外贸易中所占比重日益增

---

① 赵保佑：《河南开放型经济》，社会科学文献出版社，2009。

加。2000年，初级产品进口总额为254.6亿美元，工业制成品总额为237.4亿美元，而到了2012年，全年全省进出口总额517.50亿美元，其中出口总额296.78亿美元，增长了54.3%；进口总额220.72亿美元，增长达到64.9%。其中机电产品出口193.79亿美元，增长130.5%；高新技术产品出口162.22亿美元，增长184.1%。2013年进出口总额增长了15.9%，而机电产品出口244.96亿美元，增长26.4%；高新技术产品出口207.26亿美元，增长27.0%。2014年河南省进出口总额3994.36亿元，比上年增长7.5%。其中出口总额2418.81亿元，增长8.4%；进口总额1575.55亿元，增长6.1%。机电产品出口1625.9亿元，增长7.1%；高新技术产品出口1360.5亿元，增长5.9%。2015年河南省进出口总额4600.19亿元，比上年增长15.3%。其中出口总额2684.03亿元，增长11%；进口总额1916.16亿美元，增长21.9%。机电产品出口1982.12亿元，增长21.9%；高新技术产品出口1729亿元，增长27.1%。可见，除2014年外，近几年河南省的高新技术产品增长率均高于平均增长率，河南对外贸易方式更加灵活，效果更为明显。①

同时，由于积极实施科技兴贸和品牌战略，出口商品结构从资源性产品逐步向技术性产品转变，国际竞争力也不断提高（见表3-1）。在进口商品中，高新技术产品、机电产品的规模逐年递增，有效弥补了河南省的技术不足等缺陷，推进了河南工业化的转变，为产业结构优化升级提供了有利条件。②

表3-1 进出口结构演进表

单位：万美元

	2010年		2011年		2012年		2013年	
	出口额	进口额	出口额	进口额	出口额	进口额	出口额	进口额
活动物；动物产品	12103	1852	20392	7993	25952	3993	26898	6111
植物产品	18674	52283	53634	62110	39132	73551	62427	84354
食用油脂；动、植物蜡	1238	4074	2349	2613	2076	981	2925	399

---

① 张占仓、蔡建霞：《郑州航空港经济综合实验区建设与发展研究》，《郑州大学学报》（哲学社会科学版）2013年第7期。
② 李朝民：《中部六省贸易依存度研究——河南贸易依存度现状分析》，《经济经纬》2009年第5期。

续表

	2010年		2011年		2012年		2013年	
	出口额	进口额	出口额	进口额	出口额	进口额	出口额	进口额
食品、饮料、烟、酒	16685	1305	28537	1983	30616	2688	40762	2741
矿产品	4334	220055	6212	356629	7509	31675	8209	323482
化学工业及相关工业的产品	85403	28700	173483	20188	155668	31427	160103	38053
塑料、橡胶及其制品	38182	29693	83611	55129	86850	47667	93581	50828
皮革制品	22525	16229	50795	44754	41000	39027	37560	40982
木及木制品	7961	145	12399	759	13638	1083	15394	2034
纸及纸制品	5915	20649	15631	46973	14145	29147	17352	35579
纺织原料及纺织用品	88041	6808	166427	32645	172832	40308	198576	36616
鞋帽羽毛及其制品	88495	10154	145852	21495	189426	19722	206588	23842
陶瓷、玻璃及其制品	23103	803	65037	1766	52972	4784	52989	6268
珍珠、宝石及贵金属首饰	34558	3207	55413	4287	34927	3721	40770	3621
贱金属及其制品	90578	54437	212206	67471	157915	46230	166372	38875
机器、机械、电气设备及零件	135926	138140	714569	556133	1780580	1423512	2255897	1580722
车辆、航空器、船舶	33845	7579	71612	9054	97536	6820	98348	6606
钟表、光电、医疗器械	7939	12820	10049	47781	11380	114880	15160	106415
杂项制品	19088	257	35721	407	53592	943	99194	394
艺术品、收藏品及古物	17	0	48	0	2	2	60	26
特殊交易品及未分类商品	37	0	62	2	40	0	0	7945
总计	734647	609190	1924039	1340172	2967788	1922161	3599165	2395893

数据来源：《河南统计年鉴2011~2014》。

3. 外资企业所占比重提高

随着开放的深入发展,外贸经营主体也有了较大的扩充,从过去国有企业占主导地位到现在的外资企业、集体企业、民营企业百花齐放。2000年以前,国有企业占主导地位,控制着大部分的进出口贸易。随着改革开放的发展,市场逐步放开,非公有制企业进军国际市场的热情高涨,国有企业在进出口总额中所占比例持续下降,外企后来居上。2012年,河南省国有企业进出口商品总价值682776万美元,同比下降了11.6个百分点,占进出口总值的13.2%。而外商投资企业发展迅速,进出口总额则达到了3378156万美元,同比增长125.5个百分点,达到了65.3%的比重。

4. 多元化战略取得进展

为了妥善应对日益严重的贸易摩擦,规避贸易风险,河南积极实施市场多元化战略,在国际上寻求新的合作伙伴,扩大贸易范围。2000年以前,我国香港、日本、韩国、美国、德国、英国、法国、俄罗斯、意大利、澳大利亚等地区和国家是河南主要进出口货源地,而到了2014年,河南进出口货源地已经遍及了世界各地,前十大贸易伙伴所占的贸易比重即贸易集中度有所下降。积极开拓新的出口货源市场,避免过分依赖于某一地区,可有效减缓其经济波动给河南省带来的贸易风险。

二 利用外资取得良好进展

1. 利用外资规模逐渐增大

2000年,河南省利用外商投资约5.40亿美元,占全国的1.34%;2013年,河南省利用外商投资增长到134.57亿美元,占全国比重增长到11.44%。2000~2015年,年平均增长率达到30.1%,在2006~2015年更是高达38.8%。如表3-2所示。

起初,外商在河南投资主要是兴建小型项目。随着河南经济的发展及其比较优势逐步凸显,这种状况已有明显改观。近年来,投资规模迅速扩大,跨国公司投资进一步增多,2000年,独资外商和港澳台商投资4459万美元,合资经营企业投资27292万美元,合作经营企业投资6248万美元。截至2013年年底,独资外商和港澳台商投资888056万美元,合资经营企业投资411544万美元,合作经营企业投资28321万美元。

表 3-2　2000~2015 年河南省实际利用外商投资情况

单位：万美元

年　份	实际利用外资	年份	实际利用外资
2000	53999	2008	403266
2001	35861	2009	479858
2002	45165	2010	624670
2003	56149	2011	1008209
2004	87367	2012	1211777
2005	122960	2013	1345659
2006	184526	2014	1492700
2007	306162	2015	1608670

数据来源：《河南统计年鉴 2015》《河南省国民经济和社会发展统计公报 2015》。

2. 利用外资领域进一步拓宽

外商投资的企业由过去兴办以仪器为主的农副产品加工业、轻纺工业、消费类电子工业，转向石油化工、能源、原材料加工业、交通设施建设以及高新技术产业等。至此，制造业仍然是河南省吸引外资的主要领域，商业服务业成为新的经济增长点。

3. 投资由中心城市向其他地区扩散

外商投资的企业不仅集中在经济发达的中心城市，而且向发展条件适宜的其他地区扩散，在地区分布上，出现了分散的趋势。外商投资企业以郑州为中心，向全省 18 个省辖区延伸，利用当地丰富资源，兴办合资独资企业。如表 3-3 所示，外商投资已经形成了一定的规模和多层次的格局，郑州市利用外商投资仍然占比较大，且总量出现持续增长趋势。与此同时，重点开放的市或者县也积极抓住开放的大好机遇，外资投资增长迅速，成为县域利用外资的中心。

表 3-3　河南省各地区利用外商投资情况

单位：万美元,%

	实际利用外资		同比增长
	2012 年	2013 年	
全　　省	1211777	1345659	11.05
郑 州 市	342898	332178	-3.13
开 封 市	36320	43898	20.86

续表

	实际利用外资		同比增长
	2012 年	2013 年	
洛阳市	199251	222272	11.55
平顶山市	37358	45318	21.31
安阳市	31573	38057	20.54
鹤壁市	44009	55783	26.75
新乡市	63600	74009	16.37
焦作市	59528	66181	11.18
濮阳市	32001	38979	21.81
许昌市	43977	53113	20.77
漯河市	62066	70401	13.43
三门峡市	74672	86857	16.32
南阳市	41702	50388	20.83
商丘市	24596	27649	12.41
信阳市	34961	42237	20.81
周口市	36341	44241	21.74
驻马店市	27020	31590	16.91
济源市	19904	22508	13.08

数据来源：《河南统计年鉴 2014》。

三 对外经济合作取得显著进展

对外经济合作主要包括国际劳务市场劳务输出和对外承包工程两种基本形式。劳务输出又称作劳务出口，是以劳动力提供劳务的形式向境外输出，对外承包工程则指河南省的企业法人或其他的经济组织，取得了对外经济合作的经营资格，在国外及港澳台地区开展境外工程咨询、勘察、设计、施工、安装等活动。

1. 劳务输出体系逐渐完善

作为人口大省，劳务输出一直是河南对外经济技术合作工作的中心和重点，河南省的境外劳务输出出现在 20 世纪 80 年代，90 年代开始铺开。河南省的劳务合作已具有一定规模，外派人数不断增长，2003～2007 年累计派出劳务人员 74112 人次，平均增长 60%，在全国的位次由 2002 年的第 10 位跃居到 2007 年的第 5 位。到了 2011 年，一年派出人员为 32001 人次。而在2012年，由于国际环境的变化和本土经济快速发展、就业机会增加、薪资待遇提高，农民工纷纷"回流"返乡，2012年的劳务派出人员较2011年大幅下降，但相信，只要积极调整劳务结构，提升劳动者素质，提高劳务工资水平，劳务合作依然可以恢复增长。政府也出台了一系列政策措施支持外派劳务工作，如对下岗工、农民到境外劳动给予培训和政策支持，取消保证金的收取，减轻劳务者的负担；而近年来，劳务结构也向多元化和高层次转变，劳务派遣开始向技术含量高、综合效益好的行业渗透，同时与以前主要人员被遣往落后地区相比，现在派往发达国家地区的劳务人员也有了显著的增多。这些转变都说明了河南省的劳务输出体系处于逐步完善当中。

2. 对外承包工程业务快速发展

在"开动带动主战略"的推动下，境外承包工程获得了长足的发展，如表3-4所示。到2013年，签订合同金额已经达到405743万美元，营业额更是高达420916万美元；经营主体队伍也进一步扩大，越来越多的企业加入进来，其中一些企业已成长为世界级的大企业，在国际承包商中享有盛名，这些企业主导着河南的外经业务发展，同时在承包商会的协调组织下，与小企业联合，优势互补，实现共赢；承包工程业务也在积极开辟新的渠道，并以此为新的发展点取得更好的效益。

表3-4 河南省对外经济合作演进数据

指标	2007年	2008年	2009年	2010年	2011年	2012年	2013年
签订合同数（个）	180	345	911	860	241	229	344
签订合同金额（万美元）	104179	137256	170031	252599	293368	347086	405743
营业额（万美元）	100345	127702	178978	232269	319937	370866	420916
派出人员（人次）	18852	22183	22961	32350	32001	16492	68877
年底在外人员（人）	28526	35471	42572	56251	68948	57103	81751

数据来源：《河南统计年鉴（2008~2014）》。

四 郑州航空港综合经济实验区开放型经济发展取得显著进展

经济全球化的浪潮促使临空经济区成为区域经济发展的增长极和重要引擎。河南位于中国中部，作为非沿海的内陆性省份，航空是最便捷、最高效利用全球资源、参与国际竞争的方式。2013年3月7日，中国首个以航空港经济为主题的《郑州航空港经济综合实验区发展规划（2013—2025年）》

被国务院正式批复。该规划明确了以郑州机场为核心的415平方千米范围内，建设航空港经济发展先行区和人口超过260万人的航空大都市。郑州航空港区将通过先行先试、示范引领，发展临空经济，以机场为依托，逐步提高区域经济开放程度，形成带动中原经济区建设的强大引擎，实现河南跨越式发展，提升自身优势，发展开放型经济。

郑州航空港区获批以来，河南省省委、省政府把郑州航空港区作为中原经济区建设的战略突破口和关键抓手，明确提出了"建设大枢纽、发展大物流、培育大产业、塑造大都市"的总体思路，举全省之力加快推进，特别是通过各方面的共同努力，初步建立了有效的郑州航空港区管理体制和运行机制；各项规划相继出台，形成了系统的规划体系；省直各有关单位相继出台各类政策，形成了有效的政策支持体系。同时启动了大枢纽建设、大物流发展、大产业培育，实现了良好开局。据中国民用航空局提供的数据，2013年郑州机场旅客吞吐量达到1314万人次，比2012年增长12.56%，在全国排名第18位；货邮吞吐量达到25.57万吨，比2012年增长69.13%，在全国主要机场中增速位居第一。2014年上半年，郑州机场完成旅客吞吐量754.5万人次、货邮吞吐量17.9万吨，分别增长26.1%和127.1%，客货运量增速均居全国主要机场首位，货运总量排名超过厦门、昆明、重庆、南京，由2013年的第12位上升到第8位。特别是国际客货运量分别达到39.1万人次、9.4万吨，增长46.6%和229.5%。机场二期工程顺利推进：航站楼、综合交通换乘中心、飞行区、信息指挥中心等主要工程全面完成。① 目前，郑州航空港综合经济实验区开放型经济发展已经取得了显著进展。

1. 机场管理和运行情况良好

郑州新郑国际机场是郑州航空港经济综合实验区的重要组成部分，也是郑州航空港经济综合实验区发展开放型经济的支撑凭借。新郑机场作为国家一类航空口岸，是中部地区客流、物流的集散地，既是河南对外交流及对外开放的重要窗口，也是辐射中原城市群、通达全国及世界的重要航空港。

郑州新郑机场二期工程2015年已投入使用，机场长达3600米、宽60米的跑道的运营，可满足目前全球最大的飞机的起落条件。同时，机场综合

---

① 河南省社会科学院课题组：《推进郑州航空港经济综合实验区建设若干问题研究》，《区域经济评论》2015年第2期。

换乘中心将引入多种交通方式,不再仅仅局限于机场巴士与出租车等换乘工具,而是通过围绕机场的高速路网、高铁、干线铁路等,实现客运零换乘、货运与机场运输的无缝对接。机场配套基础设施的建设与完善将促进郑州航空港经济综合实验区立体交通网络的构建,使郑州市可以连贯境内外城市,将经济影响力辐射至周围城市群。同时,作为新兴的航空枢纽机场,新郑机场将在促进世界各国人才及货物输送、资本跨国境流动、经济跨区域合作等方面发挥重要作用。

新郑机场当前管理实行的是政府主导管理。河南省、郑州市政府为郑州航空港经济综合实验区提供大规模的财政资金支持及土地供应,并负责对区内的配套设施进行建设,包括基础设施和服务设施等,实现开放型经济软硬环境的双重发展。同时,政府利用行政授权,适时协调区内各主体的关系。这种管理体制支持了机场及企业的日常运营。

郑州航空港经济综合实验区确立了新郑国际机场需要同时开拓国内和国际航空枢纽的合作事项。2014年新郑机场新加入美国南航、卢森堡航空公司、马来西亚航空公司这三家货航公司,市场资源得到扩展,UPS同意将其亚太区供应链管理中心迁移至郑州,增开郑州至科隆全货运航线,并适时开展空、铁联运。国内三大货运航空公司东航物流、国货航、南航货运均在郑州开通了国际货运航线。目前,郑州机场货运航线32条,实现国内与国际地区通航点33个,全货机周航班量达到92班。已达到通达全国主要城市以及欧洲、美洲、亚洲等主要国家的水平,省内以郑州枢纽机场为中心的轮辐式航线网络也已经基本形成。2013年,郑州机场输送旅客达到13134万人,比2012年同期增长12.6%,其中国内航线输送旅客同期增长11.3%,国际地区航线输送旅客同期增长47.1%;货邮吞吐量为255712.8吨,比2012年同期增长69.1%,其中国内航线运输货物比2012年同期增长36.1%,国际地区航线输送货物比2012年同期增长144.5%。2014年,新郑机场完成货邮吞吐量37.0万吨,同比增长44.9%;旅客吞吐量1580.5万人次,同比增长20.3%,客、货运量增速在全国20个大型机场中位居首位,其中国际地区航线人数达到84万人次,同比增长43%。随着新郑机场同我国及世界重要航空门户及枢纽机场建立了紧密联系及近年来航空物流发展渐趋平稳,郑州航空港经济综合实验区开放型经济呈现出良好的发展态势。

2. 对外贸易成果显著

首先,从地区生产总值和贸易状况来看,截至2013年,郑州航空港经济综合实验区区域生产总值已经达到 6201.8 亿元,较 2012 年增长了 11.7%。针对 2009~2013 年的实验区内部区域生产总值的情况,从 GDP 的总量规模上看,郑州航空港经济综合实验区每年保持了数额上的绝对增长;从区域生产总值增长幅度来看,郑州航空港经济综合实验区每年与上年相比的增长率为 22.1%、18.9%、11.4% 及 11.7%,总体均保持了 11% 以上较高的年增长率。

与郑州航空港经济综合实验区区域生产总值增长相对应的是区域内部对外贸易的增长。2010 年之后,郑州航空港经济综合实验区使河南省摆脱了国际经济增速显著放缓的总体状况,带动河南省对外贸易逆势增长。

2012 年,河南省作为内陆省份,进出口额增长幅度位列全国第一。郑州航空港经济综合实验区作为河南省外贸进出口增加数值的贡献者之一,在进口和出口的数据增加值方面的贡献度均达到了 60%。《郑州统计年鉴》显示:2012 年,全区实现对外贸易出口额为 1513677 万美元;2013 年为 1939559 万美元,同比增长 28.1%;新郑综合保税区进出口总额占河南进出口总量的 55.1%,居全国综合保税区第二位。

2013 年,郑州航空港经济综合实验区进出口总值为 357.9 亿美元,同比增长 25.6%,占郑州市总量 80% 以上,占河南省进出口总值的 59.7%。2014 年,实验区内部的进出口总值达到 383.7 亿美元,在河南省进出口总值中的占比进一步提高,达到 60.5%,对省外贸增长贡献率高达 64.3%,各主要经济指标增速高于全市及全省平均增幅,位于全省 180 个产业集聚区及全市 4 个开发区前列。

其次,贸易自由化发展。开放型经济的特征之一是打破区域间的贸易壁垒,取消阻碍贸易的限制性措施,在境内外实现公平竞争的贸易自由化的环境,促进生产要素高速的跨境流动,最大程度地实现经济最高运行效率。

郑州航空港经济综合实验区通过对通关制度的改革和保税物流中心、出口加工区等海关特殊监管区域的集中布局,促使现有的新郑综合保税区功能不断拓展和完善,在原有的产业链的上游和下游不断增加商品的附加价值。

郑州机场海关和综合保税区海关开展了通关作业无纸化改革工作,这一改革措施使进出口企业实现了无纸办公,足不出户即可办理业务,简化了企业进出口通关手续,降低了企业在国内和国际市场销售、购买商品的交易成本,提高了商品交易效率和要素流动速度。2014 年,郑州航空港经济综合实验区引进了上海自由贸易区的监管创新制度,加工贸易工单式核销、简化通关随附单证、集中汇总纳税、监管内销选择式征税等措施都将在一定程度上促进全区对外贸易效率的提高。

在原有口岸开放的前提下，郑州航空港经济综合实验区获批筹建了肉类、药品、汽车、食用水生动物等进口口岸，开通了海关快件监管中心，实现快速通关。通过多处陆、空口岸的开放与综合保税区的建设，为实验区内部的对外开放水平的提升创造合适的设施环境，实现内陆城市与国内与国际市场的直接对接。

目前，郑州航空港经济综合实验区将多种进出口贸易创新形式在全区内进行推广。实验区内采用了第三方检验结果采信、入境维修旧机电检验监管便利化、进口货物预检验等措施，使确保参与国际竞争的开放型经济主体之一——进出口企业享受到贸易自由化的好处。

3. 引进外资成果显著

郑州航空港经济综合实验区内的三个产业园区的发展前景十分广阔，吸引了诸多投资的流入。2009年至2011年，郑州航空港经济综合实验区利用外资数额都保持在300%以上的增长率，在2012年经历了一个低谷期之后，2013年利用外资水平再度回升，达到42000万美元，比2012年同期增长58.2%，增长速度远远领先于郑州市二七区、管城区、金水区、郑东新区等其他几个行政区域。2014年，郑州航空港累计签约项目51个，总投资超过1458亿元。

郑州航空港经济综合实验区登记入册的企业数目从2010年底的303个迅速扩张到2013年底的874个，行业涉及制造业、信息传输业、批发零售业、住宿餐饮业、金融业、房地产业等多个领域，吸引了富士康、中兴、统一、世纪鸿源、俄罗斯空桥、联合包裹等为代表的全球性企业对实验区进行大范围的投资。依托于全区的"链条经济"，郑州航空港经济综合实验区正在发展以航空物流业、高端制造业、现代服务业为主导产业的产业园区，拓展国内与国际市场，提升国际竞争力与国内辐射力度，促进内外资源的重组、优化及整合。

开放型经济将国内外市场资源融为一体。区域的开放型经济发展水平不仅仅指劳动投入的增长和资本规模的扩大，以国际资本高流动速度和优配置能力为特点的投资便利化也是开放型经济的重要内容。

目前，郑州航空港经济综合实验区享有河南省、郑州市政府诸多优惠政策。如对国家减免税规定的国内外出口加工企业和高新技术企业，满足一定条件后可获得税收减免或按照比例获得奖励。对于进行跨境交易的企业，实行客商投资代办制等。在激励制度方面,还赋予企业自主招商和居民自荐企业的权利。

为了提高实验区内部企业参与国际竞争的效率,郑州航空港经济综合实验区设立了统一的企业事务办理大厅,规定企业从申请、受理到获得批复,整个业务流程的办理不得多于7个工作日。此项举措对于外来企业入驻及企业对外投资,调整了审批权限,提升了企业在投资方面的办公效率。

2014年6月,河南省省内首家大型商品产业园——中国(郑州)国际大宗商品产业园在郑州航空港经济综合实验区建设开工。该园建设完成后,将与实验区内部的三大产业园区相辅相成,联动共生,优化产业链条,促进产业结构升级。由于其定位为区域性开放式交易中心,在建设完成后也将成为商品贸易、金融服务、智慧性的大型区域供应链信息中心。

4. 服务业发展形势良好

国外著名航空港,如长崎空港及荷兰阿姆斯特丹商务区的发展历程表明,服务业的发展对于临空区域开放型经济的发展具有强大的拉动作用。在以信息科技化为经济特征的今天,现代服务业可以通过项目外包、跨国公司业务离岸化及建设跨国公司战略合作性服务型企业等形式实现国际转移,赋予了区域开放型经济发展的新内容。

2014年5月,河南省政府公布了《关于建设高成长服务业大省的若干意见》,涉及服务业项目达3000个,总投资额6000亿元。郑州航空港经济综合实验区作为河南省对外开放的重要窗口,这一意见的出台为其现代服务业的发展提供了良好的契机。

首先,现代金融业发展成果显著。2014年,郑州航空港经济综合实验区提前完成"百亿融资任务",在融资渠道拓宽的同时,融资规模也稳步提升。截至2014年年底,航空港经济综合实验区获得贷款审批额度377亿元,实际到位资金237亿元,资金主要来源是银行、租赁及信托三大渠道,实验区内形成的产业基金总规模达到600亿元。大型银行、信托及担保机构的入驻也带动了中型金融机构加入实验区。除建设银行、工商银行、中国银行等全国性银行,洛阳银行、平顶山银行等城市商业银行也在实验区内设立了支行或分支机构,瑞兴保理公司、郑州航空港经济综合实验区投资担保有限公司等金融机构也已设立。涵盖金融业资产管理、审计、保险等内容的金融业服务链条正在逐步形成，推进实验区内部中小型企业的多元化融资，为郑州航空港经济综合实验区的开放型金融服务奠定了基础。

其次，跨境贸易电子商务发展迅速。跨境贸易电子商务跨境电子商务是一种新型的、网络化的综合性在线商业交易方式，是开放型经济的一种新的形式，实现了商品、服务、生产要素等以抽象化的经济交易手段在市面上的自由流通。

2014年年底，郑州保税物流中心的电子商务贸易业务量达到了每月10万包。尽管郑州市的跨境贸易电子商务发展时间不长，但是目前经过建设，已初步形成电子口岸平台，使省内进出口贸易企业能够在线进行商品展示、协商及成交订单，享受口岸通关便捷服务。与美国、欧盟、中国香港等传统商品交易国家（地区）相同，郑州航空港经济综合实验区的跨境贸易电子商务主体也是这几个地方，不同之处在于，同阿根廷、以色列、挪威等新兴市场的交易也较为频繁。

世界大型电商的青睐。2014年1月，我国首家跨境贸易电商平台万国优品进驻郑州航空港经济综合实验区，带动京东、eBay、天猫国际、唯品会等知名电商的入驻。多家电商、网商与郑州航空港经济综合实验区的合作，提升了居民"海淘"的便捷性，加速了进出口企业在国内外市场要素与服务的周转速度，促使郑州市转变为国内国外市场开放新高地、商品贸易流通中心及跨境电子贸易集散地，实现了一体式大通关格局。

最后，文化教育服务行业成果突出。2010年至2013年，郑州航空港经济综合实验区的文化业经历了"从无到有"的发展，教育行业发展非常迅猛。截至2013年年底，实验区内文体娱乐业法人单位有3个，教育业法人单位数目从2009年的10个增长到114个。

与发展商品附加价值高的高端制造业相同，文化教育服务业也是郑州航空港经济综合实验区的发展重点。2014年12月，郑州航空港经济综合实验区迎来了中部国际设计中心和绿地会展城项目的筹备和建设，建成后，将促进郑州产品研发、商品展览、创意设计、旅游观光、航空运输等综合一条龙服务的形成。

知识经济时代，郑州航空港经济综合实验区的开放型经济发展同样离不开人力资本的形成。2013年，中国民航大学河南教育中心在实验区内设立，通过"航空高端人才由民航大学培养，社会实践基地和合理福利薪酬由实验区提供"的形式走出了一条产学研相结合的良性经济发展道路。①

第三节 河南对外开放的风险评估

伴随着经济全球化的不断推进，各国之间的贸易往来日益频繁，在相互之间的投资交流过程中，经济波动及经济风险的传播也日益增加，因此，在经济不断开放的背景下，如何做好对外开放的风险评估，在保证本国经济安全的前提下实现与其他国家和地区的互联互通，成为近年来实务界与学术界关注的焦点。

在WTO的不断深入以及"一带一路"战略持续推进的背景下，河南作为中部农业大省，应快速调整产业结构，鼓励支持新兴产业（如服务业）的发展，同时在保持省内经济的稳步发展的情况下，着重发展对外经济贸易，提升河南的进出口规模。由于地理区位处于中部地区，河南在对外贸易方面仍存在一定的不便，然而，作为经济发展的重要部分，在做好对外开放的风险评估的情况下，应更加重视对外的贸易发展。

一 河南省经济基本情况分析

我们采用实证分析的方法研究河南省对外开放的风险状况，主要包括三部分：一是对河南省的经济基本情况进行相关分析，找出河南省经济发展的优势以及不足；二是构建经济风险评估模型，实证分析河南省对外贸易部分与经济增长的相关度，进而对我国的风险状况进行预测；三是对实证结果进行总结，并提出相关的政策建议。

从河南省地区生产总值总量来看，从20世纪90年代以来，河南省经济增长主要分为两个阶段：一是1990年至2000年，河南省经济呈现波动上升的态势，经济总量保持稳步增长；二是2000年至今，河南省经济总量增长速率加快，从21世纪初的5053亿元增长至2014年的34938亿元（见图3-10）。从该指标可以看出，2008年全球金融危机对我国经济的影响相对较小，近年来河南省经济仍保持高速增长态势，这也反映出河南省的经济政策较好地顺应了国家产业政策调整方向，实现了稳增长的目标。

---

① 孙熙倩：《郑州航空港综合经济实验区开放型经济发展策略研究》，硕士学位论文，郑州大学，2015年。

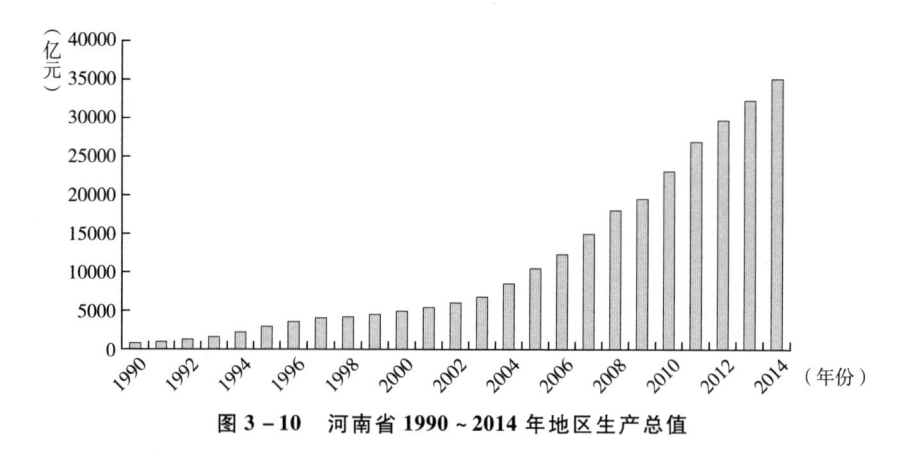

图 3-10　河南省 1990~2014 年地区生产总值

从河南省最终消费量来看，其运行态势与 GDP 波动较为相似，2000 年之后呈现加速阶段。众所周知，河南省是人口与农业大省，农村人口占比较高，最终消费量的不断提升从侧面反映出农民收入的增长与消费观念的转变，也反映出河南省农业水平不断提高，第一产业发展良好，为 GDP 增长做出较大的贡献（见图 3-11）。

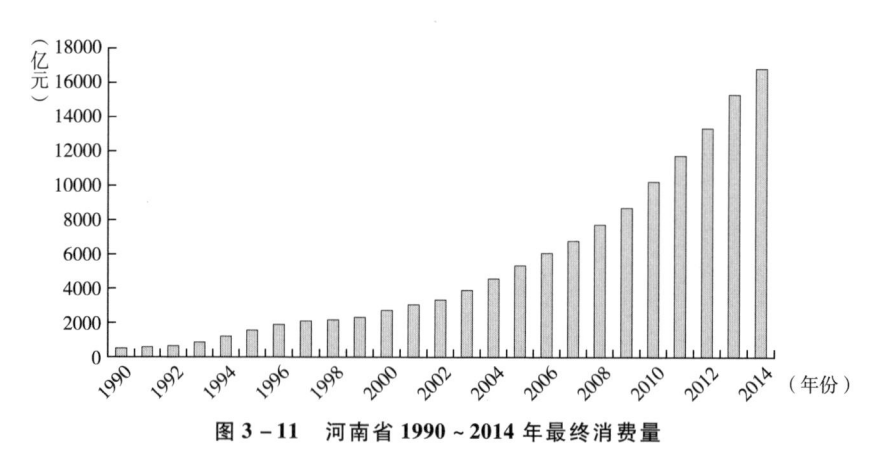

图 3-11　河南省 1990~2014 年最终消费量

从河南省资本形成总额来看，其运行态势也可分为两个阶段，一是从 1990 年至 2003 年，资本存量水平在该期间保持低位，基本上是处于资本积累阶段；二是从 2003 年至今，资本形成总额快速上升，这体现出固定资产以及存货规模均出现大幅扩充，这体现出河南省工业水平也开始得到较快提升，从而使得资本积累增长迅速（见图 3-12）。

从消费价格指数（CPI）来看，河南省消费品物价水平呈现波动上升态

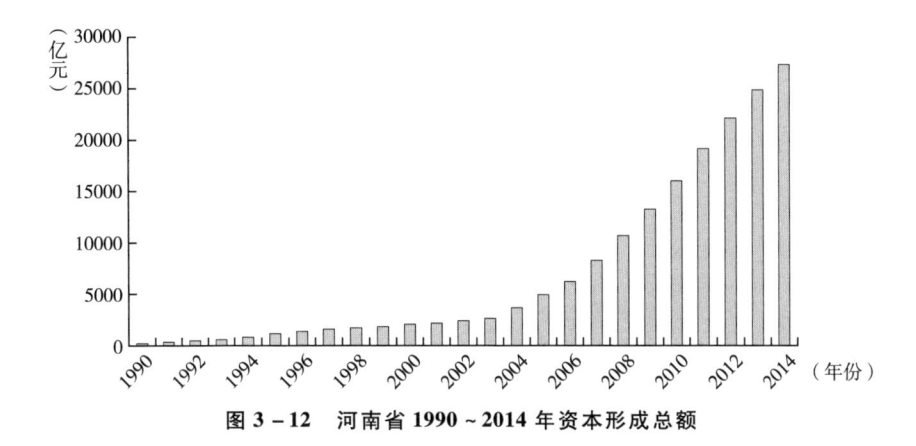

图 3-12　河南省 1990~2014 年资本形成总额

势,其中,1997 年达到一次高峰,之后小幅回落之后继续稳步上涨;总体来看,河南省物价波动平稳,年度平均增长率在 5% 以内,处于较为正常的运行区间,这也有助于我国经济的平稳发展(见图 3-13)。

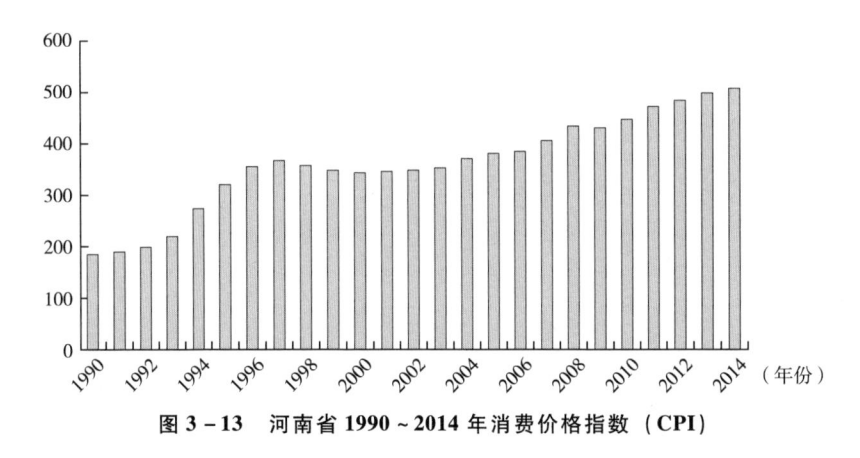

图 3-13　河南省 1990~2014 年消费价格指数(CPI)

从就业情况来看,河南省就业人数从 1990 年的 4000 万人增长至 2014 年的 6500 万人左右,年均增速超过 4%,这体现出河南省在转移农村剩余劳动力方面较有成效;在我国城市化率不断提升的过程中,河南省顺应宏观经济趋势,降低农村人口数量,提升农业生产效率,并使得河南省就业率保持在较高水平(见图 3-14)。

从对外贸易情况来看,河南省进出口总额变动较大。2000 年之前,河南省进出口规模较小,仅维持在 2000 亿元以下;21 世纪以后,随着 WTO 规则的逐渐深入发展,河南省对外开放力度持续加强,进出口总额实现翻番;当然,受到全球金融危机的影响,2009 年与 2010 年河南省对

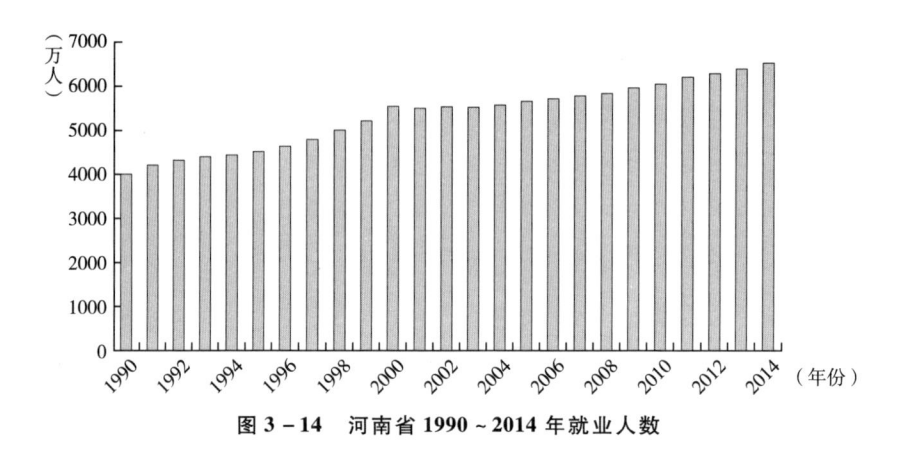

图 3-14　河南省 1990~2014 年就业人数

外贸易额出现小幅回落，然而，随着金融危机影响的逐渐消退，河南省进出口规模从 2011 开始出现爆发式增长，并在近几年保持持续上升态势（见图 3-15）。

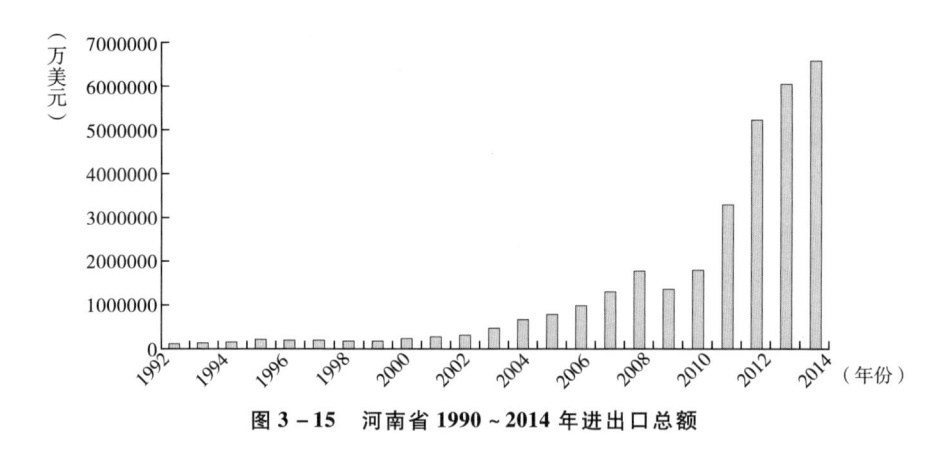

图 3-15　河南省 1990~2014 年进出口总额

从外部（外商和港澳台商）直接投资情况来看，河南省外部直接投资波动较大，2001 年之前基本保持较低水平，这反映出当时河南省对招商引资重视程度不够，这也在一定程度上延缓了河南省的经济增长速度；2002 年之后，外部直接投资规模快速上升，但仍有较大起伏，特别是在 2009 年与 2010 年。2012~2014 年，河南省外部直接投资稳定在 100 亿美元以上，较 20 世纪 90 年代上涨 16 倍左右（见图 3-16）。

总之，最近二十几年河南省经济取得了快速发展，生产总量、最终消费规模、资本存量等指标均出现了显著的增长，然而，进出口总额、外部直接投资等指标仍与河南省经济增长表现出一定的不同步特征，这也显示出对外

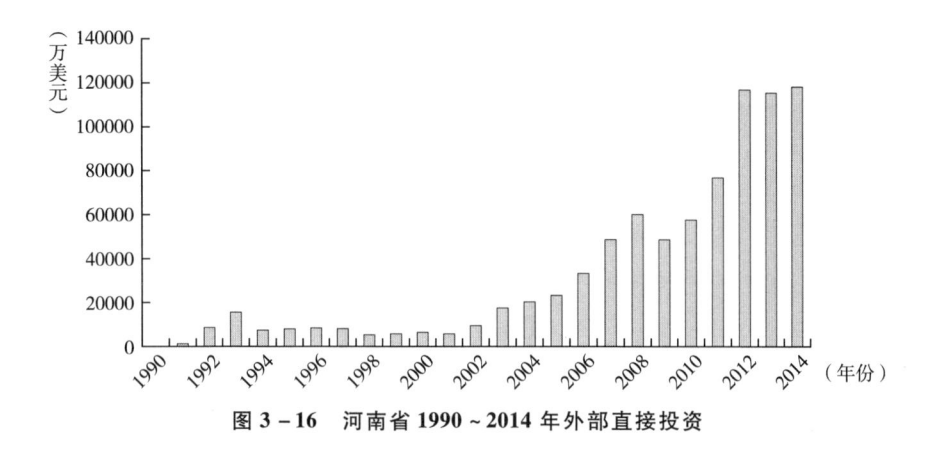

图 3-16　河南省 1990~2014 年外部直接投资

贸易、外部投资对河南省经济的贡献度不足，对外开放潜力尚有待进一步挖掘。

二　河南省对外开放的宏观经济风险评估

关于宏观经济风险的估计方法在学术界存在众多争议，且估计结果也存在诸多差异。本节针对河南省近年来的宏观经济基本情况，选取与河南省对外开放密切相关的经济指标为解释变量，以经济风险值为被解释变量，分析河南省对外开放所面临的经济风险。其中，经济指标包括区域生产总量、最终消费、资本形成总额、消费价格指数、就业、进出口总额以及外部直接投资等。

我们主要采用统计回归法进行相关实证分析。其中，经济风险值参照经济运行风险预警与管理研究中心对我国经济风险的预测值，通过对其季度数据的均值化处理，可得如表 3-5 所示结果。

表 3-5　我国经济风险预测值

年份	2008	2009	2010	2011	2012	2013	2014
经济风险值	41.51	48.90	29.59	34.25	36.38	45.51	49.47

数据来源：上海立信会计学院经济运行风险预警与管理研究中心。

首先，考察经济风险值（RIEO）走势与河南省相关经济指标之间的线性关系，通过绘制散点图发现，上述经济指标与经济风险值均保持较好的线性关系；然后，观察各个解释变量之间的相关关系，发现 GDP 与最终消费具有较高的相关性，故我们将最终消费指标剔除；同时，考虑到进出口总额与外部直接投资在河南省经济总量中所占比例较少,其波动趋势对河南省经济风险评估不具有代表性,故最终选取地区生产总值、资本形成总额、消费物价指数和就业人数四个经济指标进行回归分析。我们所构建的回归模型如下:

$$RIEO = a_1 + a_2 GDP + a_3 CAP + a_4 CPI + a_5 EMP + \varepsilon \qquad (1)$$

其中,$RIEO$ 表示经济风险值,CAP 表示资本形成总额,EMP 表示就业水平;$a_i(i=1,2,3,4,5)$ 表示截距项与各个经济变量的系数;ε 表示误差项。GDP、CAP、CPI 与 EMP 四个经济指标的数据均来自于《2015 年河南省统计年鉴》。下面是对各经济变量的描述性统计,见表 3-6。

表 3-6 经济风险回归模型

	地区生产总值(GDP)	资本形成总额(CAP)	消费物价指数(CPI)	就业人数(EMP)
均 值	11235.37	7098.471	360.96	5350.440
中位数	6035.48	2474.190	358.4000	5536.000
最大值	34938.24	27244.430	506.7000	6520.000
最小值	934.65	364.810	185.1000	4086.000
标准差	10669.01	8387.196	92.07464	736.0024
偏 度	0.971798	1.237960	-0.429803	-0.243484
峰 度	2.596638	3.143945	2.550944	1.836422

数据来源:上海立信会计学院经济运行风险预警与管理研究中心。

运用 Eviews 计量软件进行回归分析,回归结果如下:

表 3-7 经济风险回归值

变 量	系 数
a_1	-200.8421** (20.43165)
a_2	-11.80706*** (1.030861)
a_3	3.398344** (0.640415)
a_4	14.57717** (1.852514)
a_5	23.08729** (3.134500)

R - squared = 0.993417
Log likelihood = 19.64341
F - statistic = 75.45039
Prob(F - statistic) = 0.013123

注:括号中是回归系数的标准误;"***""**"和"*"分别表示 1%、5% 和 10% 的显著性水平。

从模型参数来看，基本所有参数均比较显著，特别是资本形成总额的系数 a_2 在 1% 的水平下显著，这显示出河南省的资本存量（固定资产投资和存货）水平与经济风险关系密切，重资产行业仍是河南省经济的支柱性产业，而以服务业为代表的轻资产行业在河南省经济中的比重偏小；同时模型的 R-squared 等于 0.993417，这说明解释变量与被解释变量的相关性较好，这些经济指标对河南省的经济风险具有较好的解释力。

三 实证结论分析及相关政策建议

从实证结果可以看出，河南省对外开放的经济风险是由多种因素共同作用形成的。只有协调好各种因素之间的关系，保持经济的平衡稳定发展，才能够从根本上降低河南省对外开放的经济风险，进而为河南省的经济增长提供新的动力。具体来看，可以从以下几点进行分析。

第一，GDP 增速与河南省对外开放的经济风险。据河南省统计局最新公布的数据显示，2016 年前三季度河南省生产总值 28840.57 亿元，按可比价格计算，同比增长 8.1%，高于全国平均水平 1.4 个百分点，增速比上半年提高 0.1 个百分点。分产业看，第一产业增加值 3606.11 亿元，同比增长 4.1%；第二产业增加值 13301.50 亿元，同比增长 7.6%；第三产业增加值 11932.96 亿元，同比增长 10.1%。从这组数据可以看出，河南省 GDP 增速显著高于全国平均水平，这反映出河南省能够在国内经济转型的过程中，面对复杂的国内外经济环境，稳步推进供给侧结构性改革，从而实现了经济的高速增长；同时，河南省第三产业增速显著高于第一产业与第二产业，这反映出河南省传统支柱产业产品结构正在逐渐向技术含量更高、质量更优的方向发展，转型升级效果持续显现。河南省不断加快产业结构调整，大力发展服务业等新兴产业，这也体现出河南省要通过改变产业结构特征，适应对外开放所带来的冲击，提升内在的核心竞争力。

第二，资本形成与河南省对外开放的经济风险。据河南省统计局最新数据显示，河南省固定资产投资稳中有升，2016 年前三季度，河南省固定资产投资额达到 27822.73 亿元，同比增长 13%，较上半年提高 0.4 个百分点。其中，河南省的投资结构持续得到优化。前三季度河南省服务业投资增速达到 17.7%，超出河南省固定资产投资增速 4.7 个百分点，且显著高于工业投资增速 10 个百分点。工业投资中，装备制造业投资增长 14.9%，明显高于一般制造业和高耗能行业投资增速。从这组数据可以看出，河南省投资侧重点由传统行业向高端装备制造业以及服务业转移,这不但更为符合我国产业政策导向,同时也能够更好地契合河南省对外开放的步伐,引导企业提升自身技术,改善投资结构,提升服务质量,并最终降低河南省对外开放的经济风险。

第三,居民消费与河南省对外开放的经济风险。据统计,2016年前三季度河南省消费升级类商品增长较快。其中,限上单位商品零售额中,体育、娱乐用品类增长37.5%,电子出版物及音像制品类增长34.3%,计算机及其配套产品增长46.7%,均明显高于社会消费品零售总额增速。从这组数据可以看出,河南省居民消费倾向性明显,文化娱乐、计算机等轻资产行业产品消费增长迅速,显著高于消费平均水平,消费需求的转向刺激相关行业的发展,从而在一定程度上提升了河南省对外开放、抵御外部经济风险的能力。同时,河南省2016年前三季度社会消费品零售总额达到12614.81亿元,增长11.7%,比上半年提高0.2个百分点,居民消费价格同比上涨1.9%。其中城市上涨1.8%,农村上涨2.0%,而工业生产者出厂价格下降2.6%。这组数据说明河南省消费水平整体保持平稳,消费价格也保持稳定态势,但工业品价格仍维持疲软,这也从侧面体现出河南省工业产品技术附加值以及服务附加值不高,使得出厂价格难以维持较高水准。河南省对外开放也必将对这些行业构成较大冲击,因此,加大相关行业的政策扶持力度,助其实现技术与管理水平的快速提升,增强其核心竞争力,这样才能够在对外开放的过程中立于不败之地。

第四,就业水平与河南省对外开放的经济风险。据省统计局数据显示,河南省2016年前三季度城镇新增就业111.36万人,失业人员再就业37.07万人,就业困难人员实现就业12.60万人。居民人均可支配收入13178.50元,增长7.7%。城镇居民人均可支配收入19983.39元,增长6.3%;农村居民人均可支配收入8045.05元,增长8.5%。从这组数据可以看出,河南省就业水平仍保持较高水平,人均可支配收入也维持较高增长率,这也为河南省消费需求提供根本动力,从而也间接促进了相关产业的发展,在这一环境下加大对外开放力度,能够更好地提升河南省的就业潜力,实现河南省居民收入的快速增长。另外,据工商部门统计,2016年前三季度河南省新登记各类企业增长28.3%,日均新增663户。据知识产权部门统计,1~8月河南省国内发明专利授权量5509件,比上年全年多126件,同比增长62.6%。这显示出河南省大众创业取得显著成效,且专利创新也高速增长,这也为省内企业提升自身竞争力创造了较好的内部条件，也为应对外部的经济风险提供了一定保障。

通过上述分析，可以发现河南省经济在总体上保持平稳，主要指标增速高于全国平均水平，供求关系、企业效益均有所改善。产业结构方面，相关产业逐渐向技术附加值较高的行业以及新兴服务业转移，同时河南省自主创新能力显著提高。然而，在经济转型升级、经济增长点不断转移的环境下，如何保持河南省经济的平稳运行，在对外开放的背景之下，如何有效降低对外开放所带来的经济风险，削弱外来企业对本土产业的冲击，均是近年来所需关注的重点问题。基于此，我们认为，应从以下几个方面应对对外开放的经济风险：一是应积极推进供给侧结构性改革，加快培育发展的新动能，加大对高端装备制造业、服务业等新兴产业的扶持力度；二是鼓励河南省企业与个人积极参与创新创业，帮助企业高技术附加值产品的开发，提供个体创业的有利外部环境；三是构建完善的金融服务体系，应对对外开放过程中的不可测风险，保证河南省经济的平稳运行。

第四节　河南对外开放的深层次问题分析

经过改革开放三十多年的发展，河南省开放型经济发展取得了显著的成绩，但仍存在许多问题，诸多深层次问题已经成为河南省发展开放型经济的掣肘。

一　思想解放程度不够，开放意识有待加强

对外开放度又称对外依存度，是衡量一个国家或地区的经济与世界经济融合程度的重要标志。对外开放度不高，一是说明本地产品和服务进入国际市场的水平不高，二是说明外资进入本土的程度不高。对外开放度不高，反映在经济领域，症结在政府服务环境、人文环境、创新能力，核心是解放思想不够。河南省地处中国内陆，周边既不沿海，也不沿江，在小农经济、自然经济与计划经济的长期积淀和影响下，思想封闭、观念陈旧是在改革开放中表现出的特点。改革开放初期，怕担风险，不敢"走出去"；外商投资被一些干部群众认为是"资本主义在大陆兴建基地""挤了国营企业"等，人为地给外商引进工作和"三资"企业带来了许多麻烦和障碍，干部思想不够解放，怕担责任、怕冒风险、怕外商赚钱，不愿

"引进来"。

随着改革开放的深入，河南省对外开放程度不断提高，思想逐步解放，对外贸易和招商引资取得了重大成就。但是相对于发达地区，河南省的开放度和思想解放度仍然无法跟上市场经济快速发展的步伐，这种情况主要表现在几个方面。一是政府改革行政管理的思想解放不够，营造良好的招商引资环境的凝聚力不强。国家提出改革政府行政管理，部分地区响应乏力。没有在管理型政府向服务型政府转变中迈出突破性步子。由于体制和机制原因，有的政府提出开发区办事不出园区的思路根本无法落实；区域内的产品和服务流通不畅，地区间互设壁垒。

二是市场主体法治、信用意识薄弱，小农思想浓厚，进入国际经济循环的意识不强。任意解读契约自由原则，在与域外、境外企业的合作中，不信守协议，随意撕毁合同，破坏对外贸易和招商引资环境。

三是农产品品牌战略思想不强，进入国际市场能力不足。河南省是农业大省，农产品进入国际市场是关键。由于历史原因，河南省农产品品牌战略起步较晚，力度不够。面对千家万户的农民，有组织地实施品牌战略，有组织地进入国际市场的举措乏力。

四是一些地区市场观念相对落后，对先进地区的先进发展理念接受能力低、接受意识淡薄，竞争发展的意识不强。不少地方政府对承接东部沿海地区产业转移缺乏敏锐的眼光，政治职能错位，行政效率低下，服务意识薄弱，审批程序烦琐，缺乏对投资者权益的法律保障、政府公信力不足等问题，都增加了企业运行成本。对已经签约的项目，缺乏监管督促力度，严重影响了项目效果。

二 河南对外贸易发展中存在的诸多问题

1. 对外贸易总量偏小，与沿海地区仍有较大差距

近年来，河南省的对外贸易取得了很大的成就，在中部六省中，已跃居第一的位置，但是与沿海省份相比，仍然有一定的差距。2014年，河南省进出口总额达到650.3亿美元，与2007年纵向比较，增长了4倍。与部分省份横向比较，在中部六省中无论是出口额还是进口额都从2007年的中等水平上升到2014年的榜首。对于河南省来说，对外贸易上取得了长足的进步。如表3-8所示，2007年，河南省进出口总额128.1亿美元，在中部六省中，位列第三；2014年河南省进出口总额650.3亿美元，在中部六省中

居首位。但是，同沿海省份相比，河南省还有一段很大的差距。广东省在2007年进出口总额6340.7亿美元，是河南省2007年进出口额的49.5倍；2014年，广东省进出口总额10767.3亿美元，是河南省进出口总额的16.6倍（见表3-8）。

表3-8 2007年与2014年河南省与部分省份的进出口情况对比

单位：亿美元

省份	2007年			2014年		
	进出口	出口	进口	进出口	出口	进口
全国	21738	12180	9558	43030.4	23427.5	19602.9
河南	128.1	84	44.1	650.3	393.8	256.5
湖北	148.5	81.7	66.8	430.6	266.4	164.2
湖南	96.9	65.2	31.7	310.3	200.2	110.1
安徽	159.4	88.2	71.2	492.7	314.9	177.8
山西	115.7	65.3	50.4	162.5	89.4	73.1
江西	94.8	54.6	40.2	427.8	320.4	107.4
广东	6340.7	3692.6	2648.1	10767.3	6462.2	4305.1

数据来源：河南省相关年份统计年鉴。

2. 对外贸易产品结构不合理

河南省对外贸易的迅速增长，主要是依靠劳动力、土地、资金、资源等要素的粗放型投入使用来实现的，因此，对外贸易的抗风险能力、核心竞争力不高，增长的质量和效率比较低。结合2014年河南省商品出口情况来看，出口值居前十位的大宗商品为手持无线电话机、人发制品、橡胶轮胎、柴油机客车、毛皮制品、未锻造银、精炼出口货物铜管、其他铝合金矩形板等。相比21世纪初期出口的商品产品初级、技术含量低，已经有很大的进步，但是仍然有很大的比重是高能耗、高污染、低附加值的产品，苹果手机和汽车类机电产品是出口产品的主要组成部分，传统的出口产品是以发制品、轮胎、农产品、钢材、鞋类等劳动密集型产品为代表。随着富士康公司的进出口规模不断增加，河南省机电产品的进出口占全省进出口比重也随之提高。2013年，河南省机电产品进出口总额达到416亿美元，其中与手机产业链相关的机电产品进出口值占2013年全省进出口值的一半以上。同一时期，传统产业如钢铁业、农产品、石化产业及纺织服装业的进出口值合计占河南省对外贸易进出口值的16%。河南省的对外贸易越来越倚重于机电产品，商品进出口结构愈加失衡。2014年，在进口商品中机电产品的比例高达71%，其次主要是进口传统的资源类产品，如铁、铅等；在出口商品中，电话机的出口额占全省的出口比例为79%，其他类产品的出口比重明显偏低，产品出口结构很不合理。

富士康公司的手机项目入驻河南省后，电话机成为河南省出口额最多的单项产品。在2012年一年，河南省出口电话机的总额达到155.71亿美元，增长了2.1倍，占全省出口总额的52.5%。富士康公司入驻河南省，改变了河南省进出口贸易的结构，河南省出口商品的结构也随之改变。2012年，富士康集团所属企业进出口总额为293.93亿美元，占河南省进出口总额的56.85%。经计算，富士康公司的进出口贸易对河南省对外贸易的贡献率为104.2%，这表明河南省其他企业对河南省对外贸易的贡献是负增长。假如排除富士康公司对对外贸易的影响，2012年，全省对外贸易进出口下降了3.4%，这表明富士康进出口业务对整个河南省的对外贸易有着重大的贡献。但同时，也意味着河南省外贸对富士康的依赖度过高，出口产业单一，一旦富士康公司代工的苹果手机产品出现波动，极易导致全省对外贸易出现剧烈变化。

3. 对外贸易进出口市场集中

从地区分布来看，河南省产品的出口地主要集中于日本、美国、欧盟等国家和地区。2013年，与亚洲、北美、欧盟三个地区的贸易额占河南省进出口贸易总额的85.37%。其中，与亚洲的贸易额为247.4亿美元，占河南省进出口总额的47.81%；与北美的贸易额为100.06亿美元，占河南省进出口总额的19.34%；与欧盟的贸易额为94.3亿美元，占河南省进出口总额的18.22%。美国、日本和欧盟是占河南省出口贸易比重较大的三大贸易伙伴。对这三大贸易市场的出口额占河南省整个出口额比重的58.95%。河南省主要的出口产品中，人发制品、橡胶轮胎、非铝合金等产品对美国和日本的市场有较高的依赖性，所以就河南省的对外贸易而言，存在着很高的贸易风险和政治风险。如果这些地区发生市场波动，将会对河南省的对外贸易产生重大的影响。如表3-9所示：对美国市场的出口额由2012年的75.43亿美元上升到2013年的109.99亿美元，同比增长45.82%，涨幅较大；对日本市场的出口额由2012年的

27.45亿美元上升到2013年的30.22亿美元,同比增长10.09%;对荷兰市场的出口额由2012年的289.44亿美元上升到2013年的360.5亿美元,也有较大幅度的上涨。其他市场如韩国、加拿大等出口额相对比较稳定。从出口额的总体来看,美国、欧盟、亚洲地区的日本这些发达地区是出口的主要市场。

表3-9 河南省对一些国家(地区)的出口额

单位:万美元

贸易伙伴	2012年	2013年	2013年出口额排名
荷　兰	289444	3605030	1
日　本	274459	3021540	2
中国香港	193378	1440630	3
英　国	84421	1289980	4
美　国	754326	1099870	5
卢森堡	94589	78463	6
德　国	61846	77516	7
韩　国	66716	73770	8
加拿大	86921	72827	9
巴　西	28777	59087	10

数据来源:《河南统计年鉴2014》。

进口方面,十大进口市场韩国、日本、东盟等占全省进口总额的九成以上。2013年,河南省对韩国进口额54.73亿美元,对日本进口额18.56亿美元,对台湾地区进口额19.76亿美元。2012年,位居河南省进口值第1~5位的是韩国、日本、澳大利亚、台湾地区和美国;2013年,位居河南省进口值第1~5位的是韩国、台湾地区、日本、澳大利亚和美国(见表3-10)。从十大进口市场进口总额合计155.52亿美元,占全省进口总值的90%。河南省的进出口市场主要集中在韩国、日本。出现这种情形与其经济的发展有着必然联系,因为电子产业、机械业逐渐成为河南省的主要出口产业,对韩国、日本的优质零部件需求日益增多,像集成电路、电气和电子零部件、汽车零部件都主要从韩国、日本进口。

表3-10 河南省对一些国家（地区）的进口额

单位：万美元

贸易伙伴	2012年	2013年	2013年进口额排名
韩　　国	420840	547294	1
中国台湾	134845	197633	2
日　　本	301950	185621	3
澳大利亚	148076	159975	4
美　　国	134176	126124	5
巴　　西	76544	100995	6
越　　南	84247	84389	7
德　　国	92606	73017	8
南　　非	18414	42358	9
墨西哥	39013	37755	10

数据来源：《河南统计年鉴2014》。

4. 地区外贸发展不协调

一个地区对外贸易的发展与该地区的经济发展水平和产业结构有着密切关系，经济发展水平的高低决定着对外贸易的规模和结构水平。河南省各市的发展水平不同，产业结构也不尽相同，造成了对外贸易发展的不协调。2013年，郑州、洛阳、安阳、新乡、焦作、许昌、南阳、济源8市进出口额均超过10亿美元，总额551.95亿美元，占河南省对外贸易总额的92.07%。其他10个市只占7.93%。数据表明，各市对外贸易存在着明显的差距。其中，出口最少的三门峡市只有1.84亿美元。如表3-11所示：2013年郑州的进出口额为427.49亿美元，占河南省的比重为71.31%，位居绝对的主导地位。郑州作为省会城市，有着良好的经济基础，再加上政策倾斜、交通便捷等因素，发展对外贸易有着极大的优势；其他经济发展较好的城市如洛阳、许昌、安阳、焦作、南阳、济源等都有不同程度的增长，但是与郑州相比，仍有较大的差距；剩余10个城市的进出口额明显偏低，各市的发展极不均衡。

表3-11 2013年河南省各市进出口情况

单位：万美元,%

地　区	进出口总额	比重	出口额	比重
全　　省	5995098	100	3599206	100
郑　州　市	4274948	71.31	2506620	69.64
开　封　市	49988	0.83	41131	1.14

续表

地　　区	进出口总额	比重	出口额	比重
洛　阳　市	179484	2.99	129256	3.59
平顶山市	47610	0.79	36514	1.01
安　阳　市	186712	3.11	44127	1.23
鹤　壁　市	26419	0.44	23181	0.64
新　乡　市	112668	1.88	87273	2.42
焦　作　市	226165	3.77	151038	4.20
濮　阳　市	66495	1.11	60548	1.68
许　昌　市	214340	3.58	176849	4.91
漯　河　市	44452	0.74	25471	0.71
三门峡市	29218	0.49	18387	0.51
南　阳　市	179558	3.00	125305	3.48
商　丘　市	25218	0.42	21185	0.59
信　阳　市	68218	1.14	29037	0.81
周　口　市	77493	1.29	58916	1.64
驻马店市	40439	0.67	31955	0.89
济　源　市	145673	2.43	32412	0.90

数据来源：《河南统计年鉴2014》。

5. 对外贸易环境不完善

对外贸易是经济全球化的产物，对外贸易的持续健康发展需要良好的投资环境，如政府与市场的关系、非公有制经济的发展、产品市场和要素市场的发展程度、市场中介、法律法规的健全等。河南省的投资环境在不同程度上低于全国平均水平，与东部沿海发达地区相比差距更大。在硬件环境中，虽然河南省有着丰富且价格低廉的劳动力资源，以能源和原材料为主的重工业基础在全国占有相对优势地位，但是河南省的基础设施不够完善，目前河南省的物流业只是传统的运输、仓储、装卸等，不能满足出口企业发展的需求，现代物流业的发达与否是影响外商投资的一个重要方面。在软件环境中，河南省各级外贸部门包括县级外贸部门中，能够真正懂国际商务、外语熟练的人才较少，对优秀的外贸管理人才需求很大。河南省是个人口大省，每年培育出大量的优秀人才，但是优秀的高校毕业生回到河南的并不多，培养出的外贸人才多流向外贸发达的沿海地区。河南省的外贸发展滞后，不能吸引外地优秀人才，而培养出的人才又外流，这就造成了恶性循环，成为制约河南省的对外贸易的进一步发展。

目前为止，河南省的对外贸易促进体系尚未形成完整的体系。商务系统、进出口商会、协会等都在进行贸易促进工作，从事贸易促进的各级机构看似很多，但是各级职能机构的分工和功能定位不明确，造成了贸易促进体制主体不明、分工不清、关系混乱等问题。另外，对外贸易的财政促进资金不稳定。河南省促进出口的资金主要由中央外贸发展资金和河南省外贸发展基金来提供，这两项资金来源的不稳定，则会影响企业出口的技术改革、科技研发资金和企业开拓国际市场资金的运用，严重制约对外贸易的发展。政府对企业公共信息的服务远远不能满足企业发展的需要，以进口补贴、广交会等方法为主的信息服务方式已经落后。企业的国际市场信息资源分散，没有统一的协调部门和信息公布部门，信息体系的建设没有足够的资金保障。政府更多的是使用财政手段来促进出口，缺乏政策性金融手段支持。进出口银行及出口信用保险公司这两家出口促进机构金融服务工具比较单一，能够支持的规模也较小，并且对企业的使用要求较高，难以满足一些中小企业的要求，不能享受其提供的金融服务，不利于中小企业的国际市场开拓。[1]

三 外商直接投资存在突出问题

1. 外商"独资化"倾向明显

独资化是指外商通过增资扩股达到对合资企业控股或完全收购合资企业使之成为跨国公司全资的子公司的过程。外商"独资化"趋势对河南省经济的影响是多方面的，既存在有利的一面，又存在不利的一面。虽然从总体方面来说，对河南省经济有利的一面占据主流地位，但是我们却不能忽视外商"独资化"趋势所带来的不利影响。面对这种趋势发展，应该考虑以下四方面的对策：加强与跨国公司之间的合作；制定反垄断法，对独资企业可能造成的垄断进行制约；抓住时机，调整利用外资的政策；依靠技术创新加强企业核心竞争力的建设。

独资化趋势是指近几年跨国公司在中国投资时更多地采用独资企业的形式以及原有在华合资企业纷纷增加外方控股比重，甚至是转向独资这一新现象。主要的表现形式有以下两种。

一是外商独资企业全面超过中外合资企业和中外合作企业。1997年外商来华投资的企业中，独资企业的数量首次超过了合资企业。而从1998年

---

[1] 沈净瑄：《河南省对外贸易存在的问题及对策研究》，硕士学位论文，河南大学，2014。

起，外资投资金额中外商独资企业一直多于合资企业。从2000年起，实际使用外资金额中独资企业的比例开始超过合资企业，并呈逐年上升趋势，近几年来这种独资化趋势更加明显。

二是原有中外合资企业外商控股权明显扩大。这其中最具代表性的例子是1988年成立的广州宝洁公司，刚开始外方控股比重是49%，经过几次股权变更，现在的广州宝洁基本上已成为一家外商独资企业，外方持股99%，中方仅剩下1%。

通过利用外资引进的先进技术，无论在质量上还是在数量上都总体偏低，利用外资以达到优化经济结构作用的目的不理想；随着逐步宽松的外资政策的发展，外商"独资化"的倾向更加凸显，个别领域出现了外资垄断甚至垄断迅速扩大的趋势，大量投资利润汇出导致河南省收支平衡存在的潜在压力不容忽视。随着河南省对外开放程度的深化，利用外资环境得到进一步改善，外商投资的各项政策更加完善和规范，外商直接投资方式逐步转变为独资经营企业，独资经营目前已成为外商直接投资的主要方式。"十一五"期间，河南省实际利用外资的总额为199.85亿美元，其中以独资经营方式实现的实际利用外资109.53亿美元，以中外合资方式实现的实际利用外资62.97亿美元，以中外合作方式实现的实际利用外资12.76亿美元，分别占到实际利用外资总额的54.8%、6.4%和31.5%。"十一五"期间独资经营、中外合作、中外合资三种经营形式实际利用外资额分别比"十五"时期增长7.8倍、2.3倍和2.6倍。其中，2010年以独资经营方式实现的实际利用外资总额为36.68亿美元，占全省实际利用外资总额的58.7%，分别比中外合作、中外合资以及外商投资股份制等经营方式实现的利用外资比重高49.3个、28.1个和57.4个百分点，独资经营目前已经成为河南省实际利用外资的主要方式。

2. 调控外债规模和结构的难度加大

随着人民币外汇管制的逐步放开和外债的不断增长，调控外债结构和规模的难度加大。一些省内机构有时会利用国际商业贷款管理中存在的漏洞，将国际商业贷款发放给不符合国外先进技术设备引进项目和国家产业政策的项目，为了提高其企业在国际方面的经营能力，甚至允许不符合进入国际金融市场融资的企业发行债券（包括可转换债券）。全口径外债管理包括人民币在内，因为外债总规模得不到有效的控制，所以各种各样的外债风险就不能得到严格防范，同时对国外分支机构的外债管理也得到削弱，无法保证国家的外债安全。如果符合国际金融组织贷款的条件越来越复杂、贷款需要的成本越来越高以及外国政府不再提供优惠的援助性贷款,就无法借用国外优惠贷款规模,降低中长期外债比重,也就无法达到进一步优化外债期限结构的目的。

3. 外商投资产业结构调整压力大

我国对生产性服务业、高技术产业等鼓励类项目的吸引力有待增强;外资项目技术外溢不足,没有充分发挥推动创新的作用;服务业利用外资的结构有待进一步优化,外资多集中于房地产、金融等领域,医疗、教育、文化等民生领域涉及较少。来豫投资的外商资金主要流向第二产业,尤其是第二产业中的制造业。2014年,第一、第二、第三产业的实际利用外资比重分别为3.9∶72.4∶23.7,第二产业实际利用外资总额达到河南省实际利用外资总额的7成以上,作为农业大省,第一产业利用外资的比重还不足4%。而同期全国第一、第二、第三产业的实际利用外资比重分别为1.8∶50.9∶47.3,虽然第二产业仍然是全国利用外资最多的产业,但比重仅为全国的五成,与河南省明显不同的是,全国第三产业利用外资比重比较高,与第二产业的比重比较接近。作为农业大省的河南,促进农业大发展需要有大量的资金流入、先进的管理和技术的投入,而第三产业如此快速的发展也是促进经济结构调整、转变经济发展方式所需要的,但当前河南省外商直接投资资金过多流向第二产业,不利于第一、第三产业的发展,很难有效促进产业结构的升级,同时也限制了河南省经济的全面发展。①

4. 区域竞争性压力增大,造成了一定程度的资源浪费

地区间招商引资的过度竞争主要缘于各地区一味追求以生产总值为主的经济指标增长,导致区域间招商引资成为单纯的"让利竞赛"。随着经济发展对项目投资的依赖,区域间招商引资竞争日益加剧,造成了招商引资无序混乱的局面。

一是优惠政策效力日益减弱。适当的优惠政策可以吸引国内外企业的投资,但是过分依赖所谓优惠政策的作用,只会适得其反。优惠政策的出台有利于优化地区投资环境,提升地区竞争优势,加快本地区在辐射区域内的发展速度。但是,个别地区受自身经济发展水平和资源、生态环境、基础设施建设水平等因素限制,为吸引客商投资,在国家统一的优惠政策之外,出台

---

① 李宁宁:《河南省外商直接投资问题研究》,硕士学位论文,河南大学,2013。

各自的优惠政策，形成了优惠政策的大竞赛。由于没有相应的制度规范和约束，地方政府往往相互攀比，竞相加大优惠，甚至互挖墙脚，造成地区间恶性无序竞争的不良局面，主要表现在："政策洼地"效应失去吸引力，以税收优惠、土地优惠、环保优惠来抢资金抢项目。可以说，政府招商越积极，政府之间的竞争就越激烈，企业的选择面就越广，坐地起价的筹码就越多，招商的效果就越差，引进来的项目质量就越低。目前，一些地区陷入了以优惠政策谋求发展的陷阱，优惠政策的吸引力已经大打折扣。优惠政策已经不再是一种稀缺资源，一定程度上已经成为发展的障碍。而且对于较为成熟的企业来讲，投资环境胜于优惠，发展前景胜于政策。另外，给予引进项目过度的优惠政策，不利于本地社会经济的正常发展，形成了事实上的不公平竞争。

二是重复建设现象严重。为了争夺有限的资金，区域之间展开了激烈的竞争，造成了整体层面上的资源浪费，部分欠发达地区提倡"栽好梧桐树，引来金凤凰"，不顾当地实际，盲目上马一些项目，盲目建设所谓的"开发区"和"产业集聚区"，不仅造成了土地资源流失、生态破坏等环境问题，而且使一些行业重复建设严重，创造出来的多是所谓的虚假繁荣和泡沫经济。

三是投资成本与效益不成比例。各地争相出台优惠政策，在政府有限的权力范围内，减免税费，降低地价。大量广告宣传费用、举办各种各样的招商会、派遣投资促进团组、招商人员上门等，使招商引资的成本大幅上升。基础设施建设盲目投入，造成资源空置。一些地方为竞争所驱，在潜在投资者及其需求都未明确前，大规模投入建设，称之为"筑巢引鸟"。而投资者在一定时期内的数量是有限的，可供投资场所增多，导致数量和结构层次上的供过于求和资源闲置。

四 开放型经济发展中政府职能存在诸多问题

在河南省发展开放型经济过程中，由于行政理念转化和相关的各种体制转换需要一个渐进的过程。在此过程中，政府不能正确地定位自身角色和职能，就会产生一系列的管理上的不足和错误，也就是职能行使上的越位、错位和缺位问题。

1. 政府职能"越位"

政府职能的"越位"主要是指政府在具体职能行使过程中，超越政府职能范围，直接包揽了应该通过市场自己来提供的产品和服务，即政府管了不该管的事，干了不该干的事。在河南省发展内陆开放型经济过程中，政府职能的"越位"主要体现在政府直接干预经济，充当市场主体为地方招商引资，一定程度上破坏了市场的自身良性发展。其具体表现在两方面。

第一，摊派引资任务到政府各部门。一些区（县）政府和产业园区以行政命令的形式把引进投资的任务和指标定量分配给各个部门及公务员，将个人仕途发展与引资数量相结合，致使政府工作人员耗费人力和财力来完成任务，影响了政府正常职能的履行。摊派引资任务的方式会造成两个后果：一是政府部门为了吸引大量资金，只重视外来投资的数量，不重视质量，使得政府引进的项目整体水平不高，对环境污染较严重。现在处于迎接东部产业转移的机遇期，一些政府为了增加地方生产总值，一再降低企业准入门槛，引进一般加工项目和消耗资源为主的项目，成为东部淘汰企业的聚集地。二是为了更多的吸引外来投资，政府利用手中的权力为招商引资大开绿灯，提供超常的优惠政策"服务"。在各市的各区（县），各个园区有权实施不同的优惠政策，不惜将其他园区的企业"抢"到自己的园区来，形成了恶性竞争。

第二，政府过多直接参与招商引资活动。招商引资领域，属于政府的宏观指导领域。但由于属于后发型经济，政府为了抢占市场先机，急于发展，争抢更多的大型企业入驻，不惜运用掌握的资源配置权、财权等资源，在各地举办各种内容和形式的推介会，直接介入经济活动中。特别是每年一些市政府都会组织各种各样的海外考察活动和推介会。一些考察团规模庞大、人数众多，却没有进行前期的细致策划，成为实际的"公费旅游"，不仅在接待这些考察团的机构和海外华侨中造成了不良影响，也造成了人力、物力和财力的浪费。

2. 政府职能"错位"

政府职能的"错位"是指政府职能分工定位上出现的交叉和混淆情况，主要表现在政府与企业的关系上。企业是自主经营、自负盈亏的市场经营主体，而政府是公共事务的管理者、公共服务的提供者。但是，政府在实施其经济职能时，在微观层面上过多地直接或间接干预企业的经营活动，主要表现在以下几方面。

第一，对国有企业的过多干预。国有企业是由中央政府或地方政府投资参与控制的企业，具有一定的行政性，政府的意志和利益指导和决定了国有企业的经营行为。国有企业是国民经济的中流砥柱，在国民经济和人民生活中占据重要位置。但是，目前大多数国有企业因政府长期的政策和资金倾斜，缺乏市场竞争性和创新精神。同时，地方政府作为国有企业的管理者，通过对企业领导者的任免、决策制定、资金流动等方面的干预，影响了国有企业的自主决策发展，同时对非国有企业也造成了不公平的竞争。政府干预企业经营活动，严重影响了企业的正常运转，加重了企业的运营成本，使国有企业和非国有企业都失去了发展的动力。

第二，实行地方保护主义，影响民营企业发展。为了保护本地企业发展和所引进的大型企业的利益，政府采取了一些"保护主义"措施。如政府在引进跨国大型企业时会给予特别优惠的政策；而在政府采购中，对本地企业的产品有所偏爱或者行政命令必须采购某大型引进企业的产品。这些保护措施，导致中小型民营企业失去了公平竞争环境，不利于民营企业的生存和发展。

第三，政府操控招商引资的整个过程。项目设计、招商谈判到合同履约，政府都参与其中。如政府指定某个特定企业与外商洽谈合作事宜；采取行政手段，命令企业参加政府主办的引资推介会、洽谈会；代替中介机构替企业合同进行担保，承诺履行的职务；等等。这些政府行为取代了企业行为，不仅限制了企业引资自由，还加大了政府的职责和负担，降低了引进投资的效益。

3. 政府职能"缺位"

政府职能的"缺位"指在原本应当由政府生产和提供的公共产品和公共服务领域，政府却没有尽职尽责，供给不足，甚至在某些领域出现了"真空"。河南省政府在发展内陆开放型经济过程中的职能缺位主要表现在四个方面。

第一，法制建设不足。健全和完善的法律法规体系在吸引外来投资中具有十分重要的地位。良好的法律环境是开展投资活动的基本保障，因此从某个角度上来讲，也是投资者规避风险、增强投资安全感的来源。由于内地的改革步伐相对沿海缓慢，其相应的法律法规体系不够健全，加之有些政府官员法律意识不强，有法不依，执法不严，导致外来投资者被乱收费、滥罚款现象屡禁不止，损伤了投资者的合法权益。从长远来讲，势必挫伤投资者的投资信心和积极性。

第二，政务建设不力。主要表现在两个方面：一是政府机关行政效率较低。一些政府部门及其工作人员没有忧患意识和风险意识，为企业和群众服务的积极主动性不强，办事效率不高，甚至滥用权力、贪污腐败。二是政府信用建设不足。政府给予企业的优惠政策，时常"朝令夕改"，政策延续性不足，伤害了企业对政府的信任，也极大地损伤了政府的公信力。

第三，政府宏观调控市场秩序职能缺位。政府监管和规范市场秩序的职能远远不能满足市场的实际需求。为了留住投资者，政府在对重要投资商的管理中往往"睁一只眼，闭一只眼"，管理松懈的问题普遍存在，有法不依、执法不严、违法不究的现象时常发生。

第四，产业布局混乱、产业结构不合理。为了追求地方政绩，区（县）政府往往片面追求引进企业或资金的数量，使引进的项目在产业分布和来源结构上不合理。同时由于各个工业园区定位不明确，造成各园区产业结构趋同，产业布局混乱，也引起了不和谐的政府竞争。

第四章
河南对外开放的优势

近年来,河南省积极发展对外开放,对外贸易迅速增长,利用外商直接投资成果显著,特别是五大国家战略的提出与支持,为河南省开放型经济的发展提供了良好的机遇。面对积极的政策和发展机遇,河南省通过长期对外开放的发展也积累了多方面的优势。这些优势是来自空间的地理区位优势、来自国家的政策支持优势、来自基础设施建设形成的交通物流优势、来自历史的悠久文化资源优势和来自人口的丰富人力资源优势。

第一节 空间的地理区位优势

河南省简称"豫",省会是郑州,位于我国中部地区,黄河中下游,处在北纬31°23′~36°22′,东经110°21′~116°39之间,东接安徽、山东,北接河北、山西,西连陕西,南临湖北,呈望北向南、承东启西之势。河南地理位置优越,古时即为驿道、漕运必经之地,商贾云集之所。今天,河南地处沿海开放地区与中西部地区的接合部,是我国经济由东向西梯次推进发展的中间地带,是全国极具发展潜力的区域。独特的区位优势,使河南成为全国举足轻重的铁路、公路、航空、通信和能源枢纽。

"三横五纵"的铁路网络在河南交会。河南地处全国铁路网中心,国家铁路大动脉京广、陇海、京九、宁西、交枝、焦新、新荷、侯月以及孟宝、新密等支线在境内交会外,还有漯(河)阜(阳)、汤(阴)台(前)等地方铁路。河南省铁路通车里程居全国第一。郑州、商丘、洛阳等都是重要的铁路十字枢纽,其中郑州北站是国内中转业务量最大的中转站。国家规划的南北大动脉北京—香港、东西大动脉徐州—兰州高速铁路客运专线纵贯河南，并在世界规模最大的郑东新区高速铁路枢纽站十字交会。国家中长期铁路网规划的商杭专线（商丘—杭州）也于2010年开建。

全国众多的高速公路和国道在河南交会，连霍、京港澳、济广等9条国家规划的高速公路及105、107、207、310、311、312等九条国道经过河南。河南的高速公路里程已经超过整个英国，目前居全国第一位。

民航事业快速发展，拥有郑州新郑国际机场、洛阳机场和南阳机场三个民用机场；郑州新郑国际机场是4E级机场和国内一类航空口岸，年旅客吞吐量达到1693.64万人次。河南省正在努力把郑州建成国际性航空枢纽，国家民航总局已经把郑州列为全国八大航空枢纽之一。目前以郑州为基地的航空公司分别有中国南方航空、鲲鹏航空和深圳航空。其中，鲲鹏航空是首家将总部和运营基地设立在郑州的全国性航空公司。深圳航空目前已在郑州建设国内第四大飞机维修基地。

河南省公用电信网在我国具有重要战略地位。省会郑州是我国重要的通信枢纽之一，国家骨干公用电信网"八纵八横"有"三纵三横"途经河南，加上南北、东西两条架空光缆干线从河南穿过，构成河南省"四纵四横"的信息高速公路基本框架。

全国众多的能源管道在河南交会。包括西气东输等至少四条天然气管道和至少四条石油管道在河南交会。另外，南水北调和北煤南运也在河南交汇。在未来，来自中国西北和中亚的石油将与来自中国东北和俄罗斯远东的石油在郑州交汇，河南将成为全国极其重要的能源枢纽。

第二节 系统的政策支持优势

2011年，建设中原经济区成为国家战略。2012年11月，国务院正式批复《中原经济区规划》，2013年国家批准了《郑州航空港经济综合实验区发展规划》，它和《国家粮食战略工程河南粮食生产核心区规划》以及《中原经济区规划》一起构成了促进河南省经济中长期发展的三大国家战略。[①] 这三大战略既相辅相成，又各具特色；既互相融合，又各有侧重，形成了引领河南今后较长时期持续健康跨越发展的战略规划体系，这一体系的形成使中

---

① 马江波：《河南省对外开放优势分析》，《经营管理者》2015年第1期。

原崛起、河南振兴、富民强省的宏伟事业全面站在了一个新的战略起点上。

在三大国家战略框架里，中原经济区战略是管总的，新型城镇化引领、"两不三新"、三化协调、四化同步，这是指导全省乃至整个中原地区改革发展的总战略，重大基础设施、产业、区域、城乡的战略途径与重点等都有丰富的内涵。粮食生产核心区这个战略，是国家给河南这个农业大省布置的战略任务，也是河南为国家为民族应担当的神圣责任。航空港综合经济实验区这个规划实际上是在给河南构筑经济增长极，构筑中原经济区的核心增长极，这是河南今后要竭力构建的改革开放、转型升级的战略高地，是引领全省发展的龙头。它的真正意义不仅在于是一个重要的国家区域性战略规划，还在于把产业的转型升级、区域的发展、新型城镇化道路的探索、科技的进步和交通方式的革命性变化紧紧地结合在一起，融于一个规划之中，这在全国的国家战略规划中还是少见的。① 三大国家战略的提出为河南省发展开放型经济提供了良好的政策环境和发展机遇。

一 中原经济区建设对河南省发展开放型经济的影响

2012年，国务院批复实施《中原经济区规划》，指出："范围包括河南省全部及山东、河北、山西、安徽省部分地区，覆盖30个省辖市和3个县区，区域面积28.9万平方公里，2011年末总人口1.79亿，地区生产总值4.2万亿元，分别占全国的3%、13.3%和9%。"② 规划凸显中原经济区发展已经提升至国家战略层面，在全国发展大局中具有重要的地位和作用。规划要求以科学发展作为建设主题，促进工业化、城镇化与农业现代化协调发展，中原经济区建设为河南的发展指明了方向和奋斗的目标。河南省是中国第五大经济体，经济总量中部第一，具有独特的区位优势和历史底蕴，在中原经济区建设中具有独特的战略地位。中原经济区建设势在必行，河南发展开放型经济也是大势所趋。建设中原经济区为河南开放型经济发展塑造了区域优势，带来了机遇，产生了重大积极影响。

1. 带来政策良机

中原经济区是一个以河南为主，具有鲜明地域特色和发展共性的跨省域

---

① 张大卫：《郑州航空港经济综合实验区——经济全球化时代推动发展方式转变的探索与实践》，《区域经济评论》2013年第3期。
② 大河网：《中原经济区规划》，http://news.dahe.cn/2012/12-03/101800581.html。

经济和社会发展区。把河南放到全国的大背景发展中，中原突围的提法让人怦然心动。中共河南省省委制定的全省国民经济和社会发展第十二个五年规划中的第一条就是"全面推进中原经济区建设，加快中原崛起、河南振兴"，并把"建设中原经济区、加快中原崛起和河南振兴"作为总体发展战略。中原经济区是河南振兴的载体和平台，是扩大对外开放、加强交流合作、实现互利共赢的载体和平台。在当前欧美市场消费能力下降，中国提出经济发展方式转型的大背景下，立足中原既可以在一定程度上保留对外出口优势，等待市场回暖，又可面向中国国内市场，抓住新的发展机遇。河南是中国的第一人口大省，发展经济拥有充足的劳动力资源，而且在人才培养的过程中，河南可以进一步加大对外交流合作的力度，更加注重产学研的结合程度。中原经济区的构建在吸收、借鉴珠三角、长三角、京津冀经济带成功经验的基础上会进一步促进河南的发展。

2. 提升区位优势

《中原经济区建设纲要》（以下简称《纲要》）提出构建以郑州为中心、地区性枢纽为节点的交通枢纽体系，推进郑州东站、郑州航空港、郑州火车站三大客运枢纽和内陆"无水港"建设，实现客运"零换乘"和货运"无缝衔接"。另外还提出形成以郑州为中心、城际铁路和快速通道为支撑的"半小时"通勤圈，并将建设通达其他中心城市的一小时交通圈，形成连接周边省会城市的高效便捷交通格局。按照《纲要》要求，今后河南省将"实施民航优先发展战略，推进郑州国际航空枢纽建设，把郑州机场建设成为国内航线中转换乘中心和国际货运集散中心"，并以洛阳、南阳、商丘、明港、鲁山、豫北等机场作为辅助，形成"以干带支、干支协调、客货并举的民用航空运输体系"。中原经济区的建立就是要重新塑造河南的区位优势，构建全国重要的现代化综合交通枢纽，形成便捷、安全、高效的综合交通体系，建设畅通中原，打造东融西拓、服务全国的战略性通道。

3. 促进河南的招商引资

为大力发展开放型经济，河南省扩大招商引资力度，坚持以项目带动为抓手，承接东部产业转移。截至目前，河南全省一共设立了175个产业集聚区，它们肩负着积极承接沿海发达地区链式和集群式产业转移的重担。河南依托产业集聚区，充分发挥其筑巢引凤功能，高水平策划集聚区招商概念，按照"大项目—产业链—产业集群"的思路，以"区中园"建设为切入点，引导产业关联度大、成长性好的项目向产业集聚区集中。

2000年，河南省利用外商投资5.44亿美元，占全国的1.34%，2013年，河南省利用外商投资增长到134.57亿美元，占全国比重增长到11.44%。2000~2015年，引进外资年平均增长率达到30.1%，2006~2015年间更是高达38.8%。2014全年产业集聚区完成投资超过5000亿元，占河南省城镇固定资产投资的36%。河南省实际利用外商直接投资149.27亿美元，比上年增长10.9%。实际利用省外资金7206.0亿元，增长16.3%。全年对外承包工程、劳务合作和设计咨询业务新签合同额42.29亿美元，比上年增长4.2%；营业额47.1亿美元，增长11.9%。是历年来招商规模最大、来豫客商和签约项目最多、合同金额最高、招商成效最好的一年。尤其在"人口红利日趋见底"的大背景下，昔日"孔雀东南飞"一定程度上变成了如今的"中原归"。截至目前，共有80多家全球500强企业、130多家中国500强企业落户河南。招商引资对于全省城镇的固定资产投资贡献率达到25%。

4. 加快河南的进出口贸易

综合保税区是设立在内陆地区具有保税港区功能的海关特殊监管区域，实行封闭管理，是目前我国开放层次最高、政策最优惠、功能最齐全的海关特殊监管区域，是国家开放金融、贸易、投资、服务、运输等领域的试验区和先行区。其功能定位为"保税仓储、出口加工、转口贸易"三大功能。2010年11月3日，河南省人民政府对外公布，郑州新郑综合保税区获得国务院批准，规划面积为5.073平方公里。这是中国中部地区迄今为止设立的第一个综合保税区，也是全国第13个综合保税区。目前郑州综保区已接纳富士康集团入驻，香港招商局、俄罗斯空桥航空、联邦快递、惠普、顺丰速运等一批实力雄厚的世界知名企业亦纷纷向郑州综保区抛出"橄榄枝"，示意进驻该区的愿望。郑州新郑综合保税区的设立，将有力促进河南经济和社会的发展，成为助推中原经济区腾飞的新平台，发挥腹地辐射效应，整个中西部都会因此而获利。

目前郑州已形成了综合保税区、出口加工区和保税物流中心等较为完备的海关特殊监管区域和监管场所格局。这些举措将为河南进出口商简化进出口报关手续、节约进出口成本等方面显现出优势。①

---

① 王先菊：《中原经济区建设对河南开放型经济的影响研究》，《中国商贸》2011年第8期。

二 郑州航空港经济综合实验区建设对河南发展开放型经济的影响

2012年11月17日，国务院正式批复《中原经济区规划》，正式同意规划建设郑州航空港经济综合实验区，河南省与国家有关部门随即启动实验区规划编制工作。2013年3月7日，国务院批复《郑州航空港经济综合实验区发展规划（2013~2025）》，标志着该实验区建设与发展进入全面推进阶段。

郑州航空港经济综合实验区是国家批准的首个以航空经济为主题的实验区，规划赋予实验区在口岸通关、航线航权、财税金融、土地管理、服务外包等方面很多的优惠政策，在海关、商检、银行、税务、财政、土地等方面都给予了很大的支持。实验区的建设将在中国内陆地区形成一个重要的国际航空物流中心，为海内外客商迅速利用全球市场和资源，为高端制造业和现代服务业在内陆地区的布局创造了机遇，应该说规划建设实验区顺应了全球经济一体化和产业分工深刻调整的趋势，符合航空经济发展的规律，符合中央关于加快民航业发展、提高民航国际竞争力的要求，符合引导支持我国产业参与国际竞争的要求，符合河南国家经济战略布局调整和发展开放型经济的要求。

1. 有利于改善河南省地理位置劣势，促进对外开放

河南省位于中国中东部、黄河中下游地区，人口基数超过1亿。但河南省对外开放力度不够，与国际接轨进程缓慢，2012年以前的进出口总额大约只占全国的1%，而且由于地理劣势，河南缺乏与国外沟通渠道，省内商品出去难，国外商品进来也难，发展开放型经济投入成本过高，严重制约着河南经济的发展。对于河南省而言，迫切希望改变经济状况，扩大与国内外沟通渠道。通过郑州航空港经济综合实验区的建设，建立以航空运输为对外开放的突破口，大力发展国际航空物流产业，整合周边省市运输的地理优势，拓宽与全国各省沟通渠道。这不仅是郑州航空港经济综合实验区自身发展的需要，同时也是促使河南省对外开放、融入全球化的契机。作为我国唯一的国家级航空港经济综合实验区——郑州航空港经济综合实验区，必将成为河南省扩大对外开放、加速全球化进程的重要平台。

2. 有利于拉动河南立体交通，为经济转型提供便利

作为全国陆路交通枢纽的中心，郑州在航空港建成以后将实现陆路空路对接。将使得郑州铁路、公路、航空一体化、实现"铁、公、机"高度密集结合，大大地缩短与全国乃至全世界的距离，最大程度上形成现代化交通

运输体系。运输条件的大力提高，基础设施建设稳步推进，交通运输能力逐年增加，拉动整体立体交通，便利的交通必将极大地促进河南省整体经济的快速发展。在未来发展中，河南省亟须着手将航空港打造成为"大枢纽"，成为国内外重要运输中转站，推进与国际接轨，使之成为引领河南省经济发展、服务全国、面向世界的开放平台。

3. 有利于出口免税，产品远销国外

受全球经济萎靡的影响，我国出口整体呈负增长趋势，然而，河南省却一枝独秀，出口额大幅增长，增幅更是跃居全国第一，这很大程度上得益于航空港经济综合实验区的建设。曾经，地理位置和出口关税这两大障碍严重阻碍河南产品的出口。在实验区建成后，为加快实验区的经济建设，河南省给予大力支撑，在政策范围允许内，区域内的货物进入国际市场，不征收关税。货物进入国内市场，则视同为进口，需要征收关税。这一举措，解决了出口关税的问题，极大地推动了省内产品销往国外市场。实验区内交通便利，很好地克服了河南省地理劣势，使得国内外产品快速地流通。航空港经济综合实验区的建设，很好地解决了河南省两大制约经济发展的障碍。

4. 有利于与周边各省"铁、公、机"实力互补

随着实验区的"铁、公、机"（铁路、公路、航空）基础交通设施建设的深入，中部地区正逐渐形成以郑州为中心的"米"字形交通网络系统。以河南为中心的中部六省经济交流日渐紧密，各省之间密切来往，产品交流频率加大。航空港经济综合实验区运输的货运量增长率达到46%左右。现如今，全国许多地方也正在着手建设航空港，如湖南、湖北等地，这给郑州航空港经济综合实验区的发展带来了机遇与挑战。未来地域之间的合作也极有可能，这也给转变经济发展的形势提供方法，以货物运输为主导的郑州航空港区，可以与以客运为主导的武汉、长沙航空港形成全方位发展，产生优势互补效果，实现互利共赢。将来可以在航线开辟、航班时刻设置等工作上合理安排供需，发展空空联运的跨省合作，最大化地利用各省的基础运输资源。

5. 有利于河南旅游业发展

河南省地处黄河中下游流域的中原腹地，是中华民族历史文化的重要发源地。河南省的旅游业蕴含巨大潜力，但旅游业并不是很发达，市场促销力度不足、经济发展缓慢、交通不便利等因素制约着河南省旅游业的发展。现如今，伴随着航空港实验区的建设，大批高新企业的入驻，实验区给世人提供了一个了解河南的平台，大批外来人员给河南省注入新鲜血液。这必将在

很大程度上促进旅游业的发展,与之对应的旅游景点、餐饮业、运输业等领域的利润也将相继提高,而且,旅游形式也会发生重大变化。以前主要靠自然景观资源吸引游客,实验区建立以后,整合省内旅游资源,结合河南省本身环境优势,大力开发传统餐饮与田园风光资源,这些资源的合理开发与游客的大量流动,将为旅游的开发发挥重要作用,也为河南省加快经济转变、促进经济健康发展准备了充分的条件。

6. 有利于中原文化交流与繁荣

中原文化作为中国文化的核心之一,在中华民族的历史发展中起到了奠基和主导性作用,同时也引导了中华民族精神的形成和发展,是整个中国传统文化的母体和主干。郑州航空港经济综合实验区建设上升为国家战略后,河南省紧密结合文化改革发展实际情况,挖掘文化潜力,充分发挥文化资源优势,推动文化产业的发展,促进与国内外文化之间交流,建设当代中原文化,建设文化强省,实现中原文化的大发展大繁荣,统筹服务好文化强省、华夏历史文明传承创新区和航空港经济综合实验区建设等三大进程,必将推动现代文化产业集聚与提升、推动公共文化服务体系完善与提升、推动对外文化交流深化与提升。

7. 有利于推动国际运输服务业发展

河南区位优势十分明显,是全国承东启西、连南贯北的重要交通枢纽,拥有铁路、公路、航空、水运、管道等相结合的综合交通运输体系,交通区位优势十分明显。随着航空港实验区的建立,河南省的交通运输实力更加庞大,由原来大部分面向国内的运输服务扩展到面向国际的运输服务。众所周知,航空物流是现代经济发展中的高端产业,是一个国家或地区经济融入全球化、产业国际分工的重要纽带,是衡量一个国家或地区市场开放程度、经济发达程度、信息和物质交换便利程度的重要指标。航空港的建立,加速了发展国际航空物流的进程,也推动着河南加快融入全球化的前进步伐。如今世界已经进入国际航空物流发展时代,在这个背景下,人们对物流的服务提出了新的要求,航空港的建立,极大地推动河南省的物流行业,使物流不仅仅覆盖国内范围的服务,还加速了河南省与国际接轨的步伐,使国内国外货物商品交流更加顺畅。①

---

① 王国英:《浅议郑州航空港综合实验区建设与河南经济发展的互动关系》,《商场现代化》2015年第3期。

三 河南粮食生产核心区建设的战略优势

河南省是全国农业大省,也是粮食生产大省。河南省在黄淮海平原、豫北豫西山前平原和南阳盆地三大区域,选择了基础条件好、现状水平高、增产潜力较大、集中连片的95个县(市、区)作为河南粮食核心区的主体范围。河南粮食生产核心区建设是中原经济区建设提出的"不以牺牲农业和粮食生产为代价发展工业"的重要战略指导思想之一。

2005年,河南开始以农业综合开发为载体的粮食生产核心区建设。2006年,河南省粮食总产量超过500亿公斤。2007年,河南省粮食增产14亿公斤,其中98.6%来自核心产区。2009年9月,《河南粮食生产核心区建设规划(2008~2020年)》经国务院批准,到2020年,粮食生产核心区用地稳定在500万公顷,粮食生产能力达到650亿公斤,调出原粮和粮食加工制成品300亿公斤以上。2009年全省粮食总产量达到539亿公斤,比2008年增产2.5亿公斤。2010年9月30日,《河南粮食生产核心区建设规划的实施意见》(以下称《规划》)发布实施。2010年河南省粮食产量再一次突破500亿公斤,达543.7亿公斤。河南用全国1/16的耕地,生产了全国1/4的小麦、1/10的粮食,取得连续十年位居全国首位、连续四年突破500亿公斤的骄人成绩。"十一五"期间,河南粮食总产量累计达到2654.9亿公斤,比"十五"期间累计增产580.75亿公斤,连续五年保持全国第一。2012年年初,河南省省委、省政府提出建设高标准粮田战略规划,即"百千万"工程,将百亩方、千亩方和万亩方划定为永久性基本粮田,统一编号,建档立卡,遥感监测,确保粮食播种面积,2012年,河南粮食总产量达到563.86亿公斤。[①] 2015年,河南夏粮实现"十三连增",产量再上新台阶,连续15年居全国首位,连续9年超过500亿公斤,用占全国6%的耕地生产了全国10%以上的粮食,不仅解决了近亿人口的吃饭问题,每年还调出150亿公斤的原粮及加工制品,为维护国家粮食安全做出了突出贡献。

建设河南粮食生产核心区,是国家粮食战略工程的重要组成部分,是省委、省政府的重大战略举措,是全面建设小康社会、奋力实现中原崛起的良

---

① 侯雪梅、袁仲、张慎举:《河南粮食生产核心区建设现状、存在问题与对策》,《粮食与食品工业》2014年第4期。

好现实机遇。做好《规划》实施工作，是稳步提高粮食生产能力、为国家粮食安全多做贡献的需要，是统筹城乡发展、破解"三农"难题的需要，是改善农村民生、有效应对危机的需要，是发展河南开放型经济，促进中原崛起的需要。

作为全国粮食供给系统的稳定器，无论着眼于区域的地理环境、自然资源和农业生产历史，还是着眼于科技后备力量、社会经济环境和劳动力资源，河南省都具有发展粮食生产、建设成为全国粮食生产核心区的特定优势。

1. 资源禀赋总量大，生产条件优越

河南省耕地资源丰富，土地肥沃。2012年年末，河南省耕地面积达8256.8千公顷，占全国耕地面积的6.25%。2013年年末，农田有效灌溉面积达4969.1千公顷，占全国有效灌溉面积的7.82%，占本省耕地总面积的一半以上；化肥施用量（折纯量）为696.4万吨，占全国化肥施用总量的11.78%；农作物播种面积达14323.5千公顷，占全国农作物播种面积的8.7%；粮食作物播种面积10081.8千公顷，占全国粮食作物播种面积的9%，可利用土地比重较大，耕地利用率较高。而且，河南地处亚热带和暖温带，气候适宜，四季分明，日照充足，温和湿润，无霜期长（年均250天左右），大部分地区年均降水量在1000~2500毫米，而且雨热同期。这种丰富的气候资源为农业发展提供了优越的自然条件，能满足多种亚热带和暖温带农作物生长的需要，对农、林、牧、渔各业生产十分有利。

2. 农业生产的历史悠久

据历史记载，早在夏商时期，河南就是农业生产相当活跃的地区，是当时中国政治、经济、文化的中心。新中国成立后，随着一大批农田水利基础设施的兴建，河南省防洪抗灾的能力大大提高，农业生产能力得以迅速恢复和发展。经过近六十年的发展，河南农业取得了辉煌的成就，对河南和全国经济的稳定发展做出了重要贡献。

3. 交通发达，区位优势明显

第一，河南省的区域优势明显。河南省是东部产业向西部转移的桥梁与纽带，也是西气东输、西电东送的必经之路，紧靠以京津为中心的环渤海经济圈，具有连贯南北、承东启西，居于辐射周边的良好区位，其战略位置显著。

第二，河南省交通发达。河南省是中国内陆交通运输的重要枢纽。京广、陇海、京九等铁路干线纵横交错,新开通的从中国江苏连云港至荷兰鹿特丹港的亚欧大陆桥横穿全省。公路交通四通八达,9条国道干线呈五纵四横分布境内。正是由于河南省良好的区位优势,使得河南农产品运输和销售极为方便。

4. 农业地位突出,劳动力资源丰富,为农业发展奠定了坚实的基础

河南省自古以来就是全国重要的农副产品主产区,其农业基础设施较为完备,抗灾能力强,农业地位突出。2013年河南省的粮食总产量达到5713.69万吨,占全国的1/10强,其中小麦产量占全国的1/4强。

河南省农村劳动力资源丰富,为河南农业发展提供了丰富优越的人力资本。2013年,河南省的人口总数为10601万人,其中乡村人口(指户口在农村的人口)有5958万人,占全省总人口数的56.2%;2013年河南省第一产业从业劳动力2563万人,占全国第一产业从业劳动力总数的10.6%;在乡村从业的劳动力为4851万人,占全国乡村从业劳动力的12.52%,占河南省人口总数的45.76%。

第三节 独特的陆空物流优势

河南在利用区位优势的基础上,基础设施建设取得了突飞猛进的发展。近年来,河南进行了大规模的高速公路建设、机场建设、高速铁路建设,把河南与周边省份连接起来,为河南发展大规模物流创造了得天独厚的条件。可以说,正是河南省独特的区位优势造就了河南省独特的交通优势。物流业发展迅速,又带动陆空交通业的发展,交通与物流已在河南省开放型经济发展中起到举足轻重的作用。

一 河南省交通物流业发展现状

1. 交通物流基础设施建设不断推进

交通运输网络是国民经济的主动脉,同样也是发展物流业的基础。现代交通运输由铁路运输、公路运输、水路运输、航空运输等主要运输方式组成。河南省拥有比较完善的综合运输网络体系,其中铁路和高速公路通车里程居全国首位,完整的交通网络为现代物流的发展奠定了必要的物质基础。

铁路运输是已知最有效的陆上交通方式。河南省铁路目前已形成以"三纵"(京广、京九和焦柳)、"五横"(陇海、新荷兖日、宁西、洛阳—

漯河—阜阳—南京、晋豫鲁）为主骨架，以孟平、范辛、汤台地方支线等为辅的路网布局。至2014年年底，全省铁路运营里程已达5017公里，其中客运专线865公里，城际铁路50公里，其他干线铁路3404公里，地方铁路698公里。

河南省是铁路资源大省，铁路路网密度为252.9公里/万平方公里。省会郑州就是一个"铁路拉来的城市"，郑州站是国内重要的客运和货运综合交通枢纽，亚洲最大的铁路客货运编组站也在这里。2012年9月，郑州东站运营，成为我国最大的铁路运输业务中转站。河南省省内纵横多条高速铁路（京广高铁、郑西高铁、石武高铁、郑徐高铁等）和城际铁路（郑开城际铁路、郑洛城际铁路、郑焦城际铁路等），有力地保障了人员、物资在省内以及全国的畅通。

公路运输是在公路上运送旅客和货物的运输方式，是交通运输系统的主要组成部分，主要承担短途客货运输，它具有机动灵活，原始投资少，资金周转快等特点。至2013年年底，河南省公路总里程已超过24.9万公里，公路密度达到147.9公里/百平方公里。其中，高速公路5858公里，连续7年居全国首位；干线公路1.79万公里；农村公路22.3万公里。国家规划的高速公路网河南段已全部建成，有17个省辖市已形成高速公路"十字交叉"，有4个省辖市已形成绕城高速，全省有94%的县（市）通达高速公路；全省普通干线公路通车里程已达1.8万公里，位居全国第四；2007年河南省已率先在中西部地区实现了"村村通"。省会郑州是中部地区的公路网络中心、国家级公路运输枢纽。截至2013年年底，郑州市共有公路客运站85个，其中一级站4个、二级站11个，全年完成公路客运量32569万人次，同比增长8%；公路货运快速发展，全年完成公路货运量22800万吨，同比增长11.1%。

航空运输具有快速、机动的特点，是现代旅客运输，尤其是远程旅客运输的重要方式。目前河南省拥有新郑国际机场、洛阳机场和南阳机场三个民用机场，多个在建或筹备中的机场。其中郑州新郑国际机场为4E级机场，是国内一类航空口岸，年旅客保障能力1200万人次，货邮保障能力35万吨，承担着河南省的大部分航空运输任务，运输规模占全省民航运输96%以上。截至2013年年底，郑州机场已开通航线144条，国际地区货运航线40条，货运通航城市76个，已经覆盖除非洲、南美洲之外的全球主要经济体。河南省正在努力把郑州建成国际性航空枢纽，国家民航总局已经把郑州列为全国八大航空枢纽之一。目前以郑州为基地的分别为中国南方航空、鲲鹏航空和深圳航空。其中，鲲鹏航空是首家将总部和运营基地设立在郑州的全国性航空公司。深圳航空目前在郑州建设国内第四大飞机维修基地。河南将构建以郑州机场为中心，洛阳、南阳、商丘、明港等机场为辅助的民用航空运输体系。

水路运输是以船舶为主要运输工具、以港口或港站为运输基地、以水域包括海洋、河流和湖泊为运输活动范围的一种运输方式。截至2013年年底，河南省内河航道通航里程达1439公里，有港口码头泊位49个；全省水路运输企业140家；拥有省际货运船舶5000余艘，运力规模近460万载重吨。

下面通过具体数据来进一步了解河南省交通物流基础设施发展状况。从表4-1可以看出，除了内河航道总里程基本未变之外，其他几种运输方式的营业里程均有所增长。其中铁路营业里程在2006~2009年的4年内经历了波动，但8年间总体还是在增长；公路通行里程呈现出持续增长状态；高速公路通车里程8年间一直处于迅速增长的态势；民航线路总里程数4年间总体有所增长，2011年和2013年里程数大幅下降是因为市场竞争的缘故，取消了一些不盈利的航线。从总体来看，河南省的交通物流基础设施是不断向前发展的。

表4-1 河南省交通运输状况

单位：公里

年份 类型	2006	2007	2008	2009	2010	2011	2012	2013
铁路营业里程	3988	3989	3989	3898	4224	4203	4822	4822
公路里程	238676	238676	240645	242314	245089	247587	249649	249831
其中：高速公路	3439	4556	4841	4861	5016	5196	5830	5859
内河航道	1439	1439	1439	1439	1439	1439	1439	1439
民航	—	—	164763	188704	241151	188258	223578	205253
其中：航线条数	—	—	67	75	71	59	69	51

数据来源：根据《河南统计年鉴（2009~2014）》整理得到。

2. 物流货运量和周转量不断上升

随着近年来经济和社会的不断发展，河南省对外物资交流日益扩大，工业化进程不断加快，物流货运量和周转量呈现出稳步上升趋势。2013年，全年各种运输方式货物运输量比上年增长11.8%,货物周转量增长9.7%,机场货邮吞吐量增长68.5%,各种运输方式所完成的货运量和周转量也在逐年发生变化。

货运量是指在一定时期内,各种运输工具实际运送的货物数量。它是反映物流运输业为国民经济和人民生活服务的数量指标,也是制订和检查运输生产计划、研究物流运输发展规模和速度的重要指标。从图4-1可以看出,河南省货运量呈现逐年增长的态势,从1978年的18176万吨增长到2013年的304369万吨,按指数法平均计算,年均增长率8.78%,保持了较高增长的态势。从图4-1可以看出,河南省货运量主要是由公路运输所构成,公路货运量从1978年的11321万吨增加到2013年的282970万吨,总体增长态势与货运总量增长态势趋同;铁路运输货运量从1978年的6722万吨增加到2013年的12762万吨,总体也呈现出增长态势;水运货运量从1978年的133万吨增加到2013年的8632万吨,总体也在增加。

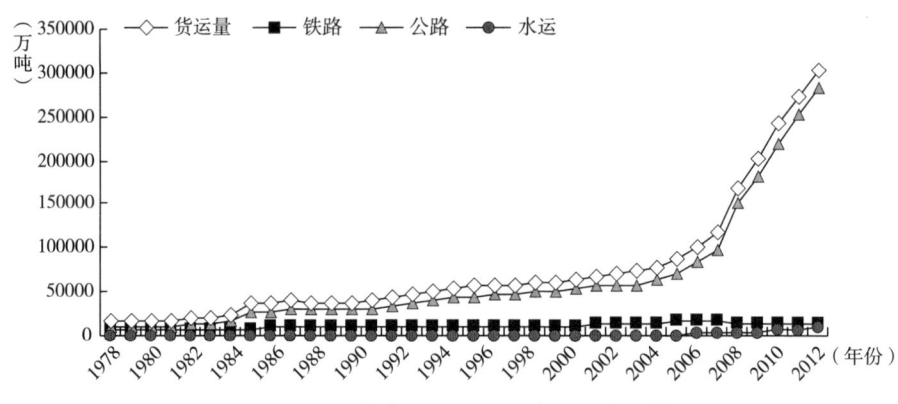

图4-1 河南省1978~2013年货运量趋势

从货运量构成来看(见图4-2),铁路运输货运量所占比重呈不断下降趋势,所占比重从1978年的36.98%下降到2013年的4.19%;公路运输货运量所占比重则呈现出不断上升趋势,所占比重从1978年的62.29%上升到2013年的92.97%,反映出公路运输在河南省物流货运发展中的重要性越来越大,体现了河南省的货运物流以公路运输为主的特点;水运货运量所占比重虽然总体上也呈现出上升趋势,从1978年的0.73%上升到2013年的2.84%,但由于河南省地处内陆地区,水路运输在河南省物流货运中的作用较小。

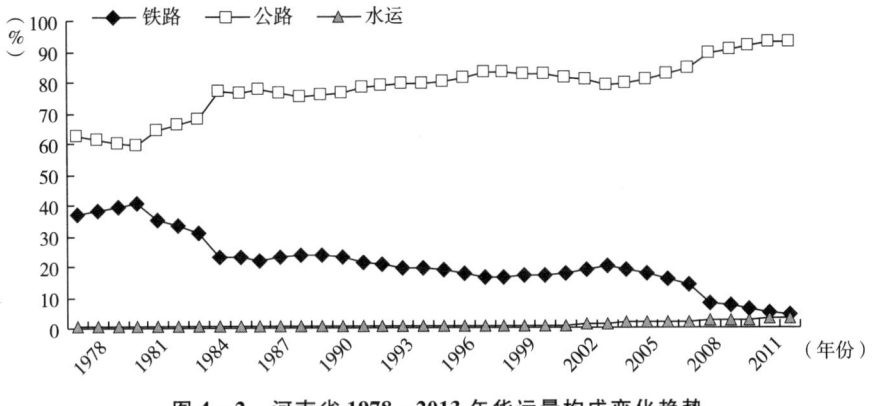

图 4-2　河南省 1978~2013 年货运量构成变化趋势

货物周转量是指在一定时期内，由各种运输工具运送的货物数量与其相应运输距离的乘积之总和。它是反映运输业生产总成果的重要指标，也是编制和检查运输生产计划，计算运输效率、劳动生产率以及核算运输单位成本的主要基础资料。从图 4-3 可以看出，河南省货运周转量也呈现出逐年增长的趋势，由 1978 年的 508.41 亿吨公里增长到 2013 年的 10357.41 亿吨公里，平均增长率为 7.18%，增速略低于货运量增长率。仔细观察图 4-3 可以发现，2009 年之前铁路运输超过了公路运输，究其原因，是因为铁路多用来承担煤、焦炭、石油、金属矿石等大宗货物的中长途运输，而公路多用来承担短途、零担和门到门的运输，这说明在大件货物的中长途运输上铁路运输占据的主导地位。但 2009 年之后河南省公路运输快速发展，在河南省物流货运发展中占据了绝对主导地位，到 2013 年，公路运输周转量已经占到了全部货运周转量的 74.37%。

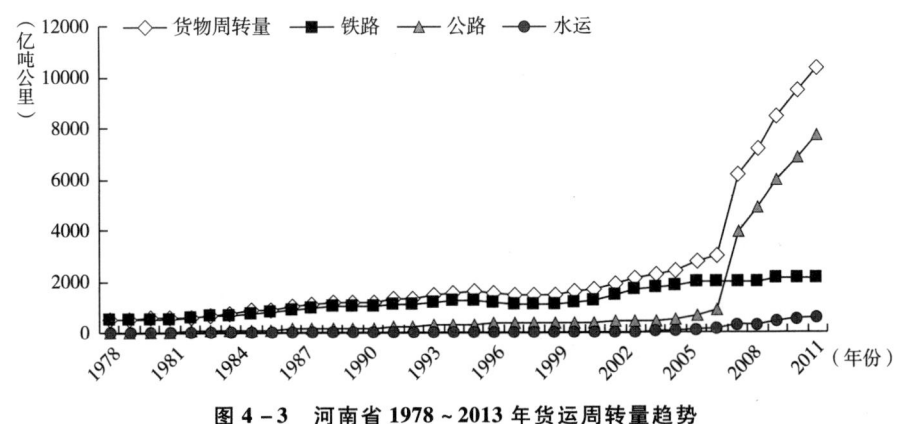

图 4-3　河南省 1978~2013 年货运周转量趋势

3. 交通物流枢纽建设正在大跨步前进

现代化大型综合交通枢纽有利于实现航空、公路、铁路等多种运输方式高效衔接，是提升交通物流效率的重要节点。目前，郑州东站、郑州火车站已经实现了铁路、城际铁路、地铁、长途客车、公交以及出租车等的零换乘。

即将在郑州航空港区建设的郑州高铁南站以及地铁2号线的南延工程将与新郑国际机场二期T2航站楼相连。2015年年底通车的城际轻轨将把郑州火车东站与机场二期连接起来。航空港区在今后将会成为"综合交通换乘中心（GTC）"，实现铁路和航空的无缝对接。

2010年投入建设的郑州铁路物流集装箱中心站已于2013年7月竣工，使郑州形成了亚欧大陆的铁路大通道，进一步推动了郑欧国际铁路货运班列的开行。郑州市作为国家一类铁路口岸，其货运吞吐能力大为增强。与此同时，郑州、洛阳等9个国家公路运输枢纽的建设工作也在全面展开。河南省的物资流通枢纽和网络中枢的地位将进一步加强。

4. 交通物流的社会服务能力不断提升

随着河南省交通物流基础设施的不断发展，其对经济和社会的服务能力也越来越完善。"十一五"期间，河南省营运车辆达到135.1万辆（其中客车5.1万辆，货车130万辆），比"十五"末增长98.7%；出租车发展到6万辆，城市公交车1.9万辆，道路运输生产能力明显提升。河南省有超过2.7万家机动车维修企业，600多家驾驶培训机构，为社会提供相关就业岗位超过200万个，充分体现出第三产业的社会经济服务能力。

5. 物流信息化建设不断加强

经过多年努力，目前河南省全省已经建立完善了运输管理计算机信息系统——"运政网"，实现了数据的实时传输和统一管控，规范了运政业务的办理。搭建了重点营运车辆GPS监控平台，对河南省7120多辆长途客车和8520多辆危险品运输车辆实现了动态监管。建立了集出行咨询、办证服务、公路求救和执法投诉为一体的96520道路运输公共服务热线，使运政工作真正做到了寓管理于服务之中，受到社会好评。

二 促进交通物流业发展，助力河南开放型经济发展

1. 建设综合交通枢纽

要提升郑州全国性综合交通物流枢纽地位，加快推进郑州东站、郑州新郑国际机场和郑州火车站三大客运综合枢纽建设改造，推动铁路、公路、民

航等多种运输方式高效衔接，实现客运零距离换乘、货运无缝衔接。完善提升郑州铁路集装箱中心站、郑州北编组站、郑州东货运站功能，加强与沿海港口和各大枢纽的高效连接，把郑州建成基础设施完备、配套设施健全、多种交通方式高效衔接、内捷外畅的全国性综合交通物流枢纽。改造提升商丘、安阳、新乡、洛阳、三门峡、南阳、漯河、信阳等地区性交通物流枢纽，形成与郑州联动发展的枢纽格局。

2. 构建现代交通网络

第一，以客运专线、城际铁路、大能力运输通道为建设重点，扩大铁路网总规模，完善路网结构。建设郑州至徐州、商丘至合肥至杭州、郑州至万州等铁路，规划研究郑州至济南、郑州至太原、郑州至合肥等快速铁路通道，加快构建高效连接的"米"字形铁路网络。适时调整并进一步完善中原城市群城际轨道交通网规划，有序推进城际轨道交通网建设。加快蒙西至华中地区的铁路建设，完成宁（南京）西（西安）等铁路复线电气化改造工程，形成多条跨区域大能力运输通道。结合汝州至许昌既有铁路扩能改造，逐步形成覆盖三门峡、平顶山、许昌、亳州等地区的煤运通道。根据地方经济社会发展需要，结合区域铁路规划编制，开展专支线和集疏运铁路的研究论证工作，构建互联互通的区域铁路网络。

第二，加快国家高速公路建设，打通断头路，消除瓶颈路段；加强国省干线公路改扩建，提高公路通行能力和服务水平，进一步完善网络结构，推进国省道网调整规划实施，形成功能完善、结构优化、内联外通、畅通中原的公路网络。统筹推进高速公路联络线、城际快速通道、旅游公路、国防公路建设，提高区域内路网通达能力。提高农村公路建设标准和服务水平，加快县乡公路、大中桥梁建设和危桥改造，实施农村连通工程，实现"县县畅、乡乡联、村村通"。

第三，加快推进淮河和沙颍河国家高等级航道建设，推进涡河、沱浍河、唐河、贾鲁河、洪河等地方重要航道和黄河小浪底、三门峡库区航道建设，适时推进汾泉河、西淝河等地方支流航道建设。建设区域性重要港口，升级改造蚌埠、临淮船闸及航道，全面提升淮河干流通航标准。

第四，加快实施郑州机场二期工程，推进郑州国内大型航空枢纽建设。改扩建洛阳、南阳、运城、邯郸、阜阳、长治机场，进一步增开航线。积极推进支线机场建设，规划建设商丘、信阳、邢台、聊城、豫东北、蚌埠、鲁山机场。加快通用航空业发展，研究规划建设一批通用机场。

第四节　悠久的文化资源优势

在中华民族的发展过程中，地处华夏中心的河南省长期处于政治、经济、文化的中心地位，也处于中华文明的领先地位。河南省具有悠久的历史文化资源，这也是河南省发展开放型经济的底蕴和优势所在。

一　河南省的历史文化资源优势

1. *历史悠久，连绵不断*

迄今为止，旧石器文化遗存在河南省已经发现近40处。1979年，南召猿人化石的发现，证明至少50万年以前人类就在中州大地上劳动、生息和繁衍。以新郑市裴李岗村命名的，距今七八千年的裴李岗文化，以渑池县仰韶村命名的，距今五六千年的仰韶文化，距今四五千年的河南龙山文化，距今四千余年的夏朝文化，之后商、周以降，发展脉络清晰，充分说明河南省的历史文化资源具有历史悠久、连绵不断的特点和优势。

2. *分布广泛，又相对集中*

河南境内已经明确的各类文物点有28100余处，其中世界文化遗产单位1处，国家级重点文物保护单位96处，省级重点文物保护单位666处，市县级重点文物保护单位3614处。各类文物点分布广泛，全省各个市、县，各个乡、镇都有分布。就96处国家级重点文物保护单位的分布而言，河南省18个地级市和直管市都有，最少的鹤壁市、濮阳市、许昌市也各有1处。虽然各类文物点分布广泛，但是也有相对集中的一面。同样就全国重点文物保护单位的分布而言，有一个重点和一个次重点。重点是沿黄河两岸的6个市，即三门峡市、洛阳市、郑州市、开封市、焦作市和新乡市。这6个市共有全国重点文物保护单位57处，占河南省内全国重点文物保护单位总数的59%。次重点是豫北的安阳市和豫南的南阳市，分布有全国重点文物保护单位7处和8处。如果将这个重点和次重点相加计算，则这8个市共有全国重点文物保护单位72处，占河南省内全国重点文物保护单位总数的75%。

3. *丰富多彩，类型齐全*

被誉为"中国历史天然博物馆"的河南省，历史文化资源类型极为丰富。就有形的来说，有原始文化遗存、遗址类——汝州张湾旧石器遗存、贾湖遗址、仰韶村遗址、大河村遗址等；有古作坊遗址——古荥冶铁遗址、黄冶三彩窑址、清凉寺汝官窑遗址、鹤壁宋代采煤矿井等；有石窟寺、造像类——龙门石窟、小南海石窟、温塘摩崖造像等；有城址类——王城岗及阳城遗址、夏都斟鄩遗址、商都西亳遗址、郑州商城遗址、安阳殷墟遗址、归德府城墙等；有宗教建筑类——中岳庙、白马寺、嘉应观等；有公用建筑类——观星台、开封山陕甘会馆、南阳汉画馆、洛阳古墓博物馆、河南博物院等；有碑碣石刻类——受禅碑、大唐嵩阳观纪圣德感应之颂碑、彭雪枫殉国纪念碑等；有近现代史迹纪念地、纪念馆类——陈玉成就义纪念地、吴佩孚司令部旧址、红旗渠等。就无形的历史文化资源来说，有历史文化名人类——老子、墨子、庄子、李斯、苏秦、贾谊、张衡、许慎、张仲景、吴道子、僧一行、韩愈、杜甫、程颢、程颐、岳飞、朱载堉、吴其濬、吉鸿昌、杨靖宇、焦裕禄等；有民俗民风、民间艺术类——敬神拜祖、说书、唱戏、舞龙、剪纸、雕刻等；有节庆类——太昊陵庙会、郑州少林国际武术节、三门峡国际黄河旅游节、商丘木兰节；等等。就时代而言，有古代的人物、建筑等历史文化资源，也有近现代的人物、建筑等历史文化资源。就历史文化资源的显露而言，有地上的，也有地下的。有关统计表明，河南省的地下文物位居全国第一，地上文物位居全国前列，其中国家重点文物保护单位居全国第二，馆藏文物130万件，约占全国的1/8。至2005年年底，仅河南博物院收藏的文物就超过13万件。

4. 档次高，意义大

中原地区是中华民族祖先活动的中心地区，传说中的伏羲、黄帝等都活动在这一区域，民族崇拜的图腾——龙，也最早出现在中原地区。1987年在濮阳出土的用自然蚌壳摆塑而成的龙，距今6400余年，最大的一条长1.78米，被称为"华夏第一龙"。进入阶级社会，先后有夏、商、西周、东周、东汉、曹魏、西晋、北魏、隋、唐（含武周）、北宋等二十余个朝代定都于河南境内。此外，还有众多的政权在河南境内建立国都，或者建立陪都、行都。众多的朝代和政权在河南境内建立首都，或者建立陪都、行都，使得河南省的历史文化资源档次高，影响大，意义大。这种影响仅从军阀吴佩孚就可见一斑。1920年9月至1924年10月，吴佩孚任直鲁豫巡阅副使、直鲁豫巡阅使，坐镇洛阳，遥控北京政府期间，给洛阳留下的历史文化资源，如吴佩孚司令部旧址、阅兵台旧址等，不仅反映了河南的一些情况，而且反映了全国的一些情况。在河南，1920年11月以洛阳、郑州、开封为中心的陇海铁路工人大罢工取得胜利。这次罢工可以说是中国工人运动第一次大罢工高潮的起点。这期间，就中国共产党来说，召开了第一次、第二次、第三次全国代表大会，领导工人阶级掀起了中国工人运动的第一次高潮，制定了反帝反封的民主革命纲领，决定与国民党建立革命统一战线。就中国国民党来说，也召开了第一次全国代表大会，制定了"联俄、联共、扶助农工"三大政策，成立了黄埔军校。这些重大事件，都与吴佩孚在洛阳企图推行"武力统一"、倡言"保护劳工"、屠杀京汉铁路罢工工人有一定甚至是密切的关系。正是因为河南省的历史文化资源档次高、意义大，龙门石窟才能荣膺世界文化遗产，洛阳、开封、安阳、郑州才会跻身全国8个大古都行列，汉魏洛阳故城、焦裕禄烈士墓等96个单位才会被列为全国重点文物保护单位，二七纪念塔、吴佩孚司令部旧址等666个单位才会被列为河南省重点文物保护单位，洛阳、开封、安阳、南阳、商丘、郑州、浚县等7座城市才会被列入全国历史文化名城。

5. 可观赏性较强

河南省的地上文物数量位居全国前列，其中全国重点文物保护单位高居第一。这些全国重点文物保护单位的绝大部分，都有很强的可观赏性。也正是因为河南的历史文物资源具有较强的可观赏性，至2006年3月，以龙门石窟为依托的龙门石窟风景名胜区、以少林寺为依托的嵩山少林风景名胜区、以龙亭为依托的龙亭风景名胜区、以虢国墓地为依托的三门峡虢国博物馆、以殷墟为依托的安阳殷墟博物苑、以戚城文物为依托的濮阳戚城文物景区等43家风景区被列入国家4A级旅游景区（点），郑州、洛阳、开封、登封、许昌、长葛、新乡等19座城市才会荣膺中国优秀旅游城市称号，洛阳也以巨大优势荣列10个中国最佳魅力城市。

6. 地下文物埋藏量大

有关资料表明，河南省的地下文物数量巨大，雄居全国第一。这些地下文物，可以说都是珍贵的历史文化资源。这些珍贵的历史文化资源，将是发展河南旅游业和带动河南经济发展的强大的后备力量。2000年，洛阳在城市中心发现的"天子驾六"墓葬，已经在原地建设起东周王城博物馆，进行保护、展览。它对洛阳旅游业和经济的发展，起到了积极的促进作用。

二 开发悠久文化资源，助力河南开放型经济发展

在历史文化资源的开发方面，河南省已经取得了不少成绩，这是不容置

疑的。但是，仍然有许多工作要做、可做。今后河南省应该紧密结合自身历史文化资源的特点，进行历史文化资源的系统开发。

1. 开发历史悠久的历史文化资源

河南省应把开发的重点放在历史最为悠久的原始社会之英雄时代和夏、商、周时代，兼顾历史比较悠久的东汉、曹魏、西晋、北魏、隋、唐、北宋等，最忌把开发的重点放在明、清时代，这样就能做到"人无我有，人有我优"。2006年开始，由河南省政协主办的在新郑市举行的"丙戌年黄帝故里拜祖大典"，既是一次全球亿万华人瞩目的拜祖大典，一次56个民族团聚中原的兴邦盛典，一次盛世中国寻根访祖的和谐盛典，也是宣传河南省开发原始社会之英雄时代历史文化资源的一个成功范例。明、清时期距今时间近，当时的河南既不是全国的政治中心，也不是经济中心、文化中心，仅是一个普通的省份而已，况且河南省保留的明、清时代的地面和地下历史文化资源遗存并不突出，在全国没有多少显著的影响。全国历史文化名城、十三朝古都洛阳曾下大力气开发的明、清时期风格的丽景门、西大街之所以反应平平，重要原因当在此。相反，洛阳开发的"天子驾六"墓葬，之所以能轰动全国，就是因为其历史悠久，别处没有。开发类似黄帝故里拜祖大典、郑州商城遗址、"天子驾六"这样的历史悠久的历史文化资源，对于发展河南省的旅游业，对于吸引、团结海内外华夏儿女，发展开放型经济，将会产生巨大的积极作用。

2. 突出重点、次重点地区，同时也要兼顾其他地区，择要开发

如前所述，沿黄河6个市是河南省历史文化资源分布最重要的地区，全国重点文物保护单位占全省总数的59%。这种集中，对于连片开发，规模开发，是极其有利的。因此，河南省应该首先重视开发沿黄河6个市的历史文化资源。从这方面来说，2005年12月通过评审的2006年至2025年《河南省旅游发展总体规划》确定的打造沿黄河文化长廊，形成河南旅游发展脊柱的决策是正确的。安阳、南阳是河南省历史文化资源分布的次重点，因此河南省也应该重视这个次重点地区历史文化资源的开发。从抓住重点和次重点方面来说，《河南省旅游发展总体规划》确定的重点旅游城市为郑州市、洛阳市、开封市、三门峡市、焦作市和安阳市、南阳市的决策也是正确的。只有抓住、抓好了重点、次重点这个纲，纲举目张，才能从整体上抓住、抓好河南省历史文化资源的开发。在强力开发重点、次重点地区的同时，对于其他地区的历史文化资源，也要适当兼顾，择要开发。积极推进文

化大省向文化强省转变,在更大范围内促进省内文化产业的繁荣与升级。

3. 要发挥各类历史文化资源的优势

首先,河南省要在继续发挥以龙门石窟、中岳庙、相国寺等为代表的石窟类、宗教建筑类历史文化资源的优势的同时,进一步发挥原始文化遗存、城址类、古墓类等的历史文化资源优势,尤其要进一步发挥裴李岗遗址、贾湖遗址、仰韶村遗址、大河村遗址、王城岗及阳城遗址、夏都斟鄩遗址、商都西亳遗址、郑州商城遗址、安阳殷墟遗址、汉魏故城遗址、隋唐东都城遗址、北宋东京城遗址、汉梁王墓群、邙山古墓群、后周皇陵、宋陵等的优势。西安秦始皇兵马俑之所以被人称道,主要是因为其年代久,规模大。但就其年代而言,显然没有夏都斟鄩、尸乡沟商城遗址、郑州商城遗址、商汤墓等悠久。河南省如果把相对集中的、位于堰师的夏都斟鄩、尸乡沟商城遗址、商汤墓、伊尹墓等连片开发,不仅年代,而且规模都会大大超过秦始皇兵马俑,其对河南省旅游业和文化产业的发展,将会起到巨大的促进作用。

其次,要进一步发挥无形的历史文化资源的优势,尤其要发挥历史文化名人、民俗民风、节庆类历史文化资源的优势。不仅要进一步加大对河南籍历史文化名人的研究力度,还要加大对长期在河南省境内活动的历史文化名人周公姬旦、司马光等的研究力度,并通过整修故居、建立纪念馆、设立雕像、注册商标等形式,将无形的历史文化资源转变为有形的历史文化资源,为经济建设服务。敬神拜祖是海内外炎黄子孙几千年来相沿不变的民间风俗。河南省是伏羲、女娲、黄帝、炎帝等中华民族祖先的重要活动区域,又是中华姓氏的重要发源地。在现代常用的100个大姓中,有73个姓氏源于河南,其中包括有"陈林半天下,黄郑排满街"之称的海外4个大姓。河南省除了通过建立祠堂,举办小型的寻根拜祖活动外,还要在淮阳太昊陵庙会、新郑炎黄文化节、周公庙会等的基础上,或在淮阳,或在新郑,或在洛阳,定期或继续定期举办"万姓同根""根在河洛"、拜祖大典等项活动,以吸引、团结广大的海内外华人,为经济建设服务,为精神文明建设服务,为实现祖国的统一大业服务,为实现中华民族的伟大复兴服务。郑州少林国际武术节、洛阳牡丹花会、开封菊花花会等已举办多届,在全国乃至全世界都发生了较大影响,但是,河南省还要在内容上进行挖掘、开发,在形式上进行创新,以期在发展旅游,发展经济建设方面,做出更大的贡献。河南省紧密结合历史文化资源优势,强力打造的大型原创舞剧《风中少林》、大型舞蹈诗《河洛风》、大型歌舞剧《清明上河图》、大型情景交响音乐《木兰诗篇》,已经对河南省文化产业的发展产生了积极影响，产生了巨大的经济效益和社会效益。《风中少林》凭着少林禅宗文化和少林武术等诸多中原文化内涵，在海内外市场引起关注，2005年与美国蓝马克公司签订了合同，将在美国巡演两年。

最后，河南省要在继续发挥古代历史文化资源优势的同时，进一步发挥近现代历史文化资源优势，尤其要进一步发挥反映中国共产党领导下的革命斗争和建设成就方面的历史文化资源优势。在这方面，鄂豫皖革命根据地旧址、红二十五军长征出发地、中共中央中原局旧址、第十八集团军驻洛办事处旧址、红旗渠、新乡小冀镇、临颍南街村、中国一拖、郑州北编组站、新飞电器等，将会产生巨大的示范、带动作用。

4. 彰显河南省历史文化资源档次高、意义大的特点

世界文化遗产、世界自然与文化遗产、全国重点文物保护单位，是最重要的历史文化资源，往往又是文化旅游和旅游的好去处。世界文化遗产龙门石窟，成了河南省旅游业最亮的名片，每天都吸引着大量的国内外游客。河南省要在龙门石窟申报世界文化遗产成功的经验基础上，继续精选若干项目，如夏都斟鄩遗址、尸乡沟商城遗址、郑州商城遗址、安阳殷墟遗址、观星台、邙山陵墓群、洛阳汉魏故城遗址、灵台、汉梁王墓群、嵩山少林寺、北宋东京城遗址、宋陵、钧窑遗址、清凉寺汝官窑遗址，或单个，或捆绑，如夏都斟鄩遗址和尸乡沟商城遗址捆绑，观星台和灵台捆绑，邙山陵墓群和宋陵捆绑，钧窑遗址和清凉寺汝官窑遗址捆绑，申报世界文化遗产、世界文化与自然遗产。河南省也要积极地有重点地整理、开发非物质的、口头的历史文化资源，如少林武术、朱仙镇木版年画、梁山伯与祝英台传说、平乐正骨，以申报世界非物质、口头文化遗产。河南省还要继续重视申报第七批，乃至第八批、第九批全国重点文物保护单位，并积极申报中国历史文化名镇、名村。2003年11月，建设部和国家文物局公布了中国首批历史文化名镇、名村，10个镇、12村榜上有名，却没有一个在历史文化资源极其丰富的河南省境内。2005年11月，建设部和国家文物局又公布了中国第二批历史文化名镇、名村，34个镇、24个村榜上有名，河南省仅以禹州市神垕镇、淅川县荆紫关镇和郏县堂街镇临沣寨上榜。河南省要继续对照中国历史文化名镇、名村标准，精选若干单位，创造条件，进行申报。

5. 加大地下历史文化资源开发力度

河南省的地下历史文化资源数量，高居全国第一。河南省要积极结合工

农业基本建设等,加大地下历史文化资源的开发力度,这对进一步丰富、壮大河南省的旅游资源,发展文化产业,将起到重要作用。在开发地域的选择上,最好选择历史文化资源分布的重点区和次重点区,以便把它和已经开发的历史文化资源迅速融合在一起,不致出现孤立、零碎现象。在开发对象的选择上,要尽可能选择历史悠久的,并且档次高的,可观赏性又强的。选择历史悠久的,就是要选择历史最为悠久的原始社会之英雄时代和夏、商、周时代,选择历史比较悠久的东汉、曹魏、西晋、北魏、隋、唐、北宋等,尽量不要选择明、清时代的。选择档次高的,就是要选择在全国,乃至全世界都有重大影响的;选择观赏性强的,就是要选择不仅能吸引学者、研究者的,还要选择能吸引普通游客的。在这方面,河南省已经开发的安阳殷墟遗址、《风中少林》、清明上河园等,都是成功的范例。①

第五节 丰裕的人力资源优势

河南省是中国第一人口大省。2013 年底总人口为 10601 万人,居全国第三位;其中居住在乡村的人口 5958 万人,居住在城镇的人口 4643 万人,城镇化率为 43.8%。在当前经济高速成长、社会全面转型和中部崛起、中原城市群建设宏观背景下,如何充分发挥和利用河南省丰富的人力资源优势,促进人口、环境和社会经济的协调发展,助力河南开放型经济发展是一个战略问题。

一 河南省人力资源现状

1. 河南省人口数量增长状况

截至 2013 年年底,河南省总人口为 10601 万人,占全国总人口的 7.79%,比上年末增加 58 万人。与 1957 年相比,56 年间总人口增加了 5761 万人。在 20 世纪 60 年代至 80 年代初期,由于战后经济的复苏和医疗卫生条件的改善以及鼓励性人口政策的影响,河南省人口总量在此时期迅速增长。根据 1981 年全国第三次人口普查,河南省人口已到达了 7442 万人。此后,由于人口政策的转变,计划生育政策的开始实施,人口总量上升的势头得以控制,增速逐渐放缓,如图 4-4 所示。

---

① 王治涛:《试论河南省历史文化资源的优势与开发》,《许昌学院学报》2006 年第 4 期。

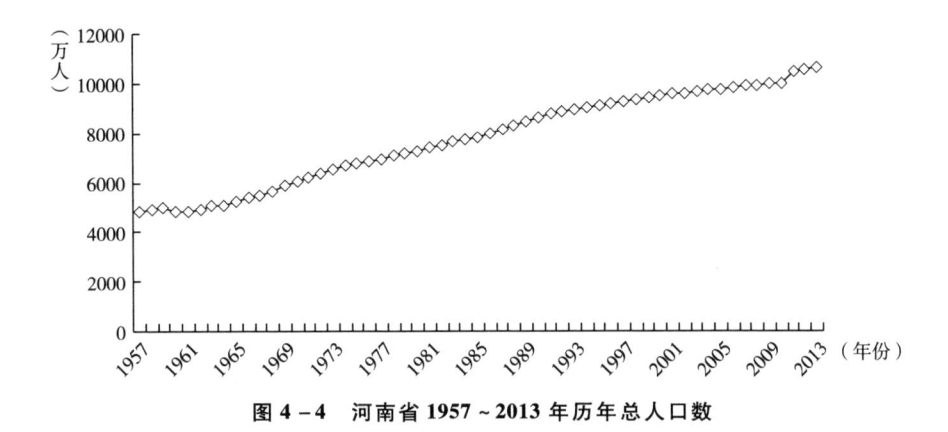

图 4-4　河南省 1957~2013 年历年总人口数

2. 河南省人口质量发展现状

第一，河南省人口身体质量发展现状。

人口身体质量是指组成人体的各个部分和构成人体的各种功能器官与系统的发育成长状况，是人口质量发展的自然基础和条件。平均预期寿命是指已经活到一定岁数的人平均还能再活的年数。在不特别指明岁数的情况下，平均预期寿命就是指 0 岁人口的平均预期寿命。它是度量人口健康状况的重要指标，常用来反映人口身体质量的高低，也是人类发展指数的重要指标之一。由表 4-2 可知，2010 年河南省平均预期寿命为 74.57 岁，其中男性为 71.84 岁，女性为 77.59 岁，与 1990 年相比，20 年间平均预期寿命增加了 4.42 岁，男性平均预期寿命增加了 3.88 岁，女性平均预期寿命增加了 5.04 岁，女性平均寿命增加的幅度大于男性增加的幅度。总体来看，20 世纪 90 年代以来，河南省平均预期寿命呈现出递增的趋势，而且女性平均预期寿命高于男性。与全国平均预期寿命相比，1990 年和 2000 年，河南省平均预期寿命，以及分性别平均预期寿命均高于全国水平。2010 年，河南省女性平均预期寿命高于全国 0.22 岁外，男性预期寿命低于全国 1.44 岁。

表 4-2　河南省平均预期寿命

单位：岁

	1990 年			2000 年			2010 年		
	合计	男	女	合计	男	女	合计	男	女
河南	70.15	67.96	72.55	71.54	69.67	73.41	74.57	71.84	77.59
全国	68.55	66.84	70.47	71.40	69.63	73.33	74.83	73.28	77.37

数据来源：《中国人口和就业统计年鉴 2012》。

第二，河南省人口文化质量发展现状。

文化素质是人口质量的另一个重要方面。改革开放以来，河南省人口文化素质的变化惊人，特别是反映人口文化质量的15岁及以上人口的文盲率，下降得非常迅速。如图4-5所示，2005年河南省文盲人口占15岁及以上人口的比重为9.79%，随着义务教育的进一步推广，文盲人口占15岁及以上人口的比重不断下降，2013年，河南省文盲总数人口降为399.15万人，占15岁及以上人口的5.4%，这一比重与2005年相比下降了4.43个百分点。

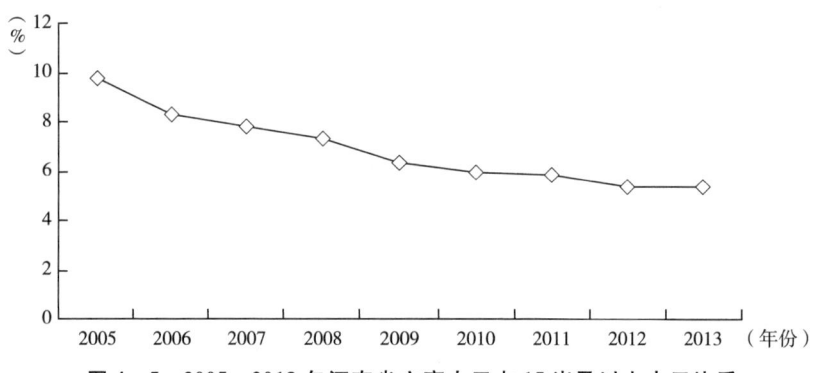

图4-5 2005~2013年河南省文盲人口占15岁及以上人口比重

随着九年义务教育制度的确立和推广，河南省的文盲人口数量不断减少，文盲人口占15岁及以上人口比重不断下降，人口文化素质不断提升，基础教育的普及范围不断扩大。在高等教育方面，由表4-3可知，2010年，河南省每10万人中大专及以上学历人口有6398人，与1964年全国第一次人口普查相比，这一数据增长了30多倍。从2000年到2010年的10年间，河南省常住人口共增加146.6万人，文化水平在大专及以上的人口就增加了354.1万人，河南省居民高等文化素质普及的速度远远高于人口增长的速度。每十万人中大专及以上学历人口的数量迅速上升，反映出了河南省在高等教育方面的巨大成就，河南省人口文化质量不断提高。

表4-3 六次人口普查河南省每十万人中大专及以上学历人口

单位：万人，人

年份	大专及以上人口	每十万人中大专及以上学历人口
1964	9.3	180
1982	24.5	330

续表

年份	大专及以上人口	每十万人中大专及以上学历人口
1990	72.6	850
2000	247.5	2674
2010	601.6	6398

资料来源：大专及以上人口来自第六次人口普查数据；每十万人中大专及以上学历人口来自相关年份中国统计年鉴

3. 河南省人口结构发展现状

人口结构是依据人口所具有的各种不同的特征，把一个国家或地区的总人口划分成各组成部分所占的比重及其相互关系。人口结构是人口存在和运动的形式，是人口政策分类的基础，是人口不断变迁而在一定时间内的静态表现。

第一，河南省人口年龄结构发展现状。

人口年龄结构是一定时点、一定地区各年龄组人口在总人口中的比重。在河南省人口自然变动的同时，河南省的人口年龄结构也随之发生了转变（见表4-4）。

表4-4　河南省人口年龄结构变化表

年份	0~14岁 人数（万人）	0~14岁 比重（%）	15~64岁 人数（万人）	15~64岁 比重（%）	65岁及以上 人数（万人）	65岁及以上 比重（%）	老少比（%）	少儿抚养比（%）	老年抚养比（%）	总抚养比（%）
2003	2401	25.94	6211	67.1	644	6.96	26.82	38.66	10.37	49.03
2004	2063	21.23	6935	71.37	719	7.4	34.85	29.75	10.37	40.12
2005	2065	21.14	6899	70.63	804	8.23	38.93	29.93	11.65	41.59
2006	1985	20.46	6990	71.48	791	8.06	39.86	28.40	11.32	39.71
2007	2011	20.37	7110	72.05	747	7.58	37.15	28.28	10.51	38.79
2008	1973	19.89	7171	72.31	774	7.8	39.23	27.51	10.79	38.31
2009	1919	19.25	7166	71.9	882	8.85	45.96	26.78	12.31	39.09
2010	1975	21	6644	70.64	786	8.36	39.80	29.73	11.83	41.56
2011	1985	21.14	6595	70.25	808	8.61	40.71	30.10	12.25	42.35
2012	1989	21.2	6587	70.0	830	8.8	41.71	30.19	12.60	42.79
2013	1988	21.12	6572	69.8	853	9.1	42.91	30.25	12.98	43.23

数据来源：《河南统计年鉴（2004~2014）》。

从表4-4可以看出，随着计划生育工作的开展，2003年，全省0到14岁少年儿童比例为25.94%，65岁及以上老年人口占总人口的比重为6.96%，老少比为26.82%。0~14岁人口比重先下降后上升。2004~2009年，河南省0~14岁人口比重呈现逐年下降趋势，2004年至2009年，比重分别为21.23%、21.14%、20.46%、20.37%、19.89%和19.25%。从表格中我们也可以看到，2010~2012年，河南省0~14岁人口比重反而上涨，笔者认为，是由于河南省开放程度不断加深，居民视野逐渐由省内转向省外，外出务工人员增加，甚至很多青壮年劳动人员开始向省外迁移，再加上每年河南省在省外读书的学生的迁出，导致了河南省0~14岁人口比重上升的局面。从表中我们还可以看出，老年人口无论从数量还是比例上，都呈现出数量上升，比重增大的趋势，2013年，河南省65岁及以上老年人口高达853万人，比重达到9.1%，是近几年来老年人口比例最高的一年。相比之下，河南省劳动年龄人口增加却没有那么明显。劳动人口在2008年达到最多，为7171万人，比例为72.31%，也是历年中最高。也就是说，从2003年至2008年，河南省劳动年龄人口缓慢增加，比重由2003年的67.1%上升到2008年的72.31%，2008年以后，劳动年龄人口却又逐年下降，到2013年为69.8%。从抚养比看，老年人口抚养比总体呈上升趋势，总抚养比率总体波动不大。

2013年，河南省劳动适龄人口最多的是南阳市，占南阳市常住人口的68.3%。依据老龄社会65岁及以上人口7%的标准，河南省各市均处于老龄化社会，人口老龄化最严重的驻马店市，65岁及以上人口比重占到了11.2%（见表4-5）。

表4-5 2013年年底河南省各市常住人口年龄结构

单位：万人，%

	0~14岁	占总人口比重	15~64岁	占总人口比重	65岁及以上	占总人口比重
全 省	1988	21.1	6572	69.8	853	9.1
郑 州 市	167	18.2	671	73.0	81	8.8
开 封 市	100	21.6	320	68.9	44	9.5
洛 阳 市	126	19.1	476	71.9	60	9.1
平顶山市	101	20.4	346	69.7	49	9.9

续表

	0~14岁	占总人口比重	15~64岁	占总人口比重	65岁及以上	占总人口比重
安阳市	113	22.2	348	68.3	48	9.5
鹤壁市	34	21.3	115	71.6	11	7.1
新乡市	120	21.1	396	69.8	52	9.2
焦作市	63	18.0	259	73.8	29	8.2
濮阳市	77	21.5	249	69.5	32	9.0
许昌市	86	20.1	300	69.8	43	10.1
漯河市	44	17.2	185	72.0	28	10.8
三门峡市	34	15.1	168	75.0	22	9.9
南阳市	224	22.2	689	68.3	96	9.5
商丘市	143	19.6	510	70.0	76	10.4
信阳市	132	20.8	438	68.8	67	10.5
周口市	178	20.3	611	69.6	89	10.1
驻马店市	149	21.6	464	67.3	77	11.2
济源市	13	17.7	53	74.7	5	7.6

数据来源：《河南统计年鉴2014》。

第二，河南省人口性别结构发展现状。

人口的性别结构是指一定时点、一定地区男女两性在总人口中的比重，分为男性比（同一年龄组内每100名女性所对应的男性数）和女性比（同一年龄组内每100名男性所对应的女性数）两种。人口性别结构的测量方法主要有两个，一是总人口性别比，二是出生婴儿性别比（0岁人口男女比例）。联合国规定使用男性比作为测量性别比的方法，性别比值在102~107的范围内被认为是正常值，超出这一值域则被认为存在性别结构比失衡。由于人口的流动，总人口性别比一般均在正常值范围内，且城市总人口性别比大于农村总人口性别比，这是因为城市吸引了较多的男性劳动力。相比于总人口性别比，出生婴儿性别比更能反映人口性别结构所折射的社会问题。

1981年，第三次人口普查首次公布了全国出生婴儿性别比为108.47，业已超出正常范围。此后，出生婴儿性别比连续上升。2010年第六次全国人口普查显示,河南省出生婴儿性别比值到达了127.64,远远超出正常值,且高于全国出生婴儿性别比;与第五次人口普查相比,上升8.18个百分点,出生婴儿性别比进一步失衡。2010年,河南省出生婴儿性别比在中部六省中排名第二,仅次于安徽。一般情况下,经济越不发达的地区,男性偏好越为严重,在计划生育政策的挤压下,出生婴儿性别比也就水涨船高。持续的出生婴儿性别比的失衡,会导致一部分男性人口在适婚年龄找不到对象,这势必会影响到社会秩序和家庭生活,制约人口的可持续发展,不利于和谐社会的建立。

第三,河南省人口城乡结构发展现状。

人口城乡结构是根据人口居住地点行政类别划分的人口结构。人口城乡结构是社会经济发展的产物,随着人口城市化发展进程的变化而变化。居住在城镇的人口占常住人口总数的比重,是衡量地区发展程度的重要指标。如表4-6所示,随着经济社会的发展,河南省城镇人口数不断增加,2013年,河南省居住在城镇的人口有4643万人,占河南省常住人口总数的43.8%,与2005年相比增长了1649万人,比重上升了13.1个百分点;居住在乡村的人口有5958万人,占河南省常住人口总数的56.2%,比上年减少了112万人,比重下降了1.4个百分点。河南省城镇人口比重不断上升,乡村人口比重不断下降,反映出河南省城镇化进程的不断加深和经济的不断发展的形势。

表4-6 2005~2013年河南省城乡人口数

单位:万人,%

年份	城镇人口	城镇人口比重	乡村人口	乡村人口比重
2005	2994	30.7	6774	69.3
2006	3189	32.5	6631	67.5
2007	3389	34.3	6480	65.7
2008	3573	36.0	6345	64.0
2009	3758	37.7	6209	62.3
2010	4052	38.8	6385	61.2
2011	4255	40.6	6234	59.4
2012	4473	42.4	6070	57.6
2013	4643	43.8	5958	56.2

数据来源:《河南统计年鉴2014》。

二 提升人力资源优势，助力河南开放型经济发展

河南是全国第一人口大省，人口素质低就是沉重的人口负担，素质高就是巨大的人力资源优势。加快人力资源开发，是把河南巨大的人口压力转换为人力资源优势的根本途径。作为极具中国特色的典型地区，优先开发和利用人力资源，应成为河南的一项长期基本战略。

1. 实施人力资源优先的发展战略

第一，牢固树立人力资源是第一资源的概念。

现代经济增长条件中，人力资本是决定因素，其作用越来越显著。由于有了人力资本的各种创新，才有了生产效率的提高。迄今为止，人类社会经济发展经历了自然经济、农业经济、工业经济、知识经济四个阶段，自然经济中自然条件是第一资源，农业经济中土地是第一资源，工业经济中技术资本是第一资源，在知识经济时代，人力资源成为第一资源。不同国家和地区发展的实践经验告诉我们，众多的社会经济资源发展中，人力资源具有优先战略地位。历史上美国追赶英国、日本追赶美国、韩国追赶西欧几国，实施的都是人力资源优先开发战略。河南人均自然资源的相对贫乏决定着必须走集约型、资源节约型可持续发展的道路。然而，能否实现可持续发展，既取决于人力资源、自然资源和物质资源的相互协调与利用，又取决于人力资源、自然资源与物质资源本身的可持续发展状况。在这三大资源中，人力资源处在主导性与决定性的地位。人力资源恰恰是河南在全国乃至全世界上都具有比较优势的资源。因此，不论从国外经验看，还是从当前河南发展的实际看，河南必须树立人力资源是第一资源的观念，走优先开发人力资源的道路，通过对人力资源的开发和利用来发展开放型经济、转换经济增长模式，实现可持续发展。

第二，确立以人力资本为依托的经济发展模式。

经济要能做到可持续发展，关键是人力资本的积累，即人力资源素质的提高。未来的经济竞争，将是科技的竞争，归根到底是人力资源的竞争。人力资源开发是转变经济增长方式的重要一环。对于人口众多，素质不高，各种资源约束紧的河南来说，改变依靠资金、物质要素投入的传统经济发展模式，走依靠科技进步和人力资源提升的新型发展道路，是立足省情，科学发展的必然选择。

作为农业大省和人口大省，河南省物力资源短缺，技术水平落后，因此

必须走以人力资本为依托的经济发展模式,通过人力资源开发,提高劳动者素质,推动经济又好又快发展。作为农业大省,在制定和实施人力资源开发规划时,要特别注重农村人力资源的开发利用,提高农村劳动力竞争力。为此,可以从以下三个方面入手。

一是加大农业富余劳动力转移力度。要把促进农业富余劳动转移作为帮助农民增收、促进新农村建设的重要手段,通过完善政策、健全就业服务网络、加强就业信息服务和劳务品牌建设、维护务工人员合法权益等多种措施,积极推动农业富余劳动力转移就业,力争每年新增转移就业150万人,用5年的时间使转移就业总人数达到240万人,占全部农业富余劳动力的比重达到80%以上。①

二是加强农业富余劳动力的培训。要完善和落实农民工培训补贴政策,调动社会各方面的力量,加强农民工职业技能培训和高危行业全员安全培训,不断提高农民工的技能水平。培训要面向两个方面:一方面要针对城镇劳动力市场需求,开展职业技能培训,提高他们在城镇劳动力市场的就业竞争力,通过务工获得更高的收入。另一方面要对农业科学技术推广和农业产业化经营开展相应的培训,提升农民在当地开展种养殖和对农产品深加工的能力,服务当地经济发展。

三是加快推进统筹城乡就业。推进城乡统筹发展是党的十七大的重要精神,统筹城乡就业是统筹城乡发展的重要部分。要加强农民工就业服务,城市公共职业介绍机构要向农民工全面开放,开设农民工就业服务窗口,免费提供政策咨询、就业信息、就业指导和职业介绍,加快建立城乡统一的公共就业服务体系,彻底清理和取消各种针对农民工进城就业的歧视性规定和不合理限制,促进城乡劳动者平等就业。

第三,增加人力资本投入。

开发人力资源离不开资金的投入,美国未来学家约翰·奈斯特比说过,在新的经济条件下,谁在人力资源开发方面投资多,谁的竞争能力就强。诺贝尔奖获得者、著名经济学家舒尔茨在他的一份研究报告中指出:不同文化程度的人,在智力劳动方面的能力比例是大学:中学:小学 = 25:7:1,联合国一份研究报告也说,不同文化水平的人,其提高劳动生产率的能力为:

---

① 陈周钦:《人力资源管理在增强城市竞争力方面的路径探索》,《中国人力资源开发》2004年第11期。

小学43%、中学108%、大学300%。这些研究材料都说明劳动者科学文化素质越高,劳动生产能力就越大。而河南实现经济增长方式转变较全国更为艰难的主要原因之一,在于经济欠发达,人力资源虽数量庞大,但素质差,文盲、半文盲占总人口的比重较大。因此,与全国相比较而言,河南对于大力增加教育经费投入,加大人力资本投资的需求更加紧迫。

2. 大力发展教育,提高人力资源素质

第一,促进义务教育均衡发展,提高全民基本素质。

基础教育是为经济发展和社会进步提供人才、智力和知识支持的基础,是增强区域人力资源综合竞争力的重要因素,是实现人的全面发展的重要途径。近几年来,河南省基础教育发展迅速,但要进一步巩固成绩,发挥优势,还需要我们着力促进基础教育尤其是区域内义务教育均衡发展,进一步提升农村义务教育的保障水平。要把义务教育作为人力资本提升的基础性工作。普及和巩固九年义务教育,提高义务教育阶段的入学率和完成率,扩大受教育人口规模,增加人均受教育年限。强化政府对义务教育的保障责任,推进义务教育均衡发展和公平发展,保障每一所学校都能成为合格的学校,保障每一个家庭的子女都能接受义务教育。要大力推进素质教育,特别是要高度重视中小学生的养成教育和创新教育。

第二,大力发展职业教育,提高劳动者就业竞争力。

今后一个时期,河南要把培养技能型人才作为人力资本提升的突出重点。要以就业为导向,紧密联系经济社会发展的实际,调整职业教育结构,培养面向生产、建设、管理、服务一线需要的高技能人才,使职业教育更好地适应社会及劳动力市场变化的需求。要大力开展职业教育和培训,积极推进机制体制创新,大力促进职业教育集团化、规模化、连锁化办学。落实鼓励民办学校发展的相关优惠政策,支持、引导民间资本和国际资本参与职业教育与培训。要认真贯彻国务院《关于大力发展职业教育的决定》精神,坚持以就业为导向,以培养高素质劳动者为目标,大力加强职业培训工作,推动劳动者就业能力和技能素质全面提高。

第三,改革高等教育,构筑人力资源的核心竞争力。

一个地区高等教育对人力资源开发的作用,不仅取决于高校的数量和规模,更取决于地方高等教育体系的合理性,即各高校的定位是否准确,专业设置是否适应区域经济社会发展需要,办学理念和教学手段是否符合学生终生的可持续发展需要,校际间的相互配合是否协调有力,高校的科技创新能力及现实转化能力等。因此,要把提升高等教育质量作为人力资本提升的重大战略。围绕实现高等教育从"量"的扩张到"质"的提升,优化高等教育结构,努力增强特色优势;深化教育教学改革,努力创新人才培养模式;推进教育与科技经济紧密结合,努力提升高校自主创新能力;加强教育对外交流合作,努力增强区域教育竞争能力。

第四,加强社会培训和终身教育,构建学习型社会。

要大力提倡终身学习的观念,努力培养社会劳动者终身学习的能力和习惯,使他们的学习终身化。要利用现代网络技术,大力发展远程教育和继续教育,使教育进入企业和社区,使社会各个组成"细胞"——各种组织都建成"学习型组织"。让人们的学习从单纯的求知变为一种生活方式,让教育与学习贯穿于社会的任何领域、任何时候和任何过程之中,从而把河南省构建成全体公民热爱学习、终身学习的学习型社会。

3. 培育提升人力资源竞争力的制度环境

第一,完善人力资源开发的政策支持体系。

政府应当利用好企业和劳动者进行人力资源开发的原动力,制定鼓励人力资源开发的政策和制度,形成支持人力资源开发的导向。利用政策优惠引导企业和劳动者按照区域人力资源开发规划积极开展人力资源开发活动,让企业和劳动者在此开发过程中都能得到扶持,降低人力资源开发成本。比如允许企业职工教育经费在税前提取,调动企业人力资源开发积极性;政府支付适当的培训补贴,支持劳动者个人提升职业素质;进一步完善引进人才的各项优惠政策,为河南快速发展提供外部智力支持等。

第二,建立人力资源评价和激励机制。

政府应当健全职业标准和职业技能分级体系,完善技能考核评价机制,形成职业技能等级、职业技能考核鉴定、职业技能证书三位一体的考核评价认证制度。引导用人单位坚持正确的用人导向,根据发展战略目标制定绩效评估与激励办法,形成岗位分类、技能等级、工资标准相一致的人力资源使用和激励机制。创新用人机制,打破铁饭碗和论资排辈的传统模式,建立能者上、庸者下,各类人才脱颖而出的人才使用机制。通过公平合理且有效的激励系统,加快人力资源向人力资本的转变,来增强区域人力资源的竞争力,达到区域持续发展的目的。

第三,健全人力资源市场配置机制。

各级政府应当着力打破人力资源市场在行业、城乡和地区上的垄断分割,破除各种流动障碍,促进人力资源的公平、有序流动。当务之急是取消人才市场和劳动力市场的分割,所有劳动者不能因为工作岗位的不同而限定于不同的市场,要尽快形成统一的人力资源市场。这既是经济体制改革的需要,也是《就业促进法》明确的各级政府的责任。同时,要加快推进城乡一体化进程,大力发展农村人力资源市场,逐步实现与城市人力资源市场联网,建成城乡互通互联、信任、共享的人力资源市场,促进城乡人力资源自由平等流动。

第四,进一步深化社会制度改革。

首先,要打破区域分割,建立区域间社会保障关系衔接制度,明确不同区域间社会保险关系接续办法,最终实现全国社会保险关系的无缝衔接。其次要建立城乡一体化的社会保障制度。河南省郑州、济源等市已经建立全民养老保险制度,凡辖区内的城乡居民都可以平等地参加养老保险,使两市481万人纳入了保障范围。要尽快在河南省实行全民养老保险制度,尽早实现养老保险城乡一体化。医疗保障方面,河南全省已经建立城镇居民医疗保险制度,全省城镇1900万人纳入了保障范围。虽然农村还在实行新型合作医疗保险制度,并没有实现城乡医疗保障一体化,但毕竟是向这个目标迈出的一大步。下一阶段,要加强调研论证,在城镇居民医疗保险制度的基础上,吸收农民新型合作医疗制度的成功经验,设计医疗保险城乡一体化制度。先进行试点,待取得成功经验后在全省推广。总之,要通过改革和完善相关制度,为人力资源开发创造良好的制度环境。①

---

① 韩喜明:《河南省人力资源竞争力评价分析及对策》,硕士学位论文,复旦大学,2008。

第五章
河南对外开放的新体制建构

在全球经济化的浪潮下，中国各个地区为了适应这种形势，制定出了国际经济新的合作竞争方式，同时也提出了对外开放新的体制要求。河南地处中国中原的中心地带，其对外开放的扩大具有重要意义，加快推动河南对外开放新体制的实施，顺应中国对外开放的经济趋势，可以使河南在对外开放环境变化情况下有效应对。河南在对外开放新体制的制定中提出了对外开放环境国际化、对外开放原则法制化和对外开放措施便利化的方针，体现出河南在对外开放新体制下积极响应国家提出的对外开放理念。

第一节　河南对外开放环境国际化

在"十二五""十三五"时期，河南对外开放工作面临新的机遇和挑战，随着全球化的发展，国内外的经济形势的新的变化不断地弱化着传统对外开放的优势，要想实现对外开放的优化，必须从对外开放的环境入手，来确立河南对外开放环境的优势。改革开放以来，河南在对外开放方面取得了一定的成绩，但不论是在对外开放的广度还是对外开放的深度以及开放型经济的水平上与东部沿海地区相比还有较大的差距，无法完全满足实现河南省经济社会快速发展的现实性需要，由此可见，河南需要进一步扩大对外开放，提高开放型经济水平，重点在于优化对外开放环境，让河南的对外开放环境国际化。

一　河南对外开放环境国际化的必要性

近年来，河南对外开放程度不断提高，河南是人口大省，也是中西部地区经济总量最大的省份，河南不仅是农业大省还拥有着许许多多的加工业、制造业和原材料工业，加上铁路和区位优势，虽然不沿海、不沿江、不沿边，完全在内陆，但是，亚欧大陆桥和郑州航空港把河南推向了中国新的历史条件下对外开放的新前沿。亚欧大陆经济带和"一带一路"经济带的发展，将有力地推动河南的对外开放发展，甚至会给河南带来一些比沿海省份更有优势的合作项目。所以，河南需要在全球对外经济形势不断变化且传统的对外开放优势不明显或不断弱化的情形下，不断地提升开放水平进而提高开放型经济水平，这就必须从开放型经济是环境经济的本质出发，以优化对外开放环境为抓手，才可能实现对外开放环境优化、对外开放新优势培育与对外开放发展三者之间的良性递进。①

1. 河南对外开放环境国际化是适应全球经济格局变化的必然要求

2008年的金融危机席卷全球，各国的经济都进入了调整时期，在不同的国内政治环境下，各国的分化调整更是出现了明显的特征。众多发达国家为摆脱经济危机开始实施宽松的货币和财政政策，但缺乏实质性的结构性改革，经济恢复缓慢。金融危机之后，中国对于引进外国资金、技术和管理经验有所重视，积极推进"走出去"战略，对外开放进入了"引进来"和"走出去"协调发展的新阶段。2015年，中国对外非金融类直接投资1180.2亿美元，刷新了中国对外非金融类直接投资的历史纪录，同比增长14.7%，与中国吸引外资1262.7亿美元相差82.5亿美元，双向投资基本接近平衡。由此可见，中国不再是处于吸引外资强于对外投资，而是对外投资将在不久之后超过吸引外资，成为资本净输出的国家。在"引进来"和"走出去"协调发展的对外开放战略下，更要加快"一带一路"的建设，在国际产能、能源安全、装备制造等合作下，建立"一带一路"沿线的自由贸易区及经济带，这都要求对外开放新体制的创新和完善且需要更大的开放程度，在开放中实现中国与"一带一路"沿线国家的共同发展。

随着经济全球化的发展，中国加大了与世界各国的合作，在所有的发展中国家中，中国的经济发展始终保持着中高速增长，占据着世界大国的地

---

① 宋红军：《河南省优化对外开放环境的着力点及对策研究》，《中州大学学报》2015年第10期。

位,是全球经济发展的重要力量。河南作为中国中部大省需要在其经济基础上为中国的经济发展做出一份贡献。河南要想与世界经济发生联系,需要其对外开放环境国际化,更加需要在国际竞争中赢得主动,在保持传统的竞争优势基础上,加快形成对外开放新体制,增强开放新体制的同时扩大竞争优势,使得对外开放环境国际化适应全球经济格局变化。

2. 河南对外开放环境国际化是弥补战略"短板"的需要

河南处于不临江不靠海的内陆地区,处于中国腹地,在地理位置上不具有对外开放的区位优势。从全国各省份的经济发展水平来看,河南省在2015年的人均生产总值为39222.39元,比全国平均水平要低,另外,工业增加值16100.92亿元,虽比去年增长了8.0%,但与沿海各地区的差距还是很大。相对落后的经济发展水平与所处的不利位置,造成了跨国公司在中国进行直接投资的首选之地并不是河南。2015年河南省在利用外商直接投资上的数额是160.86亿美元,占全国实际利用外商投资额1262.7亿美元的12.7%。因此,只有通过不断优化河南对外开放环境,让河南对外开放环境国际化,创造出更加适宜外商直接投资的经营环境,以更加优越的环境国际化优势来弥补相对落后的经济状况和区位劣势的不利条件,才可能进一步增强河南省对外资的吸引力,吸引东部沿海及更多的外商产业更多地落脚河南,以及更多的跨国公司在河南省投资建厂。[①]

进入"十三五"发展时期后回顾"十二五"以来河南在产业转移方面坚持对外开放的政策,在提高开放型经济规模的同时,不断地拓宽经济合作领域,搭建完善的开放平台,稳步地提升自身在对外环境中的作用。河南虽然没有进入对外开放的历史最好时期,但在全面分析新常态下开放发展面临新形势的基础上,积极推行创新、协调、绿色、开放、共享的五大发展理念,以"引进来"和"走出去"为基本战略融入国家的"一带一路"战略中,从而发展更高层次的开放型经济。因此,河南对外开放环境国际化是提升河南经济发展的重要条件,河南对外开放环境国际化是弥补战略"短板"的需要。

3. 对外开放环境国际化是河南成为内陆对外开放高地的需要

随着中国经济的中高速增长,国内劳动力工资及其他生产要素的价格出现了不断攀升的趋势,在这种情况下招用工人难和工人工资要价高成为普遍

---

① 梁琦:《跨国公司海外投资与产业集聚》,《世界经济》2003年第9期。

现象,与此同时,河南省内环境污染也到了极其严重的程度。① 受全国整体形势的影响,作为人口大省兼农业大省的河南省同样面临着这种状况。2015年,河南省在非私营单位工作的人员年平均工资为 45403 元,与去年同期工资相比增长 7.6%,扣除了物价因素后,实际增长了 6.2%;在城镇私营单位工作的人员年平均工资为 30546 元,与去年同期相比增长 11.4%,扣除了物价因素后,实际增长 10.0%。从该数据中能看出,河南省城镇私营和非私营单位就业人员的工资扣除物价因素后都实现了增长,而依靠传统的低劳动成本和低要素价格来实现企业规模扩张的粗放经营方式已经难以生存。

过去,河南利用区位和资源的优势、经济实力的提升、国际国内产业转移的大趋势、政府部门的强力推进,来支撑传统的招商引资,注重提升招商引资水平,优化利用外资结构,打造内陆开放高地,更加注重优化投资环境。但随着对外开放的发展,对外开放环境国际化是河南成为内陆对外开放高地的需要。因此,采取适当措施实现对外开放环境的优化,以环境优势取代成本优势和政策优势,成为进一步扩大对外开放的必然选择。党的十八大以后,各省市对提高开放型经济水平越来越重视,一系列区域经济发展战略上升为国家战略,在此背景下,能否培育出对外开放的环境优势,能否在激烈的对外开放竞争中脱颖而出,能否保持住现有的对外开放竞争优势是河南能否建设成为内陆对外开放高地的关键。②

4. 河南对外开放环境国际化是扩大河南对外贸易的需要

河南地处中国的内陆,与沿海东部地区相比运输成本不具有优势,为融入全球经济中,河南构筑对外贸易平台,提高对外开放程度是其发展的必然路径。河南对外贸易从 2003 年中国加入 WTO 后处于发展状态,近几年来更是保持了强劲的发展趋势,贸易进出口总额也创下了历史新高。但河南的对外贸易在其经济发展中处于劣势,在全国的进出口总额中仅占 0.6%,对全省的经济增长的贡献率也很低,可见扩大河南对外贸易是河南对外开放的重要环节。河南在其进出口商品、经营主体、贸易方式、贸易市场的结构不断有变化的情况下,需要生产规模上的扩大。商品结构实现了由初级产品向工

---

① 《对外开放成河南主战略》,《国际商报》,http://news.hexun.com/2016-08-24/185691485.html。
② 宋慧琳、宋瑞:《我国区域对外开放环境有效性的评价与分析》,《对外经济贸易大学学报》2010 年第 1 期。

业制成品转换，外贸体制从相对单一化向贸易多元化转变，在扩大对外贸易范围的同时，在全球范围内开拓新的市场，另外在贸易走向中还包含了加工贸易和对外承包工程，这在促进了河南省对外贸易的发展的同时也为百姓提供了一些工作岗位。

在"十二五"期间，河南省很大程度上依赖于粗放型的投入方式实现对外贸易的发展，如依赖于廉价的劳动力而忽略效率问题、依赖于土地而忽视土地利用率问题、依赖于资金而忽视资金周转率问题等。这都体现出了河南在对外贸易中核心竞争力弱和抵抗风险的能力低的问题，依赖于低成本的劳动密集型产品出口，很容易因为低价格遭受到外国商家的反倾销投诉，导致出现负增长情况。河南省长期以来重视出口而忽视进口，进而导致了进出口严重失衡，这对于"引进来"和"走出去"对外开放战略的实施具有不利影响，因此河南省需要重视进口问题，在扩大对外贸易的同时也要保证进出口比例平衡。河南省在对外开放中需要重视的地方，一是发展的国际化。对外开放不能是仅限于国内或者省内的开放，更重要的是对外发展国际化，这样才能在发展方面占据优势。二是贸易的便利化。河南扩大对外贸易和参与国际竞争靠的是制度，而最突出的体现是贸易便利化。三是制度的规范化。河南在对外开放过程中要不断地进行实践和探索，要把这些经验上升到制度层面需要切合国家法律要求，也要切合实际，以加快推进对外开放新体制的落实。

5. 河南对外开放环境国际化是加快实施"走出去"战略的需要

"十二五"期间河南省在对外开放上虽然取得了一些成绩但也存在很多问题，在"十三五"时期，河南省要在"十二五"的基础上大力实施开放战略，构建新的格局。当前，河南省的商品出口和引进外资是主要发展对象，而对外直接投资相对薄弱，即"走出去"的规模比较小。河南省需要实施"东进西出"双向开放，带动经济转型升级，鼓励企业到境外投资，加快培育河南本地企业和知名品牌，推动河南具有优势的产业走出去，如农产品、火电、水泥等产业，为河南省的产业转移、产业升级和产业结构调整拓展空间。但从性质上来说，河南省目前的对外开放只能是外向型经济，还不完全符合开放型经济所需具备的"引进来"与"走出去"共同发展、实现双向循环的本质特征。

因此，必须大力促进河南省企业对外直接投资的发展，以对外直接投资带动对外贸易的发展，为河南商品出口的进一步扩大创造条件，增强河南省在世界范围内优化资源配置的能力，以开放型经济发展带动整体经济大发展。为此，需要为河南的一些外资企业开展对外直接投资创造良好的国际环境条件，既要增强企业"走出去"的意识，也要为其开展对外直接投资活动提供必要的支持和便利，使企业愿意"走出去"并能够"走出去"。开放环境国际化对河南的经济转型和外贸发展会带来一系列的外溢效应，因此河南对外开放环境国际化是加快实施"走出去"战略的需要。

二 河南对外开放环境国际化的着力点

受全球经济增长速度放缓和各国多边贸易体制受到阻碍的影响，世界对外贸易增长的速度低于世界经济增长速度，中国也受到影响，对外贸易的增速也出现回落。跨境电子商务综合试验区的推行，使得信息技术在中国广泛应用，服务业的快速发展也使得服务贸易成为新兴领域。河南作为跨境电子商务综合试验区的试点需要针对河南对外开放环境国际化找到可以着力的重点，即完善的交通运输体系、良好的产业聚集氛围、规范的市场竞争、开放竞争的人才机制，这样才可以帮助河南在实施对外开放新体制时进行有效地完善。

1. 着力于完善的交通运输体系

对外开放环境国际化的发展受制于河南是不临江不靠海的内陆省份，而有效地规避地理位置的缺陷就必定要着力于完善的运输体系来提高物流的效率，以加快物流的运输速度来进行弥补。"十三五"期间，河南省在交通运输上面临着物流水平不高、交通体系不完善、交通道路经常整修等问题，要解决这些问题，河南省需要融入"一带一路"战略，结合创新、协调、开放、绿色、共享五大发展理念，与"互联网＋"深度渗透融合，致力于打造交通运输、物流、相关产业、城镇与生态均衡发展的交通物流运输格局。

2015年，郑州新郑国际机场旅客、货邮吞吐量达到了1600万人次和50万吨，成为国际和国内客运换乘中心和货物空运中心，在河南货物运输中占据重要位置；随着郑州铁路运输的发展，以郑州为中心的"米"字形铁路运输网已初具规模，建成"三纵五横"货运干线铁路网，铁路运营不仅在客运上具有良好优势，货物运输也存在运输量大、便捷等优点；河南省公路通车总里程达到25万公里，其中高速公路通车里程达到6600公里，为各地方的人员出行和货物运输提供了方便。以往只有沿海地区才有的运输优势，现在被河南改写了。河南地处内陆地区，不是沿海地区的内陆如何形成运输优势这一难题被攻克了。通过发展高速公路和高速铁路,把以河南为中心的交通运输网络织成了。在物流运输上,处于中原腹地的河南具有相对于沿海城市更大的优势,在融入国家"一带一路"战略的同时,郑州航空港建设的"空中丝绸之路",中欧班列建设的"丝绸之路经济带",跨境电商建设的"网络丝绸之路"都促使郑州建成全国性快递物流集散中心。①

河南有利的地理区位奠定了河南在全国交通体系中的优越位置,如果河南能有效对接陆海空的运输方式,形成统一化的综合交通运输体系,为货物和人员的快速流动创造条件,实现企业物流费用以及人员出行成本和时间的有效降低,可极大增强河南对外资的吸引力和促进河南对外贸易的发展,也充分体现了完善的交通运输体系是河南对外开放国际化的着力点。

2. 着力于良好的产业集聚氛围

产业集聚可以吸引外资的进入,而外商投资也会带动优势产业集聚,二者是相互促进相互影响。产业集聚的良好氛围对于现有企业出口有一定的影响,因此着力于良好产业集聚氛围的建设,有利于营造河南对外开放的国际化环境。

一方面,产业集聚所产生的专业劳动力、技术溢出所带来的正效应以及出口信息溢出等正外部性,有利于企业提高生产率、推动企业产品创新和质量的提升、降低企业的出口沉没成本,从而对企业出口的发展产生积极的正效应。②另一方面,跨国公司选择与其具有产业关联关系的产业集聚区进行投资,可以利用与产业集聚区企业近距离的投入产出关系降低经营成本、增加利润,也就是说,东道国或地区产业集聚状况,也是影响跨国公司选址的重要因素,相关实证研究已予以证实。

3. 着力于规范的市场竞争

首先,市场竞争环境及秩序状况是影响外商直接投资流入数量和质量的重要因素,因为外商直接投资是以货币资本为媒介,包含技术知识、专利及管理等无形知识的跨国转移,如果东道国或地区的市场竞争建立在公平、公正、透明的基础之上,政府对知识产权的保护力度比较强,不仅能为跨国公司提供熟悉的市场运作环境,而且可以消除跨国公司知识产权被侵权的顾

---

① 宋红军:《河南省优化对外开放环境的着力点及对策研究》,《中州大学学报》2015 年第 5 期。
② 杨宏志:《构建交通运输体系 打造区域物流中心》,《河南日报》2015 年 12 月 2 日。

虑，从而吸引更多具有较高技术水平、更大增值环节的外商直接投资流入。其次，充分、公平的市场竞争环境能使市场经济优胜劣汰的规则充分发挥作用，使生产资源得到更加合理地配置，有效刺激企业加大技术、产品创新的力度，增强企业对国际市场的开拓能力。[①] 而且可以消除跨国公司知识产权被侵权的顾虑，从而可以吸引更多具有较高技术水平、更大增值环节的外商直接投资流入。

4. 着力于开放竞争的人才机制

对外开放的实质是通过加强同世界其他国家或地区的联系与交往，实现本国或地区的经济发展，因此，具备较高的外语水平、精通国际商务运作和拥有海外投资知识的人才，是推动对外开放持续发展不可缺少的关键因素。在当今人才具有较高流动性的背景下，自身培养的人才能否留得住，以及能否吸引优秀人才向本地区流入，除了能否为其提供较高的薪酬待遇之外，生活环境及职业上升空间等因素，也是影响优秀人才就业选择的重要因素。河南省虽为人口大省但不是人才强省，人才资源极其缺乏，努力创造优良的生活服务环境和职业发展前景，吸引大量高端人才的流入，在发展对外开放的过程中尤为必要。这就需要通过改善相关环境，使高端人才能够引得来、留得住，为河南省对外开放凝聚一批适应经济国际化发展需要的高端人才。

三 河南对外开放环境国际化存在的问题

河南的对外开放过程并不是一帆风顺的，会遇到各方面各层次上的问题，如生态环境、交通物流、人才引进和市场监管环境等方面，河南对外开放环境国际化存在的这些问题对于对外开放的新体制具有一定的影响。

1. 生态环境问题

河南省生态环境随着经济的发展遭到了严重破坏，许多河流污染严重，雾霾天气经常出现，省会郑州市空气污染程度在全国处于前位，这些情况的存在对河南省的招商引资和人才引进产生严重的不利影响。党的十八大报告把生态文明建设加入到了社会主义现代化建设"五位一体"总布局中，可见国家对于生态文明建设的重视程度。在十八大报告提出后，河南切实联系自身发展，提出了富强河南、文明河南、平安河南、美丽河南"四个"河南建设目标，努力把河南建设成为生态宜居的地方，由此可见河南对于生态

[①] 王辉忠：《坚持开放强市战略，再创开放型经济新优势》，《三江论坛》2011年第5期。

环境建设的重视。

2. 交通物流问题

河南地处中国内陆腹地，离出海港口的运输距离与东部地区相比处于不利地位，跨国公司通常是以全球的眼光布局，内陆所造成的区位劣势使河南离国际市场远，运输成本高，交通物流不便利，大规模引进外资是比较困难的。[①] 有综合交通运输网络不完善、交通枢纽建设尚未满足经济发展需要、交通物流基础设施和装备仍然较为落后、交通物流的市场环境不完善等问题。沿海地区企业与内陆地区企业的区别在于，同时生产同类的产品，内陆企业生产成本需要另加上一部分运输费用，而沿海企业则可以把产品直接运输出去。这部分不小的运费增加了企业的生产成本，这部分运输成本就会使产品总成本高于沿海地区的同类产品，在价格竞争中处于劣势，从而使其缺乏市场竞争力。因此地理位置不佳导致的交通运输的不便使河南对外资的吸引力不强，同时对河南对外开放环境国际化产生了一定影响。

3. 人才短缺问题

对外开放离不开人才，特别是需要引进国际高层次的人才，这可以极大地推动河南对外开放人才环境的优化，满足对人才的需求。引进国际高层次人才是河南省落实国家的人才强国战略，支撑河南省科技创新的重要力量。河南在对外开放过程中对各层次人才的需求量很大，这就需要培养良好的人才环境，并在引进的同时也要注重人才国际化的培养。

4. 市场秩序问题

河南对外开放环境国际化过程中，市场监管力度的大小是影响跨国企业和外商投资进驻河南的一个重要因素。河南在对外开放的大环境中就监管方面还存在着地区和部门上的保护主义，外商企业不能公平公正地进行市场竞争，没有正规的部门去维护外商企业的合法权益，这会让外资不敢投向河南，进而阻碍河南对外开放的步伐。

四 河南对外开放环境国际化的政策建议

河南在对外开放环境国际化过程中遇到了一些问题，但并不是不能化解的，在一定的政策基础上采取辅助的政策建议可消除一部分阻碍因素。针对上面提出的问题有以下政策建议：加大生态环境治理、建设完善交通运输体

---

① 樊尊：《河南对外开放竞争力研究》，硕士学位论文，河南大学，2009。

系、完善人才引进机制、加大市场监管力度。

1. 加大生态环境治理力度

营造一个好的生态开放环境对该地区对外开放实力的增强十分重要。对于外资来说，挑选良好的开放环境是必要的，而对于吸引外资的一方，生态环境建设得好可能就会多些机会，如果没有好的对外开放环境，即使在一些方面有优势也会被忽略掉。[①] 因此，需要政府出台强有力的政策措施，划拨专项资金加强污水和空气治理，大力实施清水工程，通过提高污水处理能力，减少污水直接排放和河道治理工作，改善河水质量；大力推行清洁生产，通过调整工厂能源结构和废气治理以及实施建筑工地降尘措施，改善空气质量、减少雾霾的发生，提高人们的幸福指数，可为河南对外开放环境国际化创造一个良好的条件。

2. 建设完善交通运输体系

在对外开放影响因素中，交通运输是很重要的因素。因此需要河南在交通基础设施上投入更多精力，要融通国内物流运输重要交通要道，积极融入连接境外通道；郑州航空港的成立，为河南在航空物流的实效性方面带来了优势，依托航空物流的快捷性，帮助河南积极参与全球价值链分工体系；郑欧班列的开通，为河南在铁路运输物流领域带来了技术创新，为河南连接国外物流运输通道做出了重大贡献，强有力地推动河南产业"走出去"；郑州跨境电商试验区的成立，为河南在电子物流领域带来了创新；在"互联网+"盛行的浪潮中，河南顺应趋势，打造有利于国际便利化的市场环境。

3. 完善人才引进机制

国际市场上企业之间的竞争无外乎是人才的竞争，一个好的企业加上优秀的人才，才是致力于对外开放环境国际化的重要法宝。因此，河南在对外开放中要想招募更多的人才，需要做到完善人才市场的功能，创设国际人才交流中心，拓宽人才招聘信息和求职信息的发布渠道，规范人才招聘程序，使人才招聘建立在公开、公正、公平和透明的基础上，坚决杜绝不合理因素对人才招聘工作的干扰；要建设人才创新基地，实行与国际接轨的管理模式，把市场作为人才发挥作用的载体，坚持走产学研相互结合的道路；为了有效利用高层次人才，需要与高校、科研中心等机构合作，让资源实现共

---

① 王鑫：《河南省经济对外开放的形势与展望》，《品牌》2015年第4期。

享,充分发挥优势作用。

4. 优化投资环境,加大市场监管力度

对外开放的竞争一定程度上就是开放环境的竞争,在与国际市场对接过程中投资环境和市场监管成为很重要的因素,河南要想在对外开放中取得先机首先需要做到:完善利用外资的政策体系,营造良好的政策环境;鼓励企业直接利用外资,对引用外资的企业给与适当的奖励,进一步降低引用外资的成本和引资的门槛;要想做好对外开放工作,需要根据对外开放工作的特点,不断地完善政策,制定扩大对外开放规模的方针,促进开放型经济的快速发展;大力完善市场监管制度,大力实施投资便利化措施,建设全方位服务体系。

第二节 河南对外开放原则法制化

自改革开放以来,对外开放成为中国的一项长期基本国策,党的十八大以来,中国的外交成果显著,国际地位得到进一步的提高,综合国力也得到了提升,这一切得益于外交理念和原则的持续创新和不断拓展。河南在对外开放进程中始终遵循着"和平发展、独立自主、合作共赢、永续发展"的原则,对于河南,对外开放是其经济发展的必经之路,需要将对外开放原则法制化,才能更有效地实施。

一 河南对外开放原则法制化的必要性

尽管近几年来河南在对外开放环境上投入了资金和人力,但仍然有很多问题亟待解决,河南在多年以前就提出了开放带动主战略,但至今一些具体的开放制度和措施尚不完善。河南省是农业大省,农产品能够进入国际市场是发展的关键。由于历史原因,河南省农产品品牌战略起步较晚,力度不够。面对千家万户的农民,有原则地加上一些法制因素,有组织地进入国际市场的举措乏力。河南省是人口大省,耕地压力大,全国现有人均耕地面积低于全国人均水平,并且耕地分布不平衡,利用水平低,退化严重。改革开放以来,东部沿海地区得到了快速发展,随着经济的发展国家已经将发展战略逐渐向中西部转移,而在转移过程中土地是必不可少的因素,土地的需求仍会增加,进而各行业在用地之间的矛盾也将会更加突出。在河南,一些地方政务管理不及时,服务意识不强,办事效率极低,严重影响了全省对外开放的进程，因此，需要介入法律这层保护膜，需要在对外开放原则性的问题上进行法制化。

河南有些地方存在改革不到位的情况，盲目追求GDP的政绩考核而设置一些不合理的审批制度，还存在行政垄断、税制缺陷等问题。随着全球经济的发展，各地利用外资的竞争日趋激烈，而在招商引资工作中，为了自己的利益，出现了过度竞争的乱象，甚至把落后的淘汰性产业也引进来，严重影响了利用外资的质量。[①] 这些问题的存在既关乎于对外开放原则也牵制着河南对外开放原则的施行，因此对外开放原则法制化很有必要。

二 加快推进河南对外开放的基本原则

要加快河南经济国际化步伐，顺利完成河南国际化担负的任务，应加快推进对外开放和经济国际化应坚持四项原则。在实践中，要注意把握以下四项基本原则：

1. 坚持开拓创新的原则

创新是加快改革开放的一面旗帜，也是推进河南经济国际化的先导。正是因为不断创新观念，拓展思维，打开了河南开放的空间，使河南对外开放进入了高速发展的新阶段。河南省进一步提出要继续解放思想，扩大开放不松劲，始终保持创新的勇气。要想融入国际化经济体系，需要进一步深入实施经济国际化战略和需要开拓创新的精神，使之上升成为指导开放实践的重要原则，不断完善各个方面、各个环节的创新，在政府的管理职能方面、制度方面、管理思想方面不断引进新思路、开拓新思维，学习和借鉴国内外先进经验。在推进国际化的道路上，应始终依靠创新的原则破解发展中的难题，应始终依靠创新的思维争取在国内国际竞争中取得优势。

2. 坚持比较优势的原则

比较优势是河南参与国际生产分工的基础。立足比较优势是一种实事求是的态度，也是减少经济风险的关键。生产技术的相对差别和因此产生的相对成本的差别是国际贸易的基础，河南要想在对外开放中占有先机，在加快对外贸易步伐的同时，应集中生产和出口有优势的产品而进口没有优势甚至具有劣势的产品。值得注意的是，坚持比较原则，是一个动态的发展过程，

---

① 孙丹萍：《改革开放以来河南省招商引资战略与对策研究》，硕士学位论文，西安工程大学，2012。

就是要不断地发现优势、用足优势、扩大优势。同时,还要善于创造优势、努力化潜在的优势为现实的竞争优势,化今天的竞争劣势为明天的竞争优势,使河南在经济全球化中不断提高竞争能力。

3. 坚持重点突破的原则

加快经济国际化步伐不可能同时全面铺开、不分重点一哄而上。要在重点突破的基础上,进行整体推进。要先抓住主要问题和主要矛盾。今后河南要重点突破制约推进经济国际化过程的关键环节,加快河南向中部地区和全国地区的经济辐射,努力在更高的层次上进一步推进经济国际化的发展,做到以点带面,以局部推动全局,最终实现全省经济国际化水平的全面提升。

4. 坚持统筹发展的原则

在推进对外开放国际化的过程中,要把统筹发展作为一条基本原则。在实践过程中,既要统筹好第一产业、第二产业、第三产业的发展,又要统筹好与其他各城市间的发展;既要统筹好引进技术和输出技术,又要统筹好"引进来"与"走出去"的关系;既要统筹好经济发展与能源消耗、资源利用的关系,又要统筹好经济发展与环境保护的关系。切实把统筹发展落实到河南对外开放进程中,实现经济发展与对外开放并进。

三 推进河南对外开放原则法制化的对策建议

1. 创新原则法制化

需要解放思想,实现观念的创新。随着改革开放的深入,河南省对外开放程度不断提高,思想逐步解放,招商引资取得了重大成就。但是相对于发达地区,河南省的开放度和思想解放度仍然无法跟得上市场经济快速发展的步伐。在解决这个问题上,一是要解放思想、更新观念,坚决破除僵化保守、故步自封的"内陆意识",用思想观念的突破,开创对外工作的新局面,取得对外开放的新突破,谋求经济社会的新发展。二是要善于从全球化的眼光来谋划各地区的发展战略,要紧跟生产力发展的趋势,参照高水平的生产技术,结合自身实际情况,寻找自己的优势来确定发展重点,进而增强竞争力。三要克服小农心态,走出封闭保守的内陆文化心态。在河南的各地区,依然存在着大批的小农心态的人群,他们固守家园,没有走出河南,闯荡世界的理想,这是河南地区存在的通病,在一定程度上阻碍了河南对外开放的发展。因此,需要政府出面帮助他们克服小农心态,只有敢于走出家门,与强者对话,才能增加自己的自信心,增强自己的竞争力。①

推进政策创新和机制创新,在政策创新方面,要充分发挥各级地方政府、民众的积极性,形成良性的政策创新机制。但这需要政府增强自主权,不能仅仅依赖中央,需要从实地出发,保持政府的积极性,多关心民生。在政策创新中,坚持一切从实际出发,理论联系实际,制定符合河南省省情的正确政策。对基层的创造要重视,正确地加以引导推动,认真进行总结概括。地方政府在落实中央政府决策的同时,要结合当地实际情况,有弹性地开展工作,将中央政策与当地实情有机地结合起来。在机制创新方面,要继续加强政府重大事项决策机制建设,完善重大事项决策的规则和程序,推进政府决策的科学化和民主化。在解放思想、实现政策和机制创新的过程中需要法制给予一定的支持才能没有后顾之忧,因此必须坚持创新原则法制化。

2. 政绩考核法制化

地方政府一味地为政绩考核追求 GDP 的增长,造成了地区间在招商引资方面的不良竞争,把简单的引资变成了"利益"竞赛。随着经济发展对项目投资的依赖,区域间招商引资竞争日益加剧,造成了招商引资无序混乱的局面。而招商引资在河南对外开放的体制中是重点项目,是重点突破原则中的核心内容,在混乱的局面下将这个原则法制化会带来良性的竞争,有利于招商引资的顺利进行和经济的发展。

为了追求政绩,千方百计获得优惠政策,这是许多地方政府官员共同的选择。毋庸置疑,适当的优惠政策可以吸引国内外企业的投资,但是过分依赖所谓优惠政策的作用,只会适得其反。优惠政策的出台有利于优化地区投资环境,提升地区竞争优势,加快本地区在辐射区域内的发展速度。不同的地区经济发展水平和生态水平,为了招商引资,就其有利的条件出台更加吸引外资的进入,另外出台各自优惠政策也是有利竞争的一步,形成了优惠政策的大竞赛。由于没有相应的制度规范和约束,地方政府往往相互攀比,竞相加大优惠力度,甚至互挖墙脚,造成地区间恶性无序竞争的不良局面,主要表现在"政策洼地"效应失去吸引力,以税收优惠、土地优惠、环保优惠来抢资金抢项目。可以说,政府招商越积极,政府之间的竞争就越激烈,企业的选择面就越广,坐地起价的筹码就越多,招商的效果就越差,引进来

---

① 任晓莉、杜明军:《河南经济国际化:成就、比较与推进》,《中州学刊》2008 年第 5 期。

的项目质量就越低。目前，一些地区陷入了以优惠政策谋求发展的陷阱，优惠政策的吸引力已经大打折扣。优惠政策已经不再是一种稀缺资源，一定程度上已经成为发展的障碍。对于较为成熟的企业来讲，投资环境远胜于优惠，发展前景远胜于政策。另外，给予引进项目过度的优惠政策，不利于本地社会经济的正常发展，形成了事实上的不公平竞争。这些现象的出现都是没有将一些政策列入法制化的结果，这就需要河南省在对外开放过程中进一步完善政策。

3. 竞争优势原则法制化

比较优势是竞争优势的基础，竞争优势是比较优势的升华。比较优势使河南在经济全球化中不断提高竞争能力，在对外开放中区域经济发展更多的是要突出自身的比较优势。河南要围绕自身优势，更好地发展自己的特色，在特色企业的基础上将比较优势扩大。河南是农业大省，其最大的优势就在于农产品很丰富，不仅可以直接出口农产品，还可以发展农产品加工，培育出更多双汇等级的企业，这样就可以很好地实现三化协调。第二大优势在于交通运输，不仅可以发展物流运输业，还可以在物流基础上发展配套的工业，以获取更大的产业链发展。第三大优势是物质资源优势，但河南需要改变初级产品过多和高附加值产品过少的问题，需要大力发展煤炭化工、金属冶炼的精细化和集约化，重点是进行资源产业链的延长。第四大优势是文化优势，河南是历史悠久的省份，其文化旅游可以成为河南省旅游强省的重要发展部分，体现的是河南旅游在对外开放过程中的综合竞争力。为此，河南凭借得天独厚的文化资源，全面实施文化强省战略。在河南对外开放的比较优势中离不开比较优势原则的制定，只有原则在才能有章可循，但只有原则存在是不够的，加入法制化是必要的，没有法制做后盾，一旦钻了原则的漏洞，对于国家对于河南省的对外开放原则都会大打折扣，也会不利于经济的发展。

4. 统筹原则法制化

河南在对外开放过程中，需要产业、资源、经济、环境各方面的统筹发展，需要政治、经济、文化、社会、生态等多方面的统筹。统筹多元化对开放和经济合作有很大的促进作用。河南各地区实际情况不一样，各地区要根据不同的实际情况实行对外开放，实行地区之间合理布局。郑州要充分利用内陆省会开放城市和商贸中心的优势，改善投资环境，通过与外商合作，引进资金、技术、人才，重点在金融。开封、洛阳旅游文化资源丰富，要重点在旅游行业实行对外开放,在开发国际市场方面,河南在和一些发达国家发展对外经济的同时,更要重视与"一带一路"沿线的发展中国家发展对外经济。在推行对外开放市场多元化战略时,河南省尽量不要过度集中在某一市场,要使经营风险相对分散,除开拓具有潜力的市场以外,可以和东南亚一些国家及周边国家合作经营。①

区域统筹是多元统筹的内容之一。河南在与周边省份如山东、湖北、山西等经济合作的时候,要充分发挥其区位优势,重点是向东推动海上出口贸易,除了加强与周边经济区的互动外,还要加强与长三角、环渤海等经济区的密切合作,从而有序地承接产业转移和扩宽合作范围。在与长江中游地区进行合作时,要积极参与珠三角地区的产业转移和分工合作,向西扩大开放程度,进而在资源、劳动力、能源等方面加强统筹合作。亚欧大陆对接的对外开放通道建设,全方位提升河南对内和对外的开放程度。在与京津冀经济带合作时,要依托交通要道优势,促进与京津冀地区的交流与合作,从而实现区域间的共同繁荣共同发展。② 河南在坚持统筹原则开展经济、资源、产业等方面的合作时,需要法制化的强制性来做保护,既可以在统筹合作的基础上遵守原则问题,又可以避免不必要的经济合作冲突。

第三节 河南对外开放措施便利化

一 加快中原经济区建设,提高自身经济综合实力

要形成合力,上下联动,大招商,招大商,提高承接转移的总体水平和综合效益。利用产业链的"蝴蝶效应"原理,进一步加强与国内外大企业的战略合作,大力引进高新技术产业项目、新能源项目和出口型项目,培育新的出口增长点,打造高质量、高效应的产业聚集园区,构建现代产业体系,提升产业竞争力,加快产业结构的调整升级。不仅要对高成长性产业进行对接转移,如电子信息、能源汽车、建筑材料等,而且要改造提升钢铁、化工、有色金属等能源原材料和能源汽车、建筑材料等,还要改造提升纺织

---

① 樊尊:《河南对外开放竞争力研究》,硕士学位论文,河南大学,2009。
② 吕红:《河南省对外开放发展态势及制约因素研究》,《长春教育学院学报》2014年第24期。

服装业等传统优势产业的承接转移,更要培育新能源、生物、新材料等先导产业的承接转移。①

二 拓宽开放范围和招商领域,提高开放的层次和水平

在中原经济区建设的过程中,要着重打造以河南为首的高开放省份,要加快形成高水平、多层次的开放格局,为加快中原经济区建设、推动中原崛起和实现河南振兴提供强有力的动力源泉与支撑保障。一是在推动金融、物流、旅游等快速发展领域的同时,还要大力推进城乡领域中的农业、教育和基础设施的建设,大力引进和培养开放性人才,为河南省经济大发展提供智力和技术支持。同时,大力推进农产品深加工体系,围绕粮食核心区建设,加快农产品深加工、农业技术开放推广、规模化种养殖基地建设和外向型农产品出口基地建设的步伐,提高开放的层次和水平。二是在扩大国内国外开放程度的同时,又要强调进一步加强与港澳台交流合作,推进高层次区域招商。三是在主体上,既要注重与各个经济特区的对接又要注意结构调整的重点地区,注重与民资、外企的合作,也要注重与央企、国企的合作。

三 营造良好的投资环境,提高服务水平

要促进河南开放招商形成综合竞争的优势,需要为河南对外开放营造诚信、高效的投资环境,以彰显河南在投资环境上的竞争优势。第一,完善基础设施功能,提升产业转移的配套能力,河南省作为中部地区首个综合保税区,要充分发挥中原经济区、郑州航空港经济综合实验区、河南保税物流中心、跨境 E 贸易试点等平台的优势,加强交通、口岸等基础设施建设,强化人力资源优势,完善开放载体和平台,打造"供应链"体系,提高扩大开放的吸引力和竞争力。第二,完善开放政策。要结合河南省对外开放的情况,进一步完善《加快发展河南省开放型经济的若干意见》,在土地、税收、服务方面制定更多的招商优惠政策,吸引更多、更大、更知名的企业前来投资。第三,提高服务企业水平。突出强化政府服务职能,创新服务企业方式,全面落实项目审批服务无偿代办制,联合相关部门,完善项目审批"绿色通道"制度,实行手续办理联合办公,加快招商项目的进驻,

---

① 邓招阳:《河北省经济增长与 FDI 的实证研究》,《经济论坛》2009 年第 1 期。

打造亲商的服务品牌，以推动河南在对外开放过程中投资环境的优化及便利化。

第四节　河南对外开放方式自主化

面对日益复杂的国内外经济环境，"稳增长，调结构"的政策导向要求河南经济加大对外开放步伐，需求支撑中原经济再次腾飞的新引擎。当然，对外开放不仅仅意味着招商引资、交流合作，更重要的是应保持自身经济主体的自主性和独立性，从而在外部环境遭遇困境时，能够依靠自身的自主创新能力，保持河南省经济立于不败之地。近年来，国家的政策导向对河南省经济发展构成显著影响。河南省自贸区与郑洛新国家自主创新示范区的设立，以及郑州航空港经济综合实验区、中国（郑州）跨境电子商务综合试验区建设的不断完善，均为河南省对外开放自主化建设提供了强大的推动力。本节主要从河南省经济区建设的角度探讨河南对外开放的自主化进程。

一　河南省自贸区建设与对外开放的自主化

2016年8月31日，中国（河南）自贸试验区获批，河南再次迎来国家战略发展机遇。其中，金融服务业、商务服务业以及文化娱乐业等新兴产业均得到巨大的发展机遇，极大地推动了河南省对外开放的自主化建设。自贸区的建立，将会对体制机制做进一步的改革与创新，为河南的招商引资提供更为有利的发展环境，同时也加快了河南省开放型经济新体制的探索进程。据相关负责人表示，河南省自贸区建设将采用创新型的国际物流管理模式，通过建立国际多式联运物流中心和分拨中心，将河南的经济发展全方位融入世界经济体系，并在未来有望建设成为全球物流的超级中枢。

依据国家对河南省自贸区的定位：落实中央关于加快建设贯通南北、连接东西的现代立体交通体系和现代物流体系的要求，着力建设服务于"一带一路"建设的现代综合交通枢纽。我们应参考已获批的自贸区的经验做法，同时结合河南省的经济特色，在国有企业改制、流通管理模式以及产业国际化等方面做进一步的深化改革，同时加大制造业与服务业领域的对外开放，创造推动河南省经济快速发展的新引擎。

关于河南省三个片区的区域特征，通过发展各自的优势产业，来实现经济的最优组合。其中，郑州片区作为河南省的经济与政治中心，应大力发展高端装备制造、电子信息、生物医药等高成长产业，同时依托发达的交通优势，应积极拓展河南省在现代物流、金融服务、信息服务、电子商务、国际商贸等方面的发展，构建一流的现代服务体系，建设成为区域金融服务中心、国际物流中心以及商贸中心。开封片区作为著名的历史古都，应充分发挥其历史文化积淀深厚的优势，积极拓展在文化传媒、广播影视、艺术品交易以及旅游休闲健康等方面的发展，同时对农机装备制造、汽车及零部件等制造业方面辅助发展，建设成为中华文化输出的国际交流中心和农业合作示范区。洛阳片区作为河南省高科技产业聚集区，应以自身技术优势为依托，重点发展装备制造、新材料、新能源、机器人以及新能源汽车等高端制造业，同时依托本地历史文化优势，发展研发设计、信息技术服务检验检测认证以及文化创意等生产性服务业，同时鼓励文化贸易、丝路文化展示等文化产业，建设国际产业合作和产能转移机制创新中心。

当然，推动河南省自贸区建设需要充分发挥自身的优势特色，主要应当从以下几点进行分析。一是河南省拥有较好的区位优势。河南地处我国中部中心地带，三纵五横国铁干线网和十二横九纵六放射高速公路网纵横交织，是东部产业向内陆转移、西部资源向沿海输出以及"一带一路"南北经贸交流的桥梁和纽带，且高速公路通车里程也多年保持在全国前列。同时，以郑州市为中心的"米"字形高速铁路和航空运输中转中心逐渐形成。"空中丝绸之路"初具规模，以郑州为亚太物流中心、以卢森堡为欧美物流中心，覆盖全球的航空货运网络加快形成，郑州新郑国际机场开通国际货运航线28条，占中部地区95%，已覆盖除非洲和南美洲以外的全球主要经济体。另外，河南省国际物流中心地位也持续上升，这为河南省建设自由贸易试验区提供了重要的运能支撑。二是河南具有显著的人口优势，消费潜力巨大。河南是我国的人口大省，经济规模居中西部之首，投资消费需求空间非常广阔。同时，郑州、洛阳不仅是中原经济区和中原城市群的核心城市，也是丝绸之路经济带的重要节点城市，特别是郑州市具有发展为全国交通大枢纽的潜力，具有发展大物流、大产业、大市场的独特优势，这也是河南省成为"一带一路"战略核心腹地的坚实基础。三是河南省产业与其他地区产业具有较强的互补性和合作空间。河南省是全国重要的粮食、畜产品以及食品生产的加工大省，同时也是全国重要的现代制造业基地和能源原材料基地，在农产品与食品加工、建筑材料、装备制造以及有色金属等传统行业方面优势突出，同时电子信息、生物医药、现代物流等高新产业也不断加强。①

二 郑洛新国家自主创新示范区建设与对外开放的自主化

2016年4月11日，中国政府网正式公布了《国务院关于同意郑洛新国家高新区建设国家自主创新示范区的批复》。这意味着这三个地方将可以享受国家的相关优惠政策，进行自主创新方面的试验。

按照河南省报送的《郑洛新国家级高新区建设国家自主创新示范区总体方案》规划，到2020年，示范区将引进、吸纳高端创业企业200家，培育形成10个左右"百千万"亿级高新技术产业集群，成为中西部地区"大众创业、万众创新"的热土。据统计，2015年，郑州、洛阳、新乡三市共实现生产总值12806亿元，占河南省的35%。这一区域集聚了全省53%的国家高新技术企业、45%的科技型中小企业、45%的上市企业和76%的新三板挂牌企业，以及47.6%的科技人才，已成为河南省创新资源最集中、创新体系最完备、创新活动最丰富、创新成果最显著的区域，为建设郑洛新国家自主创新示范区奠定了坚实基础。②

在示范区建设过程中，应抓住机遇加强对外开放的自主化建设，应从以下几个方面入手。一是应积极鼓励并加快承接国内外先进技术的引进与转移，同时进行开放合作，吸引国内外高端生产技术与管理经验，支持创新主体在示范区发展，形成以国家技术转移郑州中心为枢纽的跨区域、跨领域、跨机构的技术流通新格局，打造辐射中西部的技术转移转化体系。二是提供更为有利的政策环境支持各类创新主体的发展，深入实施"互联网+"行动计划，同时大力推进"中国制造2025"，积极培育优势主导产业集群和产业链，提升产业发展的效率与动能，加快构建产业协调均衡、创新驱动主导、绿色低碳发展的新格局。三是积极推进体制机制的改革与创新，进一步转变政府的工作职能，特别是在科技成果转化、科技金融结合、高端人才引进等方面先行先试一批政策措施，突破制约创新发展的瓶颈问题。

三 郑州航空港经济综合实验区建设与对外开放的自主化

2013年3月7日，国务院批复郑州航空港经济综合实验区发展规划，

---

① 杨大凤：《河南建立自由贸易区的SWOT分析》，《黄河科技大学学报》2016年第1期。
② 张鹏岩、张倩倩、杨丹等：《中原城市群核心—外围经济联系潜力与地缘经济关系类型分析》，《河南大学学报》（自然版）2015年第5期。

该区域面积达 415 平方公里，相当于郑东新区的 5 倍，包括郑州航空港、综合保税区和周边产业园区，战略定位为国际航空物流中心、以航空经济为引领的现代产业基地、内陆地区对外开放重要门户、现代航空都市、中原经济区核心增长极。

该实验区的批复，对于推动我国航空港经济发展，全面推进中原经济区建设，促进我国中西部区域经济协调发展具有十分重要的意义，特别是为郑州的经济增长注入了新的活力。按照国家的发展规划，河南省将把郑州航空港经济综合实验区作为中原经济区建设的重要突破口，同时作为河南省进行对外开放、打造内陆开放高地的综合性手段，为全省进行体制机制创新改革，为实现经济的高速度可持续发展提供新的动力。[①]

该实验区建设能够很好地促进河南省对外开放的自主化发展，我们从以下几个方面进行分析：一是在河南省铁路网、高速公路网建设日趋完善的背景下，通过该实验区的建设，能够更好地建立国际航空货运枢纽，从而使得河南省的交通更加便利，为河南省对外开放提供了更多便利；二是通过该实验区的建设，能够依托该实验区构建航空经济产业体系，使得河南省经济结构更加完善，显著增强河南省对外开放的风险抵御能力；三是建设绿色智慧的航空都市。以集约、绿色、智能、低碳发展的理念，提供高品质的公共服务，培育空港、居住、产业、生态功能区共同支撑的航空都市，建设现代产城融合发展示范区，这也对河南省的对外开放增添了更多吸引力；四是建设内陆开放型的航空港区。通过持续完善开放平台的服务功能，构建国际化的商业与居住环境，创新对外开放的体制机制，打造成为内陆的开放门户中心城市，为高效利用全球资源和国际市场提供更好的平台。

四 中国（郑州）跨境电子商务综合试验区建设与对外开放的自主化

2016 年 5 月 3 日，省政府印发中国（郑州）跨境电子商务综合试验区建设实施方案，这意味着河南省向跨境电子商务领域迈出了重要一步，顺应了国家产业政策主导的经济结构调整的需要，同时也说明河南省在对外开放的过程中进行新的尝试。该试验区的建立将对河南省对外开放产生显著的积极影响。跨境电商综合试验区将促进河南省的产业结构快速调整，同时将大

---

① 贺卫华：《建设郑州航空港经济综合实验区，打造中原经济区核心增长极》，《黄河科技大学学报》2013 年第 5 期。

大增强河南省的对外出口规模，逐步形成更为规范的进出口模式；同时，B2B（企业对企业）模式、B2C（企业对消费者）模式也将在试验区建设过程中得到更好地推广，并通过更有力的政策措施鼓励企业做大做强，形成以技术、品牌、质量、服务为核心的外贸竞争新优势。

该试验区建设对河南省对外开放的自主化发展也具有较好的促进作用，我们从以下几个方面进行分析。一是通过对河南省跨境电子商务交易、支付、物流、通关、税收、外汇等环节的技术标准、业务流程、监管模式和信息化建设等方面的深化改革，探索出适应河南省经济特色的跨境电子商务模式，进而带动河南省经济的可持续增长。二是将该试验区建设与国家主导的"一带一路"战略相结合，同时在供给侧结构性改革的背景之下，与中原经济区和郑州航空港经济综合实验区建设积极互动，深入推进对内对外开放，打造一批新的产业园区平台，培育一批该领域的龙头企业，实现国际国内合作与省内产业转型升级良性互动，加快培育外贸竞争的新优势，使得"河南制造"更好更快地走出国门。

该试验区建设的具体实施与河南省对外开放之间应协调发展、紧密合作。我们主要提出以下几点建议。一是在构建跨境电子商务平台的基础上，应大力引进和培育外贸综合型服务企业，为跨境电商企业提供诸如通关、物流、仓储、融资、检验检测认证等方面的全方位服务，从而提升河南省跨境电子商务产业综合服务的水平。二是应积极开展河南省跨境电子商务示范园区的培育认定工作，综合分析产业的规模、集聚程度以及服务体系等因素，培育和认证省级示范园区。三是支持跨境电子商务综合园区引进国内外电子商务领域的龙头企业，支持其在河南省设立跨境电子商务总部或区域性、功能性总部，同时加强与国内外知名的电商企业之间的合作，培育引进跨境电子商务第三方平台或服务企业，完善跨境电子商务配套产业链；四是积极推动"互联网+加工贸易"模式的发展，鼓励支持加工贸易企业与互联网的深度融合，同时加快建设加工贸易方面的公共服务平台，支持加工贸易企业进行研发、采购、分拨、结算等功能性机构建设，并推动加工贸易产业链向高端延伸，促进加工贸易领域的转型升级提质增效。

第六章
提升河南对外开放的产业素质

重视实体经济发展是河南对外开放的基石。实体经济发展是以产业为载体，尤其是以制造业为主要依托，实施河南制造业"走出去"是迈出开放发展步伐的重要环节。在经济全球化的今天，河南省经济发展不仅要注重本省市场和国内市场，更要注重国际市场，这就要求河南省发展外向型经济，注重产业的对外开放。本章将分别论述河南省制造业、服务业和农业在新的时代要求下应该提高发展质量，并就这些产业如何参与国际市场竞争提出了相关的政策建议。

第一节 河南制造业转型升级与"走出去"战略

一 "河南制造"的界定

优势产业是一个国家和地区经济发展的主要推动力，是区域经济发展的支柱。河南省"十一五"规划提出要做大做强食品工业、有色金属工业、化学工业、汽车及零配件工业、装备制造业、纺织服装业等六大优势产业[①]。而这些产业大多依靠河南的自然资源和人口资源优势，这种较落后的工业模式，是较为粗放的经济发展方式，不利于行业生产率的提高，也不能适应现在的市场竞争。现代的行业优势主要由先进的管理水平和强有力的企业行业创新带来。因此，只有充分利用资源优势和后发优势。提升优势产业的自主创新能力，发展和壮大优势产业，形成并保持竞争优势，才能实现区

---

① 白小明：《河南优势产业的制约因素与发展对策研究》，《科技和产业》2011年第8期。

域经济的追赶式、跨越式发展,缩短河南与东部发达地区间的差距。

概括来讲,"河南制造"的概念应从以下几点来考虑:一是提升优势产业竞争力和自主创新的路径;二是加快建设产学研相结合的自主创新体系;三是营造有利于提升产业竞争力与自主创新能力的创新环境;四是培养优秀的企业家群体和创新团队。由于装备制造业在国民经济发展当中占有重要的战略地位,本书将"河南制造"界定为河南的装备制造业。

本文中所提及的"河南制造"涵盖机械及电子制造业当中的七大类:金属制造业、通用设备制造业、专用设备制造业、交通运输设备制造业、电气机械及器材制造业、通信设备计算机及其他、仪器仪表及文化办公用机械制造业[①]。

二 "河南制造"在全国的地位

从总量来看,2010 年河南省生产总值为 18407.78 亿元,其中第二产业生产总值为 10477.92 亿元,占河南当年生产总值的 56.9%,高出全国平均水平 8.3 个百分点[②]。然而,河南省 2010 年第二产业整体生产水平不高,仅占全国第二产业生产总值的 7.1%,比广东、浙江等发达省份低。河南省人均生产总值和国内发达省份的差距悬殊,仅是上海市人均生产总值的 1/4。因此,要改变河南省的落后状况,关键是发挥优势产业的作用,依靠优势产业促进省域经济的发展。

"十一五"期间着力培育打造的食品、有色金属、化工、汽车及零部件、装备制造、纺织服装等六大优势行业实现增加值 3726.77 亿元,比上年增长 22.6%,对河南省工业增长的贡献率达到 60.4%,比上年提高 7.4 个百分点[③]。高技术制造业实现增加值 262.32 亿元,增长 23.3%。煤炭、化工、建材、钢铁、有色金属、电力等六大高耗能行业实现增加值 3247.92 亿元,增长 13.9%,比规模以上工业增长速度低 5.9 个百分点[④]。

从增长速度来看,2010 年河南省第二产业环比增长了 14.9%,增长速度大大高于第一产业和第三产业。而 2010 年全国平均增长速度为 9.3%,与全国相比,河南高出 5.6 个百分点,也比一些经济比较发达的省份高。

---

① 张柯:《河南省制造业发展现状分析》,《合作经济与科技》2013 年第 8 期。
② 余航:《河南省第二产业发展水平评价》,《河南科技》2009 年第 19 期。
③ 张柯:《河南省制造业发展现状分析》,《合作经济与科技》2013 年第 8 期。
④ 张柯:《河南省制造业发展现状分析》,《合作经济与科技》2013 年第 8 期。

从第二产业对经济的贡献率来看，2010年河南省第二产业的贡献率达57.0%，是农业产业贡献率的四倍和第三产业贡献率的近两倍，与全国第二产业的平均贡献率50.60%相比高6.4个百分点，比广东省高5个百分点，比浙江省高3个百分点[1]。

从第二产业在地区生产总值中的比重来看，河南省从2003年的48.2%到2010年的56.9%，上升了8.7个百分点，而且上升势头明显。

就从业人员而言，第二产业的就业人数不断增加，从2003年的1084万人增加到2010年的1564万人，六年内就业比重从19.58%增加到26.80%，第二产业吸纳劳动力总数虽远低于农业，但正逐步接近并超过第三产业水平。由此可见，河南省第二产业的主导地位短期内不可动摇，产业呈现快速稳定发展的态势。

就第二产业来说，河南的制造业无论销售收入、利润总额，还是发展规模、吸纳就业人口等方面都排在首位，远高于其他行业水平。与制造业相比，采矿业前两项指标差别不大，但吸纳就业人数方面与制造业有较大差距，并且在现今的集约型经济发展模式中，采矿业属于资源依赖型的产业，污染较大，不宜大规模发展。建筑业虽然利润不高，但是其公司数量比较多，并且从业人口数量较多，有利于省内人口就业；同时建筑业的发展能够提高基础设施水平，有利于人民生活水平的提高，应给予支持。水电行业属于公益性产业，主要是服务于其他行业，所以应该根据其他产业的发展规模进行相应的发展。

第二产业中科技投入产出的重点领域还是制造业，其投入占河南省第二产业科技经费支出的78.1%，其中研发经费占第二产业研发经费的82.8%，新产品的产值占整个第二产业新产品产值的98.4%[2]。从科研经费的投入和科技从业人员的数量上看，河南省比较重视通过科技创新来加强优势产业发展的经济发展观。

三 河南省制造业存在的问题

河南资源型产业较多，主动性差。由于自然环境的限制和传统的资源优势，河南省的传统资源能源产业较多，如煤炭、石油产业等，从中部地区的

---

[1] 张柯：《河南省制造业发展现状分析》，《合作经济与科技》2013年第8期。
[2] 张柯：《河南省制造业发展现状分析》，《合作经济与科技》2013年第8期。

产业结构对比来看,河南省的产业结构层次仅仅高于煤炭大省山西省。由于资源型制造业与采矿业和电力热力的生产和供应业有着密切的关系,把资源型制造业放到整个工业结构中综合考量,可能更能说明这种资源型产业结构的弊端。

在中部六省中,资源型产业比重最大的是山西省,工业增加值前10位中资源型产业就占到了8位,资源型产业比重高达90%,煤炭开采和洗选业就占到了61%,一煤独大的工业结构是其典型特征[1]。资源型产业占比最小的是湖北省,前10位中资源型产业的个数只有4个,比重只占到30.7%,湖南的工业结构与湖北相似,但比湖北稍重,资源型产业达到5个,比重为31.6%。安徽省资源型产业个数与河南相同,都为6个,但是安徽省不仅资源产业比重(39.2%)比河南省小(40.7%),而且制造业的高加工度化程度也比较高。安徽省的4个非资源型产业为电气机械及器材制造业(10.9%)、交通运输设备制造业(6.9%),通用设备制造业(5.1%)以及农副食品加工业(4.3%),河南的四个非资源型产业依次为农副食品加工业(6.8%)、通用设备制造业(5.7%),纺织业(4.4%)、专用设备制造业(3.9%),通过对比可以看出,安徽省的工业结构明显要比河南省高[2]。与河南省相比,江西省的资源型产业占比比较高,但是其资源型产业的数量要较河南省少,并且江西省的高端制造业如医药、通信设备等产业所占比重比较高,总地来说其产业结构状况要优于河南省。

依靠资源优势和人口数量优势,资源型产业和低级加工产业的大规模发展支撑着河南经济的发展,但2008年金融危机以来,全球经济发展普遍不被看好,在这种情况下,河南资源产业的预期边际收益也随之降低或消失。工业结构状况与经济发展状况息息相关。具体来说,在金融危机以前,山西省依靠煤炭经济发展迅速,省内人均收入水平保持在较高水平。与山西省类似,河南省也凭借其资源丰富和人口数量众多的优势建立起了大规模的资源型产业和初级加工产业,从而推动了河南省经济以较高的速度增长。经济形势发生变化时,伴随着人工成本的增加,市场对更多元化产品的需求增长和产业本身规模经济的逐渐消失导致两省的经济发展放缓。但是与山西省相

---

[1] 曹青、刘岱宁:《河南省制造业存在的问题及对策研究》,《无锡商业职业技术学院学报》2013年第6期。

[2] 曹青、刘岱宁:《河南省制造业存在的问题及对策研究》,《无锡商业职业技术学院学报》2013年第6期。

比，河南省的能源原材料产业的比较优势已经不在，当经济回暖时，依靠原来资源型的产业结构并不能为河南带来经济增长率的大幅度上升，2008年之后河南经济增长率在中部六省中的大幅度下降就是例证，这种高度依赖资源能源型的产业结构必须调整已成为全省上下的共识。因此，河南省这种严重依赖资源的、粗放的经济发展模式存在较大的弊端，制约着河南未来经济发展的速度，高加工度与终端消费型制造业发展的不足在经济整体状况恶劣时表现被动，不能主动进行调整以应对经济波动。

河南对外开放程度低，基础设施薄弱，难以承接制造业转移。由于地理区位和自然环境等因素，河南自古以来都是农业大省，经济结构层次低，经济发展较为封闭，很难通过自身的基础条件发展制造业，只有通过与发达地区的经济交流来打破省内经济市场的封闭性，因此河南经济对外开放程度直接关系到制造业的发展程度。而目前河南省经济对外开放程度不高，以进出口总额为例，2000年以来，河南省进出口总额占全国比重走势有升有降，2000年居中部六省第4位，排在安徽、湖北、湖南之后。在此之后，河南的进出口总额缓慢上升，占比超过湖南，但一直落后于安徽与湖北两省，且差距呈不断扩大趋势，这种状况一直持续到2010年[①]。这主要是因为2010年富士康布局郑州，经过一年的发展，2011年河南进出口总额已经超过安徽，直逼湖北，2012年年末，河南省外贸进出口总额超过湖北居中部第一，对外经济实现了跨越式发展。虽然河南在中部六省中已经实现了跨越式发展，但是整个中部六省外向型经济发展都比较落后，2012年，中部六省进出口总额仅占到全国的5%，而同期广东一个省的进出口总额就占到了全国的25.44%。

制造业发展水平的高低直接决定着进出口总额的大小，2011年，河南省出口值居前10位的商品的出口金额及占出口总额的比重中，只有占比1.32%的干香菇不属于制造业的范畴，前9位制造业出口金额占总出口金额的比重高达42.58%。而且，落脚自由型的劳动密集型制造业占有很大比重，其中仅手持（包括车载）式无线电话机一项就占25.84%。较低的经济外向度直接影响到制造业尤其是"落脚自由"型制造业的发展，承接沿海劳动密集型制造业的产业基础还比较薄弱。

---

① 曹青、刘岱宁：《河南省制造业存在的问题及对策研究》，《无锡商业职业技术学院学报》2013年第6期。

产业组织弱散，抑制制造业发展潜力。首先，河南省的产业集中度低。从总体上看，全省企业规模不大，没有起带动作用的龙头型大企业。小企业之间的联系性不强，没能形成产业组织。在一些产业园区内，也存在着相应的状况，企业基本上处于"集而不聚"的状态。河南省38个行业大类中有32个行业集中度低于50%，全省规模以上企业数量不足江苏、浙江的30%，广东的35%，山东的40%；规模以上工业主营业务收入超100亿元的企业仅30多家，而广东、江苏、浙江、山东各省均超过100家。其次，中小企业发展不充分。河南省中小企业一方面发展落后，没能形成有效的产业组织，另一方面数量上也不多，平均每万人拥有的中小企业数量远低于全国水平。再次，创新型产业发展程度不高。在一些具有先进技术的制造业方面，河南省远低于一些经济发达地区。广东省、江苏省2009年高技术产业主营业务收入分别是河南省的19倍和14倍，差距之悬殊，令人瞠目[①]。

产业配套能力不强。一是生产性服务业发展滞后。生产性服务业主要对制造业起服务性作用，其发展与制造业有着密切联系，较发达的生产服务业能有效降低制造企业的生产和交易成本。二是平台建设相对滞后。如信息共享、人力资源开发、物流等平台发展程度低，直接制约着现代产业体系建设和完善。三是软环境建设有待加强。应该加强河南省经济市场秩序建设，提高市场诚信度；增强政府服务意识，积极引导产业进行合理发展；加强经济的法制建设，对于破坏环境的行为，依法给予惩处。

四　河南省创新型产业发展措施

创新型产业有着良好的发展前景，对促进未来经济发展有着重要推动作用。发展创新型产业有利于经济社会的可持续发展，促进全面建设小康社会，也是进行产业结构升级、构建区域竞争新优势、掌握发展主动权的迫切需要。河南省作为中原大省，人口数量众多，加快培育和发展创新型产业，对于承接东部产业转移，促进人口就业和经济社会稳定发展都有着重要的现实意义。

应注意高层次创新型人才的培养和制度建设。当前，人才成为经济发展的主要动力。河南省应该采取各种措施促进人才的培养和交流，如推进科研机构建设，加强科研人才与企业的相互交流，建立校企联合培养人才机制，

---

① 韩德超：《河南服务业发展模式选择和对策研究》，《现代经济信息》2013年第2期。

注意高技能人才的培养。建立有效的激励机制，激励科研人员进行技术创新，建设良好的创新环境；加强省内高校建设，特别是注重省内高校优势理工学科的建设，充分发挥优势学科在技术创新中的引导作用；完善产权制度，用制度来保护知识产权。同时注意理论创新成果向实践领域的转化，建立健全知识转化渠道，确保新型技术理论能够合理有效地运用于企业技术生产。

加强技术创新。发展创新型产业的关键是培育产业的自主创新能力。河南省必须完善以企业为主体、市场为导向、产学研相结合的高新技术创新体系，发挥科技重大专项的核心引领作用，实施产业发展规划，突破核心技术，加强产业创新成果产业化，提升产业核心竞争力。三个梯度的产业都应加强产业技术创新联盟的参与和组建，依托产业集聚区、高校和科研院所，提高创新型产业研发投入比重，搭建一批技术创新和技术服务平台，建设完善创新体系，特别要在生物产业、新能源汽车产业等重点领域突破一批产业发展的核心关键技术，提高自身的技术创新能力，积极培育具有国际市场竞争力的品牌产品。

完善金融和政策支撑体系。创新型产业具有较大的风险，需要较高的研发费用，且研发成功与否具有不确定性，这就决定了创新型产业不能较大规模地引进投资与风险较小的银行信贷，而符合风险资本的投资需求。所以创新型产业应该加强与资本市场的联系，引进风险资本。同时，政府也要加强引导，引导银行等金融机构建立与创新型企业相关的信贷制度，建立符合创新型企业的信用评审制度；完善创新型企业的资金担保体系，利用财政资金对创新型企业的借贷资金给予一定的担保；同时设立创新基金，给予创新型企业资金援助促进其技术突破。

有机结合创新型产业与传统产业。加强创新型产业与传统产业相结合，利用创新型企业的创新型技术推动传统产业的革新，推动传统产业的发展，如扩展工业组织体系、促进企业上下连接等。在更多的经济行业催生更多的增长点，推动企业产业升级、产品换代，变粗放型的发展模式为集约型的发展模式，从而促成省域经济的可持续发展。

完善规划实施体系。在过去传统的经济发展中，政府也意识到要促进经济产业的改革升级，但是这些意识仅仅落实在规划上，没有把规划变成具体的实施步骤。河南省已将创新型产业发展纳入全省规划，但是怎样把纸上的规划具体落到实处，如何完成目标才是实现创新型产业发展的关键，这需要完善的实施机制来保障。首先，要编制创新型产业详细规划，根据发展目标制定发展目录，并在实践过程中对创新型企业的发展进行统计跟踪，搜集发现这些企业面临的实际困难，对规划重新进行修正，就实际问题对企业进行具体指导，再总结指导经验，形成一整套的扶助体系；其次，建立健全保障机制，要对规划进行考核，注重规划的实践性，确保规划不仅具有全局性、战略性，也要具有实用性。河南省各个地区要根据实际情况进行合理安排，要在符合河南省总体规划下发展适合本地区的新型产业，避免重复建设。

第二节　河南省服务业全球化布局与信息经济发展

一　河南省服务业的全球化布局

在三大产业格局中，服务业属于高层次的产业，就目前全球的经济发展来看，服务业居于最重要的位置。随着经济全球化的发展和信息化的进一步推动，服务业也逐渐摆脱区域的限制，开始了全球化进程。服务贸易在整个国际贸易中的比例，从20世纪七八十年代的约20%，上升到目前的33%左右。河南省自古以来是中国的人口大省，劳务输出居于全国首位，但由于河南独特的地理位置，近年来逐渐成为中国的交通中心，在世界物流体系中也发挥着越来越重要的作用。这就使得河南经济与世界经济交流不断加强，河南的服务业也逐渐融入世界。面对这种趋势，河南服务业只有顺应全球化发展，才能融入世界宏观环境，成为蓬勃发展的服务产业链条上的重要组成部分。

第一，服务业发展的理论依据和阶段性。

传统的经济学理论认为，服务业成为经济主流是需要一定条件的，是建立在传统经济较发达的基础之上。发展服务业的理论认为，在经济发展的过程中服务业有两次高速发展时期，第一个时期是工业化前的"商业化"阶段，另一个则是工业化后期的"信息化"阶段，在全球经济一体化的环境里，发展中国家经济的服务化同时存在"商业化"和"信息化"两种形式[1]。一方面，"商业化"是就业和产出比重向传统服务业倾斜，其唯一的原因是工业生产技术的进步对劳动力的"挤出效应"；另一方面，"信息化"反映的是生产、管理技术和组织结构的变化，其与经济发展水平的关系不紧

---

[1] 王泉泉：《全球化条件下河南服务业发展方向选择》，《黄河科技大学学报》2011年第4期。

密[①]。因此，服务业的发展并不是"以物质产品的生产为条件"，这就解释了经济不发达的发展中国家为何也会出现经济"服务化"倾向的问题。

服务业发展有其自身规律，总体可以分为以下几个阶段：第一阶段服务业主要消费者是社会普通民众，这一阶段的服务业形式也比较简单，该产业的产出比重较小。第二阶段是商业、交通和通信发展时期。这一时期服务业有了进一步发展，但仍然不是社会主流，占经济比重依然较小，工业仍然是居于首位的重要产业。三是金融等服务业迅速成长时期。这一阶段工业的重要地位依然没有改变，但是银行信贷、风险投资等金融服务业能够为工农业的发展集聚所需的资金，越来越成为调剂社会资金的重要方式。四是服务业全面发展时期。目前许多发达国家如美国等都处于这一阶段，在这一阶段第三产业已经成为一个国家或地区的主要产业，劳动密集型产业已经转移到其他国家或地区。

第二，现代服务业发展的主要特征。

现代信息技术的发展是推动服务业飞速发展的主要因素。信息技术的发展一方面能提高原有服务业运作的效率，提升服务量；另一方面信息技术的发展催生了许多新型的服务产品，原有的服务行业更加细分。新的技术改变了原有服务行业空间和时间的限制，使服务业产品的消费市场更加广泛，如原来证券、医疗等服务都需要服务的主体和消费主体在固定的场所进行直接接触，而现在借助互联网，双方可以在任何时间和不同地点完成服务的程序；技术创新使得许多为新技术服务的产业不断出现，新的技术带来了新的服务产业。以新兴服务贸易部门为主的其他服务业的蓬勃发展，充分反映了信息技术革命对新兴服务贸易的推动作用。

现代服务业体系的根本是人才，现代服务业是人力资本和技术知识密集的产业[②]。人力资本凝结于劳动者一身，通过投资费用转化而来，表现为劳动者技能和技巧的资本，具有同物质资本一样的可积累性，现代服务业从业人员所具有整体上的高学历、高职称、高薪水特征，说明现代服务业主要受人力资本要素的约束[③]。从本质上看，服务业的变革就是不断地用人力资本取代物质资本，人力资本成为服务业的决定性因素。人力资本既可以造成各

---

① 王泉泉：《全球化条件下河南服务业发展方向选择》，《黄河科技大学学报》2011年第4期。
② 王婉薇：《构建现代服务业体系之我见》，《江苏商论》2006年第6期。
③ 王春燕：《服务经济的发展现状及趋势》，《商业时代》2007年第2期。

国服务业生产技术的绝对差异或相对差异，又可以造成生产要素比例的差别，形成不同的资源配置。

根据比较优势理论，经济基础薄弱的地方也能够拥有自己的优势，只有结合实际情况，充分发挥自身优势，才能在全球化的经济中发掘自身经济独特的增长点，才能取得经济的进一步发展。河南省人口数量众多，且较长的历史时期从事农业生产，所以从农村到城市转移的大多数人口依然具有丰富的农业知识和经验，这是其他地区所不具备的优势，如果能充分利用这个优势，河南省的经济发展就能够找到自身的亮点。

服务业是生产或提供各种服务的经济部门或企业的集合，正如工业和农业是生产各种工农业产品的经济组织或企业的集合一样[1]。旧体系的产业划分是以供给为基础进行的分类，三个产业之间有单项依赖关系的存在，即第一、第二、第三产业分别后者依赖前者。而现代经济产业的划分是以需求为基础进行的分类，这种分类的产业间也有依赖的关系，但这种依赖是相互的依赖。根据现代经济学对服务的分类，一共有四类：首先是消费者服务，即普通的消费者对市场上提供的服务进行的分类；其次是生产者服务，生产者服务业提供生产者在市场上购买的，被用作进一步生产商品和其他服务的中间服务，典型的生产者服务又被称为企业服务，如金融服务、企业管理服务[2]；再次是分配服务，即消费者和生产者为获得商品或供应商品而必须购买的服务；最后是政府服务，这种服务一般具有公益的性质，服务的受众广泛，且服务费用低。在这几类服务中，生产者服务最具有经济增长动力的性质。

生产者服务是围绕企业生产进行的，它包括经营管理、计算机应用、会计、广告和安保等，也包括一些相对独立的产业服务，如金融业、保险业、房地产业、法律和咨询业等。生产者服务的特征是被企业用作商品与其他服务的生产的投入。生产者服务的重要性在于它对劳动生产率和经济增长效率的影响。在现代经济中，科学技术对经济发展水平的提高起着关键的作用，它们在生产过程中被实际应用大多是通过生产者服务的投入来实现的。生产者服务业拥有了日益增多的专家人才和科技精英，作为知识技术密集型服务的投入，这个过程推动生产向规模经济和更高的效率

---

[1] 张敬：《谈中国的服务业开放问题》，《理论界》2003 第 3 期。
[2] 陈宪：《是输出"上海服务"的时候了》，《沪港经济》2005 年第 12 期。

发展。

传统的经济发展模式下,生产者服务一般都集中于制造业,而随着经济发展模式的转换,农业产业结构有了较大的调整,生产者服务于农业产业也越来越多。这些企业在科技进步的推动下,会快速地采用现代化的经营和管理手段,从事的领域会不断延展到农业生产的各个环节,生产效率的提高同样会使这些企业选择在市场上购买专业化的服务,从而需要现代服务业的大力支持,而针对农业生产者的服务业将有巨大的发展空间[①]。

二 河南服务业发展要注意的问题

河南服务业的发展还不成熟,应该借鉴其他地区的经验和教训,扬长避短,积极发挥自身优势。

一是把成本优势作为赢得服务业国际竞争的决定性因素。经过工业化的发展,制造业制造的产品在质量和价格可以做到量化,世界上不同地区生产的同种产品相差不大,成本就成为竞争的关键。虽然现代服务业的成本也是竞争中的重要优势,但其关键因素在于服务质量,由于人力资本无法量化,具有较大的主观因素,不同地区的不同服务人员的服务质量也存在着较大差别。因此,服务业的发展受到成本和质量两方面的影响。在服务成本低的情况下,服务质量也必须有保证,否则,服务业国际转移不会取得成功。例如,在企业管理咨询行业,咨询人员必须了解客户的企业文化,如果制定不出个性化的管理解决方案就不能形成高质量的服务,也就不能在行业竞争中取得胜利。

从服务业的总体发展趋势来看,人力资本所具有的高素质和对新兴信息管理技术的运用越来越成为比较优势中的核心优势。国外服务一方面追求的是成本的降低,更重要的是追求更高质量的服务。河南省虽然具有人口数量优势,在已经量化的工业发展中具有很大的劳动力成本优势,然而在承接国际的服务业转移时,河南省人口素质不高成了最大的短板,同时没有转变思路,仍然用控制成本发展工业的方式来发展服务业,而不注重服务质量的提高。

二是只注重国际竞争,而忽略国内竞争。面对经济全球化,参与国际竞

---

① 王泉泉:《全球化条件下河南服务业发展方向的选择》,《黄河科技大学学报》2011年第4期。

争要选对符合自身发展的行业。根据比较优势理论，河南应该选择自身资源充裕的服务业优先发展。然而我们应该注意到，河南作为中国的中部省份，其竞争不只有国际竞争，还有激烈的国内竞争，这就涉及一个开放层次的问题。首先就河南省人力资源的状况来看，目前河南在国际竞争中发展人力资源密集型的服务业是较为合适的选择。其次是国内的竞争，即与其他省份比较所具有的竞争优势。与中国其他省份特别是发达省份相比，河南省人口知识水平不高，在相同的行业特别是现代服务业的竞争中，河南处于不利的地位。不根据自身实际情况，看到有利可图就盲目跟风，只会与最初的目标背道而驰。另外，从国家利益来看，不同省份盲目跟风容易导致恶性竞争，从而造成资源浪费，不利于国家层面的国际竞争。所以，河南省要参与国际服务业的竞争，就只有找准与其他省份相比的比较优势。

再次，是河南面对服务业国际竞争的选择。从河南劳动力结构来看，大部分被传统服务业吸纳的劳动力具有农村背景，他们对本地市场熟悉，即具有"本土市场优势"，具体说来，就是指对地方市场上的语言、文化、历史传统、人际关系熟悉，对本地目前特殊的体制有更多的理解，具备本地经济发展的特殊阶段的特殊知识①；他们从土地中走来，对农业的生产过程了如指掌，从事农业服务业可以节省基本的技术培训。

河南省人口所拥有的这些优势可以用于发展农业服务业。党的十七届三中全会提出了农村土地承包经营权流转政策，鼓励形成农业规模生产、企业化管理。这就会促成农业生产方式的改变。例如，大规模的农业生产必然需要大资金的进入，这就需要专门的农业融资机构为其服务；农业生产也具有风险，可以建立专业的农业保险机构，对农业生产提供保险服务；农产品生产完成以后怎样进行加工、如何进行销售、怎样寻找更广泛的市场，这些都需要精通农业的咨询机构；深加工完成的农产品运输到国内甚至国外市场进行销售，需要方便快捷同时符合农产品特性的物流服务等。河南省目前服务业的发展远远没有达到上述所要求的专业化水平，没有形成具有农业特色的服务业。如果能在本省农业服务领域深化发展，形成一整套农业服务体系，其服务范围不仅是河南省内，更可以扩展到其他省份和国际市场。

---

① 王泉泉：《全球化条件下河南服务业发展方向的选择》，《黄河科技大学学报》2011年第4期。

三 拓展河南省信息经济空间

随着互联网的普及,全球经济一体化步伐的加快,使世界各国政府极为重视本国信息产业和互联网的发展进程,希望能够抓住机遇,促进本国经济得以飞跃。越来越多的事实证明,网络经济将毫无疑问地成为21世纪的主导经济。实现全球网络化、电子化、全球信息共享和电子商务已是大势所趋。美国《商业周刊》上的一篇文章上写道:"网络时代的发展不可能逆转,这不仅仅是简单地使用电子邮件和上网浏览,更重要的是商业模式的转变。企业将彻底改变现在的商业模式,而走向电子商务。漠视这种转变的企业将面临淘汰。"①

例如,许继集团亿万物流网站于1997年建成,现在已成为集宣传企业文化、营销服务、配送展示等于一体的经济平台,近年网上交易额上亿元,通过网络为全国数千家客户提供了各种服务;漯河双汇集团利用自己的网站所搭建的平台将自身的物流以及连锁店建立起来,保证了产品、服务走进社区;前身郑州"英典书社"的河南英典时代光华管理咨询有限公司,当年从一个小小的阳台上起步,到了2002年2月,已正式加盟中国图书网并独家承办了该网的郑州分站,现拥有近200平方米的营业面积,经销的各类图书多达数万种。通过网上销售,使其企业获得巨大发展……随着社会的现代化、全球的信息化、办公的自动化、商务的电子化已成为现实。

"来一杯可口可乐""我需要一个保健医生""我是某某,请将我的货物发往欧洲某地"……这一切,只需要在家里或者某一个偏远的度假村通过电脑或者手机就可实现。对于我们中的许多人来讲,这已经不是新鲜的事物了。此所谓网络经济的三种形式。第一种是B2C(企业对个人电子商务);第二种严格来说属于服务范畴;第三种是比较流行的,也是现代商务的主流B2B(企业对企业电子商务)。

根据中国互联网络信息中心(CNNIC)在北京发布了第十三次《中国互联网络发展状况统计报告》显示,在宏观上的各项数据均保持快速增长的速度,到2003年年底,我国网民数达到7950万,居世界第二位,上网计算机达到3089万台,网络国际出口带宽总数达到27216M。CN下注册的域

---

① 田玉晶:《市场营销理念、理论和方式的新变化》,《广州市经济管理干部学院学报》2004年第3期。

名数、网站数分别达到 34 万和 59.6 万①。互联网已经发展成为中国影响最广、增长最快、市场潜力最大的产业之一，正在以超出人们想象的深度和广度迅速发展。

在网民特征的调查方面，"我国网民还是以男性、未婚者、35 岁以下的年轻人为主体，但女性、已婚者、35 岁以上的网民分布呈现很好的增长势头；大学本科学历以下的低收入者占大多数，但本科及以上受教育程度的网民和个人收入在 2000 以上的网民所占比例略有回升；学生、专业技术人员还是比其他职业的人要多，但总体比例略有下降。与半年前相比，网民在特征结构上正在向合理和平衡的方向发展"。②

2004 年 3 月 24 日，河南省信息产业厅科学技术质量处的领导曾谈到，电子商务较为简单，表现为一种商业行为，它通过电话、传真或者网络搭建的平台进行交易活动，款项可通过电汇、银行卡或者邮寄等方式结算，许多家银行都已经发行了网上支付卡，只需将卡号、密码正确输入即可确定身份，完成交易。与电子商务不同，网络经济主要由企业搭建起来，宣传企业形象、产业结构、联系合作方法、服务措施约定等，不仅仅是简单的商务行为。两者都牵涉安全、银行、保险、工商等认证问题，但网络经济主要跟服务相联系，解决了一步到位的供求矛盾。网络经济由于跟"钱"相关，银行网上支付如果不完善、技术问题没有彻底解决是不行的。河南省网络经济真正形成规模的仅限于比较典型的、大的企业，比如双汇集团、许继电气、长城铝业等。实际上，还有不少企业比如像洛阳工程机械、洛铜等，也已通过互联网将其产品销往国外，若完全冠以网络经济确实并不准确。"信用体系"是困扰网络经济发展的一大要素，比如买汽车，双方事先进行了约定且买方账面上有钱，但一经交易后汽车发过来了，这边买方却将账号注销了，卖方白白遭受经济损失却无从追讨。网上政务的建立和完善，对推动和规范网络经济发展起着关键的作用。在世界各国积极倡导的"信息高速公路"的五个应用领域中，电子政务被排在第一位，其他四个领域分别是电子商务、远程教育、远程医疗、电子娱乐，可以说政府信息化是社会信息化的基础。预计 2016 年上半年，河南省电子政务将会全面启动，届时，河南省网络经济将会有突飞猛进的发展。

---

① 杨宏志：《中国互联网迅猛发展》，《中外企业家》2004 年第 2 期。
② 陈杭：《电子商务的营销资源在 CRM 策略中有效分配探讨》，《现代商业》2015 年第 11 期。

河南省信息中心负责管理全省的重点企业上网工程，就网络经济方面运营情况省信息中心栗主任曾经撰写了《发展电子商务建设小康社会》一文，该文从"动力""时代需要""技术保证""影响与挑战""措施与对策"等方面，全面阐述了网络化经济的各种要素。并且栗主任在接受媒体采访时说："大中型企业走在了前面并做得较好，但我们所掌握的绝大多数数字不足以体现企业经济运营翔实情况。再者，更多的大中型企业则没有重视网络经济运营手段。"

互联网的经营首先要取得工商部门授予的资格。其次，河南省信息产业厅专门成立了认证机构，对互联网经济情况进行监督管理。最后，客户的银行密码或者支付卡的账号密码受到包括公安机关在内的几个机关的监督，所以，如果想违法取得用户的信息几乎是不可能的。现在河南省互联网经济像其他的城市一样在飞速发展，但似乎是因为区位劣势及经济条件等方面因素，步伐有些缓慢。而且，河南省的互联网企业基本上不成什么规模，或者说没有一定的系列优势。

"信息化时代的经济模式是一种非接触式的商业模式，就像是打仗一样不再是面对面的拼刺刀了，而是远程搜索信息，定位目标，精心部署，决胜千里。"目前河南省企业上网前景好，但同时，与京津塘和华东地区相比，河南的网络经济滞后了许多，企业界特别是"一把手"的理念跟不上是影响其自身发展、品牌做不坚实的重要原因。当然，对于不同的企业如何整合自身资源，建立适合自身业务拓展及锻造品牌的网站，需要咨询和考证。

目前，时代光华河南总代理"英典书社"的网上售书做得比较好。原因是他们不通过银行进行交易，而是在市内采取订货系统，送货上门，或者采用邮局汇款方式进行邮寄。实际上，这种连锁加盟的方式解决了配送、物流和服务问题，避开了资金流的困扰，也避开了由于法规的滞后带来的麻烦。

漯河双汇集团在2000年时，销售配送中心有70多人在接收传真，然后进行手工统计，四五个小时以后，从堆积如山的传真纸中得出统计结果，报给生产厂，再按订单生产。之后，再把配送单誊写给送货的班组，由他们负责把货从生产厂拉来，按订单分配好，送货。到晚上，配送中心再负责把各门店没有卖出的货物拉回生产厂。如果按照双汇的计划，在"十五"期间发展到2000家分店，那得由多少人统计数据？因为统计时间过长，各分店前一天很早就得把第二天的数字报送到配送中心，这容易导致数据不够准确，于是经常发生有的店已经没货可卖，而有的店却有余货不得不晚上拉回厂家的情况。公司的高层意识到，缺乏准确性和及时性的数据会严重影响到集团领导层的决策，物流问题使双汇现有能力只能把连锁店开到第86家，只有网络经济才能够解决双汇企业发展的困扰，于是，ERP系统得到应用。

在2001年，双汇软件公司的SW商业连锁供应链管理系统开始应用在双汇连锁店，包括区域分销管理、集团财务管理、生产计划管理等，满足了集团全方位的管理需求。目前，传真订货方式早已被网络数据传输所取代，配送中心的员工只剩下20多人，而连锁店的数量则已近300家，在未来几年内，最终将达到2000家。这种基于互联网就可实现数据传输的产品，给双汇拓展异地业务和扩张连锁店提供了先进的技术支撑。私人医生式的ERP（"贴身"服务咨询）项目的开发和运用使双汇的品牌从单一的产品变成了一个现代化的大型商业销售集团。

河南省商丘市虞城县继钢卷尺"触网"而发达后，黄家乡在兴农网服务站发布农副产品供求信息达10多类470多条，平均每月发布信息量在50条以上，猪毛、留兰香油、果品、花生及纸管等各类农副产品成交额为180多万元，已与客商签订产品购销合同12份价值达65万元，由上网发布农副产品信息所直接产生的经济效益共达30多万元，带动了全乡农副产品的销售和农民群众的增收。

当然，河南省有的企业如"思念"食品、"奥克"啤酒等企业对网络经济形势却不看好。原因是多样的，有的是技术等原因造成的，有的则是消费对象的消费习惯不到位。更多的企业处在观望阶段，没有意识到信息高速化、广博化和低成本会给他们带来更为广阔的商机和发展空间。当然，也有一些企业认识到了这一点，却受到经济方面的制约。互联网从抢滩中国市场到如今经历了不平凡的历程，许多想在其中淘金的人们，的确得到了商机，更多的网络经营商尝到的是切肤之痛。这不能说明他们没有选择对，更不能说明他们经营不善，而是牵涉诸如法规的不健全、配送体系的不到位、认证体系的不及时等诸多因素。

有人曾经这样描述商机："抢先一步的是商人，抢先十步的是学者，抢先百步的是殉道者。"这说明商机有其时效性，我们应该适时把握。眼下，信息经济已成为时不我待的经济主流。现代的人们，谁不承认互联网确确实实给我们的生活带来了许多的便利，给我们的企业、事业单位带来了许多有用的信息,甚至为此出现了新的行业、门类等?信息经济这种立体的多媒体的多元化的经营形态,将会远远地将传统经济模式抛在时代列车的后面。

第三节　河南农业现代化与碳汇农业发展

在经济和科技的双重作用下,农业国际化已成为当今世界农业发展的趋势。目前为止农业国际化并没有严格意义上的定义,但一般来说,农业国际化是不同国家农业经济运行超国界逐步融合并构成全球体系的过程,不同国家和地区依据农业比较竞争优势的原则参与国际分工,在此基础上调整和重组国内农业资源,使农业资源在世界范围内进行优化配置,实现资源和产品的国内和国际市场的双向流动,通过商品与劳务的交换、资本流动、技术转让等国际合作方式,形成相互依存、相互联系的全球经济整体[①]。对于河南省来说实现农业的国际化战略也是推动产业升级的重要一步,要实现这个过程,关键是要做到以下几个方面。

一　河南省农业国际化的技术战略

大力发展农业科技,努力实现技术攻关。现代农业领域的发展越来越倾向于高新科技,河南省农业发展仍然沿着传统农业的路径,落后于国际水平。农业科技的主要特征表现为,农业高新技术的运用越来越广泛;农业技术与生物技术交叉越来越多;农业国际市场的竞争越来越依赖于高新技术。综上所述,河南省要在农业国际化有所作为就必须紧跟国际趋势,大力发展农业科技,培育出一批具有处于世界农业科技前沿的农业技术,增强核心竞争力。根据农业高新科技的独特性,河南省要推进农业国际化,就要在以下的农业技术方面取得突破性进展。

一是新物种构建。重点培育优质、高产、专用、抗病作物新品种和畜禽新品种,解决当前品种普遍存在的品质不优、抗性不强、专用性差等问题,实现育种技术由以产量型品种培育为主向产量和质量并重、以质量为主的转变,尽快培育出河南在国际市场上具有竞争力的新品种。

二是发展设施农业技术。重点研究设施农业新设备、新技术,包括果蔬、畜禽、水产的高效设施化种植、养殖技术,无土栽培技术,工厂化生产

---

① 季明川:《农业国际化的特征与发展趋向》,《山东经济战略研究》2002年第6期。

技术及自动控制技术等，形成适合河南的配套设施农业技术体系。解决目前存在的设施农业成本高、性能低等突出问题，提高设施农业产品的质量、效益及市场竞争力。

三是运用节水农业技术。重点研究农业高效用水、节水技术，雨水利用技术，旱地水肥优化利用与调控技术，使农业灌溉用水的利用率由50%提高到70%。解决当前农业灌溉用水浪费和利用低效的问题，降低农业生产的成本。

四是重视生物技术研发。重点研究生物反应器技术，包括动物乳腺反应器或转基因植物生产药物、疫苗、工业用酶、饲料用酶等技术，还包括农用微生物发酵、加工、后处理技术等。这一技术将农业、医药、食品、轻工结合在一起，成为跨部门、跨行业的新兴产业。加强生物技术研究和产业化开发，发展新兴生物产业，将可大大缩短与发达国家的差距，提高生物技术及其产品输出能力和国际竞争力。

五是可持续农业发展技术的应用。以生态农业与现代高新技术结合，主攻水土保持型、环境保护型、无公害或绿色食品型、有机食品型、设施型、种养加复合型、林农复合型、农牧复合型、贸工农复合型等可持续生态农业配套技术的创新开发，解决当前存在的发展与环境的矛盾，防治开发中出现的水土流失、土地沙化、地力下降、农药等引起的环境污染，确保农业经济增长与资源环境协调发展，保障农产品质量安全和可持续发展。

六是发展农产品精深加工技术。重点研究和开发具有区域优势的无公害农产品和绿色农产品、特色农产品等精深加工技术，农业废弃物加工利用技术，名特优农产品保鲜、贮运等关键技术及系列化精深加工技术等。通过对优势农产品加工技术的突破，解决农产品加工转化比重过低、以原料型农产品出口等问题，提高出口农产品的附加值和农业的经济效益，增加农民的收入。

七是推广无公害生产技术。重点研究大宗农作物病虫害无公害、无污染生物防治技术，主要畜禽、特种动物、珍稀动物疫病防治技术；主要河流水体、农田土壤、城乡环境污染综合治理技术；农用垃圾处理及综合利用技术；有机农业微生态污染防治技术；农村清洁能源工程技术等。由此提升农业环境质量，防治农业环境污染，保障食物安全。

八是标准化和产业化生产技术运用。依据WTO技术协定要求和有关国际标准，重点研究和制订与国际接轨的农产品及其生产标准、技术规范，以此指导农业生产,把农业生产纳入标准化、规范化的轨道,从而突破一些国家对河南省出口农产品的技术壁垒,特别是绿色壁垒的制约,扩大农产品出口,提高其竞争力;同时,研究和开发产前、产中、产后配套技术,公司、基地、农户、科研机构有机结合的机制和技术,推进农业产业化开发和经营。

二 加快农业产业结构的调整

从欧美等国家成功的经验来看,知识生产的水平和扩散的速度及运用的水平很大程度上决定了一国农业国际化的进程及在国际上的地位。从农业国际化的发展状况与农业结构的角度来看,农业结构是决定农业国际化的重要因素,优化的农业结构是推动农业国际化的重要力量;农业技术创新又关系到农业结构的优化与否;农业科技进步和科技创新可以使农业管理创新、制度创新、知识创新成为可能,使农业劳动对象、生产手段、生产组合发生新的变化,并使生产要素重新组合,从而使区域农业产业结构不断调整和优化,实现农业产业结构由低层次向一层次的优化升级[①]。

根据河南省目前农业发展状况和在国际化上的地位以及农业国家化的发展目标,河南省在农业方面进行技术创新总的思路是,逐渐减少对粮食、棉花等在国际上不占优势的传统农作物的种植,扩大具有比较优势的农产品的生产和加工,如饲料、畜产品等。减少质量不高、销售状况不乐观的品种,大力开发具有区域生产优势,同时又受国际欢迎的农产品。研究、培育农产品稀有品种,开发市场需求。具体对策如下。

第一,优化调整品种结构。农产品品种结构的调整相对来说比较容易,一方面调整的成本比较小,另一方面操作起来难度也不大,容易实现,再者效果比较显著,能够符合市场需求。应该以市场为导向,减少市场需求少的农产品的种植和生产,加大深受市场欢迎的农产品的生产力度。

第二,优化调整农业生产结构。农作物生产结构是指农业中各生产部门或各生产种类所占的比重及其相互关系。农业生产结构的调整难度较品种结构调整大。历年来河南农业生产结构也在不断的调整,但结构依然不够完善,具体表现在:粮食种植业比重过大,水果、蔬菜等种植比例较小,牧

---

① 崔建海:《山东农业国际化战略与科技创新对策研究》,硕士学位论文,中国农业大学,2005。

业、渔业发展滞后。根据农业国际化的要求和河南省现实情况，河南省农业发展应该减少种植业所占比重，增加水果、蔬菜、牧业、渔业的比重，从传统以种植业为主的农业结构向现代以高科技为主的农业结构进行转变，从注重农作物的数量转变为注重农产品的质量，从满足农产品生产者的需求到满足国内、国际消费市场的需求的转变。

第三，优化和调整农村产业结构。有效利用国内和国外市场，由以农业为主的产业结构逐渐向工业和服务业转移。在农业发展过程中注重农作物品种的研究和开发，并且注重对农产品的进一步深加工及运输，减少直接参与种植或饲养过程，优化人力资源配置。同时农业的发展要形成产业组织，提高农产品综合效益。

三　建设农业知识化产业体系

农业知识化产业，是农业国际化中新构建的一个产业，其特点就是将农业科技、教育、信息等知识产业，通过产业化整合，形成高效有序的产业化体系[①]。我们把这个知识化产业体系全面纳入到河南农业国际化链条之中，将对河南农业的国际化产生巨大的推动和互动作用。

一是分层次发展农业科技产业化。"以省级农业科技园区为中心，建成省一级农业科技产业中心生长极；各市建设一级（市级）农业科技产业生长极；县以科研推广单位为主，整合建设二级（县级）农业科技产业生长极。通过交通、通信、文化、科技、信息等社会、经济、人文要素的高度聚集或密集分布，形成覆盖河南的农业科技产业生长中心——生长极，以生产、集成、传播知识资源和智力资本为主，形成农业国际化的科技知识创新和农业科技产业化的龙头。"[②]

二是建立农业科技产业园区。扩充投资渠道，增加投资主体，吸引工商资本、国外资本等进入农业，投资兴建农业科技产业园区。改变传统的小农农业组织模式，通过土地流转形成规模化的农业生产，采用有限责任制、股份制等公司形式来发展农业，这种发展模式有利于集中资金优势进行农业技术创新，减少因农业生产主体过多造成的阻碍。

三是建立农业科技成果示范基地。广泛联合如农业研究所、农业类型高

---

① 邹晓琴：《山东农业国际竞争力研究》，硕士学位论文，山东大学，2005。
② 邹晓琴：《山东农业国际竞争力研究》，硕士学位论文，山东大学，2005。

校等农业研究机构，建立研究不同农产品种类的农业科技试验基地，如生态农业示范基地、绿色食品示范基地、有机食品示范基地、设施农业示范基地等。基地要注重产学研相结合，注重地域环境优势和高新技术相结合。

四是建立知识化农业出口基地。以科技创新为动力和技术支撑，建立具有比较优势和特色的知识化农业产品出口基地，如瓜果基地、蔬菜基地、花生基地、畜禽基地、水产基地，等等①。产品出口基地可以采用多种组织模式，如合作制、股份公司制等。产品出口基地的农产品加工要规范化、标准化、特色化，根据国际标准严把质量关，通过农业出口基地带动，把河南农产品做成世界知名品牌。

四　创建农业科技创新体系

河南省现行的农业科技体制，主要是以政府主导，以计划为主，集中主要力量进行研究的科技体制，这种体制在一定时期内促进了河南农业的发展。然而这种体制有很大的弊端，单一的政府主导的计划体制形成的部门化管理容易导致农业科技研究的政府寻租行为，同时由于各管理部门管理机制僵硬，部门之间缺少沟通，使得农业科技研究受到行政上的掣肘；这种自上而下的农业管理体制也难以让农民充分参与进来，难以调动农民运用农业科技的积极性。因此，很有必要进行制度改革，建立集管理、研究、服务、开发、运用于一体的新型农业科技体制，实行农业科技机构分类重组，分类指导，实现农业科技力量合理布局，科技资源的优化配置，科研、教学、推广、科研企业之间既能单兵作战，又能协同攻关的机制，形成国家、地方、企业、民营等多元化农业科技创新体系，并逐步使企业成为技术创新的主体，为推动河南农业国际化创造科技创新的根本保证条件。

第一，加快农业研发机构分类改革。农业研发机构具有公益性、区域性等特征，要坚持合理规划、分类指导的原则，对农业研发机构进行分类。第一类，技术开发类机构。政府应该退出直接参与农业技术开发，转而建立良好的环境，鼓励有资本优势和技术优势的工商资本来直接组成农业技术开发机构，机构的管理、开发和运营由投资机构自行负责，政府可以给予适当的

---

① 崔建海、季明川：《加快推进山东农业国际化的科技对策》，《山东经济战略研究》2003年第10期。

研发补助。第二类,科技服务类机构。这种类型的机构应该由市场自行组织、发起或者可以由政府出资发起,但日常的管理、经营由机构自行负责,不受行政上的管理。第三类,公益类机构。这类机构应由政府以项目或基地或任务带学科的方式给予支持。

第二,建立一批具有国际先进水平的农业科技机构。根据上述对农业科技机构进行的分类,不同的科技机构分别由不同的投资主体进行建立,这就使得科技机构的建立能够分清主次,管理规范、制度化运作。根据农业学科发展和国际化的需要,应建设一批省级重点研究室和工程研究中心,进行前瞻性、工程性项目研究,为农业的国际化提供技术支持和保障[1]。

第三,大力发展农业科技型企业。农业科技型企业是目前国际农业领域内最活跃的主体,这些企业具有资金和技术的双重优势,是推进农业科技化的关键。

农业科技型企业通过研发或生产高科技农产品来获利,其本身具有推动农业科技的内在动力,因此农业科技型企业能够通过公司内部的研究或委托联合其他专门性的农业科技机构进行农产品研究开发,并将新技术迅速运用于农业实践,从而推动农业科技的发展。

在经济上,科技型企业有先进的农业技术,有助于深化农业发展,同时这种企业有较雄厚的资金和强有力的组织性,能够将分散的农民纳入其建立的科学合理的农业体系中,能够为农户生产提供良好的加工运输服务和为农产品开辟新的市场,提高占领市场的能力。

在社会发展上,农业科技型企业有利于推动农业产业化,从而推动农村城镇化的进程,增强农业生产的稳定性,提高农民收入。政府应切实采用各种有效措施或制定相关制度促进农业科技型企业的发展。

五 改革农业科技运行机制

改革农业科技运行机制就是要建立开放、流动、竞争、协作机制。具体措施:首先改革农业科研立项体制,实行以招投标制为主的立项方式,减少行政的干预。同时也有利于农业科研面向市场,具有更强的实践性。其次是科技人员采用聘用制,报酬由基本工资和津贴组成。最后是建设现代科技院

---

[1] 崔建海、季明川:《加快推进山东农业国际化的科技对策》,《山东经济战略研究》2003年第10期。

所制度，转制科技机构建设现代企业制度，规范运营。

六 发展河南省绿色碳汇产业

"碳"指二氧化碳（CO_2），是温室气体的主要构成部分，是现代造成全球气候变暖的主要因素。节能减排是减少二氧化碳最直接的办法，但培植、壮大和合理开发利用自然生态系统的自净能力，也能在较大程度上控制大气 CO_2 含量，如发展林草业、增加植被覆盖，就属于典型"绿色"吸碳、固碳和转化 CO_2 行为①。科学研究表明，林木蓄积量每增加 1 立方米，大约可以吸收 CO_2 1.83 吨，释放氧气 1.62 吨，全球生态系统的碳储量，森林占 39%～40%，草地占 33%～34%，农田占 20%～22%，其他占 4%～7%②。在草场方面，每公顷天然草原固碳能力为 1.5 吨，相当于每年减少 CO_2 排放量 6.9 吨，由此推算，中国 4 亿公顷草原固碳能力为 6 亿吨，相当于减少 CO_2 排放量 27.6 亿吨，大约能抵消我国全年 CO_2 排放总量的 30%。这种主要利用绿色植物光合作用吸收转化空气中 CO_2 的过程、活动与机制，被《京都议定书》定义为"碳汇"（Carbon Sink）。我们将培育和壮大自然生态系统吸碳、固碳和转化 CO_2 能力的人类行为称为"碳汇生产"③。

根据全国第 7 次森林资源清查结果（2008 年），河南省林业用地总面积 502.02 万公顷，占全省土地总面积 30.06%。在林业用地中，有林地是其主要构成部分，面积为 336.59 万公顷，占 67.05%；疏林地 6.44 万公顷，占 1.28%；灌木林地 61.45 万公顷，占 12.24%；未成林造林地 31.21 万公顷，占 6.22%；苗圃地 5.20 万公顷，占 1.04%；无林地 61.13 万公顷，占 12.17%。河南省活立木总蓄积量为 18051.16 万立方米，其中森林蓄积 12936.12 万立方米，占 71.66%。河南省森林覆盖率为 20.16%。与第 6 次森林资源清查资料相比，全省森林面积净增 66.29 万公顷，活立木总蓄积量净增 4680.65 万立方米，森林蓄积净增 4531.48 万立方米，森林覆盖率提高了 3.97 个百分点。同时，河南省规划，通过未来几年的建设，使全省 2017 年的森林覆盖率达到 24.5%，改造和抚育森林面积 113.93 万公顷，森林总蓄积量达到 1.7 亿立方米以上，森林植被总碳储量达到 1.0 亿吨以上，林业

---

① 刘成玉：《碳汇生产、碳汇贸易与西部发展新跨越》，《西部论坛》2013 年第 3 期。
② 刘成玉：《碳汇生产、碳汇贸易与西部发展新跨越》，《西部论坛》2013 年第 3 期。
③ 刘成玉：《碳汇生产、碳汇贸易与西部发展新跨越》，《西部论坛》2013 年第 3 期。

生态效益价值每年达到6000亿元以上。由此可见，河南省具有丰富的碳汇资源。

针对河南省丰富的碳汇资源，形成如下发展碳汇产业的政策建议：

第一，增加碳汇资源，提高碳汇效率。与其他产品一样，作为贸易的卖方首先要保证产品的数量和质量。壮大碳汇是碳汇贸易的关键，这是发展碳汇产业的基础。首先，重视河南生态环境建设，尤其是林业发展。以种植树木为河南生态建设的主要方向，选择适合河南省自然环境的树木，通过林业科技的运用提高树木的成活率和固碳能力。根据碳吸收能力最大化原则，在进行树木种植的品种选择上，尽量选择碳储存量高、成长周期短的树木品种；延长森林采伐作业周期，加强抚育间伐管理，保持森林合理的林分密度。

其次，促进部分地区粮食生产有序地逐渐退出。在河南省粮食安全有保障的情况下，在部分地区废除"米袋子"省长负责制，使某些在粮食生产上不具有比较优势的地区退出粮食生产，转而进行碳汇资源的开发，如种植吸碳固碳能力强的树木或草地。优化产业结构，在土地使用上为碳汇产业的发展留够空间。

第二，加强碳汇资源的区域内部开发利用，促进河南省的产业发展。虽然碳汇产业拥有良好的前景，但就目前来说，国际上碳汇贸易并不十分频繁，而且交易数量也不多。除此之外，河南省碳汇资源在中国没有明显优势，而且中国碳汇产业本身在国际上就没有较大的竞争力，碳定价权主要被购买方所决定，中国没有定价权。所以，河南省不能盲目发展碳汇产业而忽略其他产业的发展，要认识到碳汇贸易只是一个比较新兴的产业，对于河南省来说，是一次可以抓住的机遇。因此，就目前的情况，河南省依靠碳汇产业向外出口以支撑经济的发展是不现实的，目前的真正要务是自己用碳，即利用自身碳汇本底，发展河南自己的产业，这才是大计。

一是发挥政策优势。河南要依托自身资源禀赋、主体功能区定位和中原崛起战略，用好、用足、用活现有政策，积极争取新政策，如新建国家公园、各种国家级开发区、实验区等[①]。二是以碳汇促区域工业化发展和城市化进程。河南地区可以依托自身碳汇优势，在国家产业政策和主体功能区框架下发展自身工业，推进河南城市化和城市现代化进程。河南可以利用自身

---

① 刘成玉：《碳汇生产、碳汇贸易与西部发展新跨越》，《西部论坛》2013年第3期。

在碳汇生产和碳减排上的成本优势，承接东部地区产业转移，快速推进河南工业化，提升河南产业结构层次。三是以碳汇促河南绿色经济发展。仅就CO_2而言，碳排放不仅对农业总体影响很小，而且对种植业、林果业还有正向促进作用，至于气候暖化，对农业而言也是喜忧参半，但其他的温室气体和工业、城市废弃物对农业有明显的负面影响[1]。河南省发展碳汇产业，增加植被建设，有利于清洁环境，减少污染，从而推动绿色农业的发展，扩大有机农产品的生产。此外，优美的自然景观和良好的生态环境也有利于生态旅游、休闲度假、有机农业、清洁能源、生物制药等绿色经济的发展，"绿色、环保、安全"是河南农业竞争力之所在。

第三，各级政府及其相关部门完善碳汇产业发展体制。一方面，要高度重视项目申报。碳汇产业的发展涉及多个部门，包括林业、农业、环保部门等，各部门应该协调好碳汇产业的发展规划，或者共同成立一个碳汇产业发展办公室，积极主动申请包括碳汇在内的各级各类项目，为本地争取更多的资金和技术。各级发改委在碳汇项目申请上应该承担主导和统领作用，对上对外联络，对内对下提供项目信息、申报过程技术指导、专门培训等。各地应该建立和完善项目激励机制，参考招商引资奖励政策鼓励项目申报。另一方面，要加强河南碳汇贸易条件、制度与能力建设。如碳汇相关机构、人才和信息平台建设，建立和完善认证、注册制度，加强碳汇资源的研究与勘测，完善碳基金运行，鼓励与支持商业银行发展碳金融业务，等等[2]。

第四节　河南手工业规模化与世界品牌培育

改革开放以来，河南省手工业在文化传承、产品生产、企业发展、人才培养等方面均取得了长足的进步，该产业在河南省经济中占有重要地位。然而，由于河南省农业人口众多，农业一直是河南省经济的支柱产业，工业与第三产业所占比重不高，近年来，随着国家产业政策的逐渐转变，河南省在新兴产业方面的发展迅速，并取得了辉煌的成绩。手工业更多地倾向于劳动密集型产业，这一条件能够充分发挥河南省人口众多的优势，同时也能够使得农村剩余劳动力得到更为充分的挖掘。

---

[1] 刘成玉：《碳汇生产、碳汇贸易与西部发展新跨越》，《西部论坛》2013年第3期。
[2] 刘成玉：《碳汇生产、碳汇贸易与西部发展新跨越》，《西部论坛》2013年第3期。

然而，河南省手工业发展仍存在诸多问题，其中在规模化发展、技术改良、品牌建设、挖掘文化潜力等方面依然存在许多挑战，使得该行业发展难以充分利用市场、政策与资源等方面的优势。在这种情况下，河南省政府必须进行适当的引导和扶持，积极鼓励河南省手工业的发展，这将对河南省的产业结构调整、经济发展模式的转变、生态环境的改善以及民生的改善等方面产生较好的推动与促进作用，从而也为河南省经济的跨越式发展奠定良好的基础。依托河南省的经济发展特色，下面我们从纺织服装业、手工艺业、家庭手工业等几个方面进行分析。

一 纺织服装业规模化发展及品牌培育

河南省作为全国的产棉大省，棉花产量达到全国总产量的1/6左右，这一条件使得河南省纺织业发展具有得天独厚的优势，棉纺生产能力也具备一定规模。据统计，截至2005年，河南省棉纺生产能力达到893万锭，2010年达到1500万锭（含气流纺），全省纺织工业销售收入达到2000亿元，居中西部之首，全国排名第七。[①] 基本形成了以郑州为中心，其他中心城市辅助发展的纺织工业新格局。其中，依托郑州市的交通物流与技术人才优势，重点发展产品的设计研发以及服装加工，以其他中心城市如洛阳、新乡、安阳、许昌等建设化纤和终端纺织品的制造基地，依据地理特征选择周口、商丘、开封、南阳等城市建立棉纺生产基地。

虽然河南省纺织业发展具有诸多优势，且发展情况比较乐观。然而，在经济转型过程中，面对国内外复杂多变的经济环境，河南省纺织业的发展也存在许多问题，如何实现纺织业的规模化发展以及培育知名品牌，仍需大家的共同努力。下面我们从以下几个方面进行分析：一是发挥河南省龙头企业的带动作用，积极引导和支持产业集聚，形成规模效应。通过完善特定区域的配套能力，提高纺织行业的整体竞争力，同时依托河南省相关的重点骨干企业，加快化纤、织造、纺机等相关产业的规模化发展，同时加强印染等薄弱环节的建设，形成与棉纺、服装紧密衔接，产业链条完整的纺织工业新格局。二是集中产业与区位优势，做大做强相关优势企业，同时大力培育产业集群。通过鼓励优势企业合并重组以及引进战略投资者，实现企业生产规模

---

① 贺桂仁：《河南省棉花生产现状分析及发展对策研究》，硕士学位论文，河南农业大学，2006。

快速扩张。三是加快提升产业素质与产品档次，建设国内优质的棉纺生产基地。对郑州、洛阳等中心城市的国有老棉纺企业进行改制，将改革改制与搬迁改造、土地开发相结合，同时进一步整合优势资源，退城进乡，增强企业的发展活力，提升市场竞争力。四是努力发展纺织用品的下游产业，培育相应的服装和产业用纺织品品牌，建立中西部终端纺织品的制造中心。充分发挥郑州区域服装流通中心的优势，积极承接相关产业转移，以休闲服装、针织服装、童装等为重点，加快建设二七、新密等服装工业园区。同时加大安阳、淇县等地的服装企业集聚发展，吸引知名品牌在当地建设生产基地，努力打造名牌产品。

二 手工艺业规模化发展及品牌培育

河南省文化底蕴深厚，几千年的历史文化带动了河南省旅游业的蓬勃发展，同时遗留的手工艺技术也为河南省的经济发展贡献了许多力量，深厚的中原文化与丰富的工艺美术资源为河南省手工艺产业的发展奠定了坚实的基础。[①] 河南省手工艺业的细分子行业主要有刺绣、雕塑、漆器、编织、花画、美术、陶瓷以及民族工艺等方面，依托河南省丰富的历史文化与传承的民族技艺，已成为全国工艺美术业的重点产区之一。

河南省手工艺业的发展现状表现为区域特色鲜明、规模相对较小以及发展潜力巨大等方面，如开封的汴绣与官瓷、朱仙镇木版年画以及浚县的泥塑与石雕等。之所以存在这些特点，主要是由以下几个方面造成的：一是不同地理区域的历史文化传承存在显著差异，这也使得各区域间的手工艺产品存在诸多差别。二是同时由于许多民族技艺的传播均在亲属之间代代相传，其他人难以获得，这也使得许多手工艺产品的制作局限性较强，难以大规模生产。三是由于河南省许多地区存在优秀的民族工艺技术，而生产规模相对较小，在政府的引导以及居民思想观念转变的情况下，民族技艺规模化发展的潜力巨大，从而也有利于培育出优秀的品牌和产品，促进当地经济的发展。

从近年来河南省手工艺业的发展状况来看，虽然取得了长足的进步，但在规模化、品牌化以及产业综合等方面仍存在诸多问题，这主要体现在以下几个方面：一是缺乏对品牌的建立，品牌意识不强，市场竞争力较弱。出现这种情况主要是因为部分个体户对手工艺品的制作存在偷工减料、产品质量

---

① 石晓光：《中国手工艺的发展现状与未来（摘要）》，《中华手工》2004年第4期。

参差不齐等，使得大量劣质产品进入市场，该产业的品牌形象变差，同时河南省的手工艺品制作规模相对较小，区域也较为分散，缺乏统一的监督与管理，产业化程度较低，这也导致市场竞争力不强。二是地方政府对当地手工艺业的发展重视程度不足，缺乏相应的政策支持与保护。这体现在地方政府对手工艺业的发展没有较好的规划和安排，且资金扶持力度不足，行业组织服务薄弱，从而严重制约了地方手工艺业的发展。三是手工艺业人才素质参差不齐，梯队建设不足。这体现在河南省从事手工艺业的高素质人才较少，经历过专业训练的人才更是少之又少，多数从业人员文化水平偏低，对艺术作品的创造力不足，同时梯队建设没有统一规划，使得许多民间技艺失传。

基于上述问题，河南省要重视手工艺业的规模化建设以及培育相应的自主品牌，让其成为河南省经济增长的一股重要力量。我们从以下几点提出相应的政策建议：一是应加大政策扶持力度，引导手工艺业的规模化与品牌化发展。政策方面应对手工艺传承者以物质与精神奖励，减免税收，提供相应的政府补贴，同时严厉打击假冒伪劣产品；由于许多手工艺从业者文化素质水平不高，政府应建立专业的培训与交流平台，提升从业者的文化素质与技术水平，同时政府应对当地手工艺产业进行长远的统筹规划，明确发展方向与预期目标。二是加强对专业手工艺从业者的素质培养，保证民族技艺后继有人。政府应建立相应的人才培育工程，加大对民族技艺大师的关怀与照顾，使其充分发挥手工艺业的带头作用，同时做好广泛的宣传，使更优秀的人才传承民族技艺；同时，可以在相应的大中专院校开设相关的民族技艺课程，激发大中专学生对民族技艺的兴趣，从而在整体上提升手工艺从业者的文化素质。三是建立相应的民间协会组织，加强相关行业的监管。通过建立民间协会，可以为从业者提供相互交流学习的平台，加深对民族技艺的理解，提升自身的手工艺水平，同时行业监管可以规范产业内的不正当竞争行为，杜绝故意降质压价的行为出现，维护行业的合法权益。

三 家庭手工业规模化发展及品牌培育

从河南省几千年的历史文化可以发现，家庭手工业从一开始存在于小农经济中，如男耕女织等，之后家庭手工业中有的大家族发展成为私营手工业作坊，通过雇佣别人为自己工作，但仍保持一种自给自足的生活模式，直到鸦片战争爆发，我国被迫卷入资本主义世界市场，传统的经济结构发生较大改变，小农经济解体，传统的手工业模式发生巨变。① 改革开放之后，我国经济进入平稳发展期，家庭手工业不再局限于自给自足的发展模式，该行业逐渐成为部分个体户发家致富的重要手段。由于河南省是农业大省，农村人口占较大比重，这使得家庭手工业的发展状况对河南省的经济增长有着重要的影响。

由于河南省是农业大省，农村家庭收入多来自于农作物种植，家庭手工业的发展相对缓慢，且由于农村人口文化素质偏低，使得农民脱贫致富的思路较为局限，如何实现河南省家庭手工业的规模化发展以及相应品牌的建设，是一项任重道远的任务。我们认为，可以从以下几方面入手进行建设。

一是依托近年来广泛采用的互联网工具，研究"互联网＋农业"的发展模式，通过建立网络销售平台，把外部市场与家庭手工业紧密连接，同时河南省农村蕴藏着妇女、老人等适合从事家庭手工业的人力资源，这将有效解决农村剩余劳动力问题，且实现贫困家庭的脱贫致富。

二是推动箱包、玩具等劳动密集型企业的转型升级，并加快向劳动力密集的农村地区转移，把适合分散加工的产品交给农户进行生产，通过一手抓好产品的研发、设计和市场开拓，一手抓好对农民的技能培训和指导，实现企业的经济效益与农民致富的共同发展。

三是地方政府应对农村家庭手工业给予相应的税收减免、金融支持等政策扶持。把发展农村家庭手工业与扶贫攻坚相结合，使其成为贫困地区群众脱贫致富的重要途径，同时把发展农村家庭手工业与农村面貌改造工程相结合，优化农村的产业结构，拓展农村剩余劳动力的就业渠道。

四是应因地制宜，综合考虑河南省既是经济大省，又是人口大省，各地经济文化水平和自然资源条件不尽相同等实际情况，积极统筹规划发展一区一业、一村一品，宜绣则绣，宜剪则剪，宜编则编的区域特色。要兼顾不同文化层次的手工产业的发展，既要对具有代表性的优秀传统手工技艺进行挖掘和保护，又要对艺术性、实用性俱佳，有潜力、有市场的手工产业给予大力扶持，同时也要对适合普通妇女居家灵活就业的特色小手工项目加大研发投入力度，使家庭手工业成为名副其实的特色经济产业、优秀文化地标和重要的就业载体。

---

① 侯银辉：《谈近代中国农村经济的运行机制》，《湖南人文科技学院学报》1989 年第 1 期。

第七章
河南在国家"一带一路"建设中的作为

中国在步入经济发展的新阶段后提出了"一带一路"发展战略,即"丝绸之路经济带"和"21世纪海上丝绸之路"。"一带一路"战略的提出给中国各省市的发展带来了机遇和挑战,而河南作为"一带一路"沿线的经济中心腹地,更是在机遇与挑战并存的境况下为"一带一路"建设做出应有的贡献。河南在为"一带一路"经济建设的发展提供对外连接的物流信息和保障外,在能源市场、交通市场、产业市场、农业市场、文化市场等方面都有着得天独厚的优势。河南在国家"一带一路"建设中积极融入郑州航空港经济综合试验区带动下的"空中丝绸之路"建设、中欧班列带动下的"丝绸之路经济带"建设、郑州跨境电子贸易带动下的"网络丝绸之路"建设。"空中丝绸之路""丝绸之路经济带""网络丝绸之路"的建设融合了河南在交通、能源、产业、物流等方面的优势,为河南的经济发展做出贡献,有助于推动河南经济社会的转型升级,也使得河南在"一带一路"建设中处于不可或缺的地位。

第一节 郑州航空港与"空中丝绸之路"建设

河南地处中国中部,位于"丝绸之路经济带"西南向和"海上丝绸之路"的交会处,在全球经济进入快速发展模式的背景下,河南正在积极推进郑州航空港经济综合实验区建设融入国家"一带一路"建设中,大力推进郑州航空港经济综合试验区带动下的"空中丝绸之路"建设。随着全球经济一体化和国际产业转移的深化,航空运输也起着愈来愈重要的作用。大力发展以临空产业和航空物流为重要内容的临空经济,也是"空中丝绸之路"建设的重要内容。而在"空中丝绸之路"的建设中，不能只局限于结合自身发展，还要借鉴国外发达国家航空经济发展来促进"空中丝绸之路"建设的跨越式发展。由于郑州航空港经济综合实验区的发展尚处于初级发展阶段，因此在融入"一带一路"建设发展中难免会存在一些问题，在解决问题上需要采取相应的对策，以促进"空中丝绸之路"建设的发展。

一 郑州航空港经济综合试验区发展现状

郑州在历史上先后五次为都，八代为州，是全国八大古都之一，拥有辉煌的历史背景，而在过去一段时间内经济发展基础上却是薄弱的。改革开放初始时，郑州经济总量在全国排名70以后，直到1992年经济总量才进入全国50强，开放让郑州经济取得了快速的发展，但与沿海地区差距巨大，而在20世纪中国提出的中部崛起战略中，国家又没提供任何政策红利，处于中部崛起战略中的河南省会郑州的经济发展，需要寻找新的增长极来辐射带动周边经济的发展。①在此时，航空经济为河南的转型升级提供了难得的机遇，世界经济发展在经历了海运、内陆河运、铁路、高速公路的冲击波后，航空成为新一轮的冲击波，推动全球化贸易的发展，而河南抓住相当经济水平区域，内陆更加适合发展航空经济的机遇，策划设立郑州航空港经济综合试验区，从而为河南经济发展增加一个新的筹码。

随着经济全球化浪潮的推进，航空经济区成为一国区域经济发展的重要推动力和新的经济增长极。河南地处中国中心腹地，在2013年郑州航空港经济综合试验区成立后，其经济增长也得到航空经济发展的支撑。现附上郑州航空港经济综合试验区谋划申报进程（见表7-1）。

表7-1 郑州航空港经济综合试验区谋划申报进程

2010年10月24日	郑州新郑综合保税区获批
2011年11月	航空城建成（189平方公里、220平方公里）
2011年11月4日	郑州新郑综合保税区封关
2012年4月17日	河南省委常委会研究决定申报建设国家级航空经济试验区
2012年8月7日	国家发改委社鹰副主任来郑调研
2013年3月7日	郑州航空港经济综合试验区获批

---

① 仝新顺、郑秀峰：《郑州航空港经济综合实验区临空经济发展研究》，《区域经济评论》2013年第1期。

河南省是中国第一人口大省，2015年统计局公布了河南省总人口为10722万人，常住人口为9480万人，其中劳动力人口为7400万人，城镇化率已达到46.6%。2015年，郑州生产总值7315亿元，在全国大中城市中排第18位，省会城市中排第7位。河南省会郑州位于中国腹地，承东启西、连南贯北，是中原经济区的核心城市，具有广阔的辐射空间；具有完善的陆路交通体系，高铁、普铁与高速、国道双十字交叉，是两大铁路动脉交汇枢纽，形成了"米"字形高铁交会，铁路、高速公路通车里程全国第一；在城市发展中是资本、技术、人才的汇聚地。便捷的交通和物流、丰富的人力资源也吸引了大企业的入驻，富士康项目的引进建设就是很好的案例。富士康项目引进建设情况见表7-2。

表7-2 富士康项目引进建设情况

2010年7月12日	郑州市人民政府与富士康签订投资协议
2010年8月2日	富士康郑州出口加工区项目投产
2010年9月16日	富士康航空港区智能手机项目奠基
2010年10月16日	富士康中牟IT插件项目奠基
2011年3月14日	富士康航空港区智能手机项目投产

20世纪90年代，郑州就提出要发展航空经济，经历二十多年终于在中原经济区建设的大背景和良好区位优势作用下争取到了郑州航空港经济综合试验区，而富士康项目落户郑州航空港区推动河南郑州航空港经济综合试验区的建设，也提供了有力的保障。

郑州航空港经济综合试验区位于郑州市东南方的新郑市，是以郑州新郑国际机场相邻的郑州航空港区为核心的临空经济区，由核心区、主体区和辐射带动区三部分组成，整体规划的面积415平方千米，是中部地区最重要的对外开放高地，成为河南在对外开放的交通优势区域。郑州新郑国际机场有4+1条跑道和一条专用的货运跑道，可以分开输送旅客和货物，在远期规划中可保障年旅客吞吐量7000万人次，货邮吞吐量500万吨，年飞机起降53.8万架次，拥有庞大的航空运输市场潜力。[1]

郑州航空港经济综合实验区可以通过机场高速便捷地进入市区，京珠高

---

[1] 陈晓：《河南省参与丝绸之路经济带战略的优势分析与推进策略》，《河南商业高等专科学校学报》2015年第6期。

速、广深高速、郑少洛高速、107国道和310国道、102省道和223省道覆盖实验区四周,为实验区的发展提供了便捷的交通支持。一方面对于河南在中原经济区建设有很好的推动作用,增强了郑州在中原城市群的辐射能力,另一方面,增加了运输方式为河南的立体交通网络提供了便捷,同时也为河南与国际物流中心的链接提供平台。[①] 正是良好的区位推动郑州航空港经济综合试验区上升为国家战略,也为河南打造"空中丝绸之路"融入国家"一带一路"建设做出了贡献。

新郑机场作为国家一类航空口岸,是中部地区客流、物流的集散地,既是河南在对外开放的重要部分,也是河南连接中原城市群、国内其他地区乃至全球国家的重要港区。郑州机场的建设是河南省大力投资的项目,也是在河南经济社会发展进程中的一项重大事件,因为郑州机场的投入运营为河南对外开放打造了新的支持点,推进了河南对外开放的进程,也加快了河南省开放发展和融入全球经济的步伐。机场长达3600米、宽60米的跑道的运营,可满足目前全球最大飞机的起降。乘客在下飞机后,不再是单一的局限在机场大巴和机场出租车等换乘工具,而是引入多种交通换乘方式,比如打造通向市区的高速公路、联通郑州周边的高铁及铁路等,实现了客运零换乘、货运与机场运输的无缝对接。机场配套基础设施的建设与完善将促进郑州航空港经济综合实验区立体交通网络的构建,使郑州市可以连贯境内外城市,将经济影响力辐射至周围城市群,同时,作为新兴的航空枢纽机场,新郑机场将在促进世界各国人才及货物输送、资本跨国境流动、经济跨区域合作等方面发挥重要作用。

新郑机场当前管理实行的是政府主导管理。河南省对郑州航空港经济综合实验区的建设提供了资金、土地,配套了区内相关基础设施和服务设施,在保证港区顺利建设的同时也大力重视港区内环境的发展。同时,政府利用行政授权,适时协调区内各主体的关系。这种管理体制支持了机场及企业的日常运营。

航线开拓及通航城市。郑州航空港经济综合实验区确立了新郑国际机场需要同时开拓国内和国际航空枢纽的合作事项。2014年新郑机场新加入美国南航、卢森堡航空公司、马来西亚3家货航,2016年迪拜—郑州的航线

---

① 冯麟:《郑州航空港经济综合实验区动力机制与发展模式研究》,硕士学位论文,河南大学,2014。

已经开通，市场资源得到扩展，另外郑州至科隆全货远航线的增开，连接了亚太地区与河南的空铁联运，实现了空海的双向贸易合作。郑州航空开通了东航物流、国航货、南航货的国际货运航线，预示着河南与世界的接轨。目前，郑州机场货运航线32条，实现国内与国际地区通航点33个，全货机周航班量达到92班。实现了货运通达国内主要城市及全球主要国家，省内以郑州枢纽机场为中心的辐射式航线网络也已经基本形成。[1]

2015年，郑州机场年输送旅客达到1729.74万人次，占河南全部机场旅客吞吐量的93%，与2014年相比增长9.4%；货邮吞吐量为40.33万吨，占全部机场货邮吞吐量的99.4%，比2014年同期增长8.9%，输送旅客人次、运输货物重量及飞机起降架次基本可以衡量一个机场的生产运营情况，也是航空实验区域开放性程度的特征之一。

随着新郑机场同我国及世界重要航空门户及枢纽机场建立的紧密联系及近年来航空物流较为平稳的发展趋势，郑州航空港经济综合实验区开放型经济呈现出良好的发展态势。从河南地区的生产总值来看，2015年郑州航空港经济综合实验区的生产总值为520.75亿元，与上年同期相比增长22.5%，与全国生产总值增长率相比高出15.6个百分点，高于河南省14.2个百分点。其中第一产业增加值占地区生产总值比重为2.3%，第二产业比重为84.4%，第三产业比重为13.3%，从数据中可以看出第二产业仍然是河南经济增长的重要产业。从GDP的总量规模上看，郑州航空港经济综合实验区每年保持了数额上的绝对增长，从GDP增长幅度来看，郑州航空港经济综合实验区总体均保持了11%以上较高的年增长率。

与郑州航空港经济综合实验区区域GDP增长相对应的是区域内部对外贸易的增长。2010年之后，郑州航空港经济综合实验区使河南省摆脱了国际经济增速显著放缓的总体状况，带动河南省对外贸易逆势增长。2014年，实验区内部的进出口总值达到383.7亿美元，在河南省进出口总值中的占比提高到60.5%，对省外贸增长贡献率高达64.3%，各主要经济指标增速高于郑州市及河南省平均增幅，位于河南省180个产业集聚区及全市4个开发区前列。[2] 在2015年，外贸进出口总值累计483.31亿美元，与同期相比增

---

[1] 孙熙倩：《郑州航空港经济综合实验区开放型经济发展策略研究》，硕士学位论文，郑州大学，2015。

[2] 孙熙倩：《郑州航空港经济综合实验区开放型经济发展策略研究》，硕士学位论文，郑州大学，2015。

长27.5%。引进国内资金为41.44亿元,与去年同期相比增长13.5%;利用引进外资的实际资金为5.05亿美元,与同期相比下降12.9%。

随着经济全球化和区域合作的深入,越来越多的跨国公司逐步实现了资源在全球范围内的流动和整合,对航空物流的需求也越来越多。郑航经济实验区航空物流产业是实验区重点发展的主导产业之一,其发展的规模和速度对于实验区经济的发展具有举足轻重的作用。郑航实验区的快速发展需要航空物流产业来带动,随着郑州机场国内外航线的逐年增加、第二航站楼的建设及投入使用和实验区内国际知名产业的集聚,实验区航空物流产业发展的速度将会更快。航空产业属于资金密集型、知识密集型、技术密集型产业,在产业结构调整和产业升级中属于巨大潜力型产业。① 所以郑航经济实验区航空物流产业的发展带动作用不可忽视。郑州与国内的大多数机场发展过程一样都是保持"重客轻货"的思想,在货运基础设施的建设上投入的资金和人力跟不上市场的发展。② 鉴于郑州机场在推动郑航经济实验区发展过程中的作用,今后必须在货运中转物流方面加大投入,利用实验区作为综合保税区的特殊作用,实现实验区的快速发展。③

此外,郑州机场是实验区加快航空物流等产业发展的基石,加快航空机场的建设,早日发挥郑州机场的功能,充分发挥其在国际中转物流方面的独特作用,加快、加强郑州机场与国外重要枢纽航空机场的联系与合作,从而可有效实施郑州机场航运体系的建设。作为航空都市,机场建设都是发展的重中之重,只有机场建设上去了,才会引来大型国际航空企业的入驻。比如美国的孟菲斯机场是全球航空物流规模最大、货运效率最高、服务设施配套最齐全的机场,原因是它聚集了一批全球闻名的航空物流企业,使得其物流在全世界快速发展。④ 再如深圳机场高端制造业发达,迪拜机场航空物流业发达,阿姆斯特丹机场现代服务业发达。郑州机场在我国的中原地区,人口、区位、商贸等优势突出,因此适合综合发展,但郑州机场无论向哪个国际航空城市学习、借鉴,都离不开自身的发展与完善,特别是在国际中转物

---

① 李金辉:《中国航空产业发展热潮现象及其利益博弈分析》,《现代财经(天津财经大学学报)》2011年第4期。
② 刘勇:《郑州机场航空货运发展战略研究》,硕士学位论文,华中科技大学,2008。
③ 赵明月、邹锡兰:《广州白云机场综合保税区打造空港经济新引擎》,《中国经济周刊》2014年第7期。
④ 仝新顺、郑秀峰:《郑航经济实验区临空经济发展研究》,《区域经济评论》2013年第1期。

流能力的提高方面。自郑航经济实验区建设上升为国家战略之后，得到了国家及河南省等相应层面政策的倾斜性支持，同时在实验区领导的重视、支持下，郑州机场的国际中转物流水平正在不断提高。

随着2013年郑州海关快件监管中心的开通、"卡车航班"的开通、保税货物结转试点获批、肉类进口口岸获批以及获得通向13个国际城市的航空快件总包直封权，完成对知名国际货运企业卢森堡货运航空的收购，郑航经济实验区向国际航空物流中心迈进的脚步更加坚实。根据数据显示，2015年郑州机场民航货邮吞吐量为40.33万吨，与去年同期相比增长8.9%，其增长速度在全国的大型机场中处于前列。郑州机场正在通过强化国际中转物流的能力，通过"米"字形高铁的辐射作用，通过发达的高速公路，实现多式联运，把物流同信息化管理结合起来，把"空中丝绸"和"陆地丝绸"之路结合起来，进而逐步向国际知名航空货运枢纽的发展目标迈进。[1]

二 国外航空经济发展借鉴

20世纪80年代以来，西方许多国家航空经济发展迅猛。由相关数据显示，国际机场每100万名航空旅客运输量将会产生约1.3亿美元的经济效益和提供2500个就业机会，基于经济效益和就业岗位的巨大效应，国际航空经济的发展不仅可以推动地区的经济增长，对国家的经济增长也具有很大作用。

美国孟菲斯空港经济区中的孟菲斯国际机场依托美国强大的经济实力和联邦快递，吸引了大批世界知名物流企业入驻，建成了全球最大货运、最高物流效率的空港，影响了孟菲斯经济和就业的90%以上。[2] 为孟菲斯提供了16.6万个工作岗位和贡献了207亿美元的经济产值，使孟菲斯机场成为服务设施最齐全的全球著名机场。

荷兰阿姆斯特丹史基浦机场是欧洲著名的机场之一，其在欧洲机场中保持客运量第四货运量第三的位置，是航空旅客的集散点和货物运输的集中地。史基浦机场在其航空城中构建了高效的交通枢纽，把航空、铁路、公路

---

[1] 河南省人民代表大会常务委员会：《郑州机场货运增近七成　增速再居全国大型机场之首》，《郑州日报》2014年2月27日。

[2] 孙熙倩：《郑州航空港经济综合实验区开放型经济发展策略研究》，硕士学位论文，郑州大学，2015。

等形式的运输方式结合起来,形成相互补充的交通枢纽。史基浦机场从最初的航空港向多元化的航空都市进行发展,凭借其独特的交通优势吸引了全世界几百家跨国公司的进驻,在其辐射中心区更是吸引了几千家国际公司的加入,其中涉及的产业有金融、汽车,也包括现代的 IT、电子、航空航天等。[①] 阿姆斯特丹已发展成为欧洲物流和全球商务合作的中心,史基浦机场在推动荷兰和全球范围经济合作中起到了很大作用。

国际航空港主要由三个部分组成,即飞行区、客货运输服务区和机务维修区,国际航空港建设之初大多以客运为主,但随着全球化的发展,统一市场的建立、经济发展和产品更新的加速,以客运为单一功能的国际航空港不断衍生出多种经济功能。世界各国的航空港在多种经济功能下,通过市场的建立,不断地更新发展模式,结合自身发展状况,造就了不同国家的临空经济和具有国家特色的发展模式。孟菲斯发展模式通常被称为航空物流强势发展模式。

孟菲斯机场的显著特色是它集聚了一批世界知名的航空物流企业,借助于航空物流也集结了一批相关的商务机构,发展成为了世界一流的航空港。郑州航空港经济综合实验区与孟菲斯机场相比影响力低,发展水平也不在一个层次上,但凭借便捷的交通已经吸引了联邦快递、DHL 等世界知名的物流企业进驻,从规模经济和范围经济角度分析,孟菲斯虽然不太适合成为郑州学习的榜样,但其在服务设施方面的规划和设计都是郑州航空港经济综合试验区应该学习的。

荷兰史基浦机场拥有完善的航空物流基础设施,在机场航站楼配备有餐馆、酒店、娱乐场所和购物中心。凭借其独特的区位优势吸引了不同类别的国际级 500 家企业进驻,涉及的产业包括电子科技、金融服务、旅行社等。在机场周围有高科技产业园、航空航天高端制造企业入驻,与航空物流产业实现对接。史基浦机场的临空经济不只有服务业,在三大产业上都形成了其独特的多元化综合发展模式。郑州航空港经济综合实验区进驻有富士康这种大型企业,推动了河南电子信息产业的加速发展。郑州新郑综合保税区的设立为河南航空港的发展带来了新的增长点,以新郑国际机场为货运集散点来发展临空产业,临空经济的发展离不开航空物流的发展,尤其

[①] 谈琰:《国外空港经济发展对郑州航空港经济综合实验区的启示与借鉴》,《黄河科技大学学报》2013 年第 5 期。

是郑州机场提出"货运为先,以货带客;国际为先,以外带内"的战略方针,在机场二期规划中还设置了货运专用跑道,奠定了发展航空物流的基础。①

河南在建设郑州航空港经济综合实验区时初步的构想是将其打造成"全球航空物流中心地、全球性高端服务中心、全球电子信息产业基地、国际化航空大都市",综合考虑港区内产业进驻及产业布局情况,郑州航空港经济实验区应该借鉴史基浦机场的发展模式。

三 如何打造"空中丝绸之路"建设

以往资本主义国家都是依靠海洋发展的蓝色经济,而今中国发展陆地开放经济。世界经济进入快速发展时期以后,河南在融入全球化发展期间,积极推进郑州航空港经济综合实验区建设,融入"一带一路"轨道,进而打造"空中丝绸之路"。打造"空中丝绸之路"建设,须大力发展以临空产业和航空物流为重要内容的临空经济。郑州实验区已经确立电子信息、生物医药、航空航材三大主导产业,完成了智能终端(手机)、航空物流、航空制造与维修、电子信息、生物医药、精密机械、商贸会展等产业园区的发展规划,正在逐步形成以电子信息为主导产业的临空指向性产业集群。② 临空经济的发展要按照"打造大产业、塑造大都市"的发展理念,要对需要发展的重点产业进行规划:一是重点发展航空运输,加快发展与航空运输业直接相关联的飞机后勤服务、货运服务、航空公司运营机构等产业,以及航空高端服务和航空物流等服务型产业。当前,航空货运的市场需求量是关键,应加速推进全球电子商务的发展,建设"买全球、卖全球"的全球网购商品的中心集散地,促进俄罗斯空桥航空基地及航空物流园区项目、UPS项目、通用航空发展运营基地等项目的建设。③ 二是重视航空偏好型相关产业,加快金融服务、高科技制药、生物能源等现代服务业的发展。三是开拓航空相关配套产业,建设电子相关高端产品的展示中心、高端人才的培训中心、生

---

① 刘忠胜:《郑州航空港经济综合实验区"多元一体化"发展模式研究》,硕士学位论文,广东财经大学,2015。
② 刘明君、刘海波、高峰、刘智丽:《国际机场航空物流发展经验与启示》,《北京交通大学学报(社会科学版)》2009年第4期。
③ 罗钢:《"丝绸之路经济带"建设中交通物流制度协同与推进探讨》,《开发研究》2014年第2期。

活服务等。

航空港经济综合实验区在建设临空经济时被分为三大核心区即空港核心区、临港主体区和带动辐射区。空港核心区是三大区的核心部分，依托新郑国际机场和郑州综合保税区，加上便捷的交通运输优势，重点发展电子信息产业、生物医药产业、精密仪器制造业，打造区域临空经济产业发展高地，引领区域产业结构调整与升级。同时可以配套建设港区内的休闲商务区和生态观景区。

郑州航空港经济综合实验区的临港主体区依托于郑东新区和航空产业基地为主体，将重点产业放在家电生产、金融证券、商贸物流、商务运输等产业上。在主体区中白色家电的生产是重点，利用航空基地的便利性，与全球的家电企业进行商业合作。①

郑州航空港经济综合实验区的带动辐射区主要涉及拥有航空偏好型产业基础的相关省辖市和河南周边地区。比如安阳正在建设机场，具有一定的航空运输基础和条件，那么安阳市的特色产业如钢铁便是重点发展产业，同时河南还有一些地区的机场或正在筹建或运输规模都在扩大，其国际航空、支线航空和通用航空的格局基本形成。此外，漯河、鹤壁、信阳、南阳等都提出建设航空偏好型的电子信息产业基地，有利于带动辐射区的发展。

郑州航空港经济综合实验区通过由点到线、由线到面的临空产业布局，构建出港区未来产业链的走向，造就了多个航空港通向中原城市群的临空产业走廊，在保证临空经济健康发展的同时，促进了有序的临空产业发展。②

我们要深刻认识并且高度重视临空经济发展制约因素。第一，航空港区内的产业支撑薄弱，国际货运枢纽机场的形成受到限制；实验区定位于建设成为国际航空物流中心，明确提出到2025年航空货邮吞吐量达到300万吨，这预示着郑州新郑国际机场在着力打造成国际货运枢纽机场，经过12年的发展，2025年的货邮吞吐量预计是2013年货邮吞吐量的11.7倍。在短时间内看，保证进出口货源和开拓更多的国际航线是港区最需要关注的，其实质上是需要强大的航空物流体系和临空指向性生产体系做支撑，使机场成为临空指向性产业全球价值链中必不可少

---

① 孙新锋：《航空港构建现代经济体系　国外临空产业经济发展案例纵览》，《郑州晚报》2013年4月8日。
② 黄卿：《拓展对外开放平台　引领临空经济腾飞——郑州航空港经济综合实验区建设进展及展望》，《港口经济》2013年第12期。

的一个运输环节。①

第二，基本软硬件条件不足制约着航空物流的发展，实验区航空物流的发展面临着基本软硬件条件不足的问题。一是物流基础设施建设滞后；仓库简陋，装卸设备差，缺少现代专业性的货运及工业加工型机场设施，物流场地狭小，影响航空运力的合理使用。目前落后的物流基础设施也不能够保证制定的在2025年实现300万吨货邮吞吐量目标。二是物流软件信息系统开放度低；机场管理机构、物流及中介公司、航空公司、海关、商检等相关物流信息平台并不是在同一个信息平台上，各相关物流主体不能实现信息资源共享。三是航空物流网络化程度低，互联网的普及要求航空物流网络水平的提升，而港区内快捷、便捷的地面派送高端网络尚在建设中。

第三，郑州航空港经济综合实验区正在逐步形成以电子信息为主导的临空产业发展动力不足，不利于实现由嵌入性转为根植性的发展模式。郑州航空港经济综合实验区临空经济的发展离不开航空产业的大力发展，然而从事航空行业的高素质专业人才如飞行人员、飞机维修人员、软件开发人才出现短缺，严重影响着临空经济的发展，因此大力培养和引进航空从业高素质人员是先行的要事。②

在如何发展临空经济方面，我们既要借鉴发达国家的成功经验，还要有本国特色。

第一，临空产业的发展离不开完善的基础设施建设，因此首要的是加强基层设施建设。郑州航空港经济区应根据各临空产业的特征实现临空产业的持续提升，统一规划郑州航空港区地理位置、噪音污染控制等方面的基础设施。因此应该以政府投入为引导，把重点放在自主研发上，在加强实验室研究的同时，更加注重公共型临空性科研机构的基础研究设施建设。促进航空运输产业集群发展，机场的业务是围绕航空运输展开的，主要为航空运输提供保障服务。③ 为促进航空运输产业链的发展，积极发展国内外的高技术人才和引入各种产业上的物流服务供应商的入驻是必要的。

---

① 张郁：《郑州航空港经济综合实验区临空经济发展的对策》，《港口经济》2014年第11期。
② 贺卫华：《发展国际航空物流推进郑州航空港经济综合实验区建设》，《黄河科技大学学报》2014年第5期。
③ 王淑湘、叶长兵：《郑州航空港经济综合实验区临空产业发展研究》，《决策探索》2014年第5期。

第二，航空物流经济发展建设。航空物流是以航空运输为主要运输方式，以机场为中心的现代物流。航空物流快速和安全的特点符合了大众对速度经济的需求，成为各地区主要推动经济增长的力量。随着经济全球化和区域合作的深入，越来越多的跨国公司尤其是高新技术企业越发重视供应链的合理配置，进一步实现资源在全球范围内的流动和整合，因而对航空物流的需求就越来越多。根据民航局的统计数据计算，在航空物流产业发展的20年后，其增长的速度是非常快的，据数据显示，中国国内的物流业的年均增长约为10.6%，世界航空物流也可以达到年均6.2%的增长速度，总航空物流服务量将达到目前的333倍。在这种发展速度下，郑州在航空物流产业上也面临着很多的挑战。

随着航空经济的发展，中国中部地区竞相发展临空经济，竞争形势严峻，航空物流发展受到阻碍。中原经济区自建设以来，各省市都在经济领域寻求突破，各地政府也把航空经济当作重点来发展，加强与民航总局的合作来推动临空经济的发展，以此作为区域经济和世界经济融合的突破口，借以实现地方经济的腾飞。郑州航空港经济综合实验区在这样的大环境中，招商引资和人才吸引中，都面临着竞争，只有根据自身在资源的比较优势，才能在激烈的竞争中脱颖而出。在临空经济发展中，其他快速运输方式发展所带来的冲击也不可小觑。① 五大运输方式各有优缺点，铁路运输运载量大、成本低、不易受自然环境的影响；公路运输灵活性强、易于进行门到门运输，与其他运输方式衔接容易；水路运输运载量大，能够进行长距离运输，成本也更为低廉，管道运输的对象具有一定的局限性，航空运输最大的优点就是快捷，但是随着高铁的开通，时速高达300多公里的速度足以对航空物流的优势形成威胁，势必争夺航空物流市场。

第三，航空物流对策。郑州航空港经济综合实验区航空物流园区航空物流的发展依托于高新技术产业链的形成，唯有实现航空物流园区的高效运转，才能够吸引国际知名物流企业和航空物流企业入驻，形成航空物流枢纽港，才能够吸引越来越多的高科技产业入驻，真正实现临空经济的大发展，并把航空物流的正效应发挥出来，形成良性循环效果，从而极大地推动河南省经济快速的发展。

郑州航空港经济综合实验区要想成为国内重要的航空枢纽，就应该加快

---

① 吴建有：《航空港建设等于再造郑州》，《中国经济时报》2013年5月24日。

基础设施的建设，包括全自动立体化仓库、全自动分拣配送系统、方便适用的流通加工中心、保税物流设施、商务办公系统以及现代化的机械操作设备建设等，同时，还应该加强多元化联运方式建设，逐渐形成综合交错的立体交通运输模式，通过提高航空物流的效率来推动物流产业的发展。开发现代化的物流信息系统信息技术是航空物流企业的生命，要想实现货物的快捷高效集散，就必须开发功能强大的物流信息平台，充分使用现代化信息技术，如条形码技术和GIS以及计算机网络技术和多媒体技术。航空物流是现今物流中的一种，当今物流行业的竞争实质上是物流服务的竞争，把客户当作核心，为客户的需要量身打造物流服务是现今物流业中的新做法，在更新服务的同时提出了高标准的服务要求和相应的增值性服务内容。[①]

四　郑州航空港经济综合实验区融入"一带一路"建设

随着国家"一带一路"战略的贯彻实施，郑州航空港经济综合实验区在融入"一带一路"建设中把航空运输发展成为全球范围的高度产业，提升了国家及河南的竞争力，也成为推动地区经济增长的新动力。河南在打造对外开放的新高地时需要把郑州航空港经济综合实验区与"一带一路"战略联系起来，推动河南更多地为国家发展乃至世界发展提供支撑力量。在产业优势上，以郑州航空港为依托，不断吸引高端制造业和高端服务业的集聚发展，推动河南积极参与国际大循环，加强河南与世界在产业上的合作，使得在人才素质、产业效益、经济发展上都得到全面提升。[①]

郑州航空港经济综合实验区在"一带一路"建设中提供了支撑作用。郑州航空港经济综合实验区是国家为河南发展设定的战略，其与"一带一路"同为国家战略，二者互相联通，共同发展。国家"一带一路"战略的实施，对河南在港区发展中提供了很多的机会，因此需要将河南的航空港建设融入"一带一路"建设的大格局中，为河南的低成本高效的发展要素提供机遇，也为郑州航空港经济综合实验区内的产业提供优化的环境。

郑州航空港经济综合实验区在发展的过程中需要在三方面切入，即要素聚集、战略衔接、空间优化，实现与"一带一路"的全面连接，协力构筑全方位对外开放新体系。要素聚集，提升集聚创新发展应集聚智力资本、货

---

① 张郁：《郑州航空港经济综合实验区临空经济发展的对策》，《港口经济》2014年第11期。

币资本、技术资本和社会资本，积极开拓能源资源市场，并大力发展投资和贸易。加强战略衔接，提升对外开放的战略牵引力应该综合考虑"一带一路"、中原经济区、国家粮食生产核心区战略发展需要，中原城市群、郑汴一体化社会发展的需要以及河南省开放型经济发展的需要，进一步理顺发展思路，对目前不符合开放新体系、发展新常态的战略进行适应性调整。① 另一方面，强化经济发展战略、社会发展战略、生态发展战略、产业发展战略的协同与衔接，进一步创新开放发展的体制机制。加强空间优化，提升对外开放的空间扩张力，应该从郑州航空港的优势出发，充分发挥"一带一路"战略对沿线区域空间开发格局的优化作用。加强空间优化，提升对外开放的空间扩张力。② 基于郑州航空港区独特的区位优势，从功能分工、产业布局、交通联系等方面建立优化区域空间结构的动力机制，充分发挥"一带一路"战略对沿线区域空间开发格局的优化作用。

郑州航空港经济综合实验区在建设的过程中需要实现六个突破：一是在现代综合交通枢纽建设中实现突破，在重点建设航空港机场的二期工程的同时，大力推动"米"字形铁路网建设，推进郑万铁路河南段全线开工、郑合铁路开工建设，加快推进郑太、郑济铁路项目前期工作。在建设铁路的同时，公路建设也有加强，机场周边的高速公路也是重要的建设项目。③ 二是在国际物流中心建设上重点突破，把郑州航空港打造成国际航空物流中心、铁路客货中转中心和其他国内物流中转中心的多模式发展的港区，完善多式联运体系，深化与大型物流集成商合作，在此基础上进一步推动郑欧班列和"E贸易"规模的优势，集中发展物流商务合作。三是推进重大产业项目建设实现突破。④ 港区的发展离不开重点产业项目的进驻，在港区已经签约的项目上需要加快合作进度，以培育壮大港区内高端的产业集群。四是推进现代化国际商都核心区建设，在科研教育上实现突破。郑州希望成为国际都市，在发展上需要进一步完善城市功能，加快三大功能片区开发，科学布局高等教育机构、高水平科研机构，特别是在与周边区域对接时交通设施

---

① 平萍、朱殿勇、王延辉：《积极融入国家"一带一路"战略 乘势而上加快郑州航空港经济综合实验区发展》，《郑州日报》2015年4月7日。
② 张华飞：《国际化背景下加快郑州航空港区建设的几点思考》，《中共郑州市委党校学报》2010年第3期。
③ 王洪梁：《"一带一路"背景下郑州航空城发展与建设研究》，《山东社会科学》2015年第12期。
④ 耿纯：《郑州航空港区产业发展与空间布局研究》，《郑州大学学报》2012年第5期。

是否完善，这样才能促进高素质人口聚集，才有利于功能区的开发。五是推进体制机制创新示范区建设实现突破。自由贸易试验区的批准使河南省在体制创新上实现突破，需要集突出的物流枢纽优势，将自由贸易发展实现突破。① 六是推进高素质人才队伍建设实现突破，加快建设中国郑州航空港基于国内外高素质人才的"引智试验区"。

第二节 中欧班列带动下的"丝绸之路经济带"建设

中欧国际铁路货运班列的出发点是郑州，经过新疆的阿拉山口出境，途经哈萨克斯坦、俄罗斯、白俄罗斯和波兰，终点是德国的汉堡，全部路程大约是10214公里。2013年7月18日，首趟郑欧国际铁路货运班列开启运行，打通了中国与欧洲的"新丝绸之路"铁路货运。这表示郑州的铁路物流已经由通向全国变成了通向世界，河南省也将国内各地区的货物集中起来，把郑欧班列变成主要集散地和中转站，为河南在"一带一路"建设中做出贡献。

郑州虽然地处中原内陆，但与东部及南部沿海地区相比在对外贸易上没有优势。而中欧班列的开行，给了郑州这种中原腹地变身为中国对外开放前沿的重大机遇。2013年7月18日，首趟郑欧班列（2016后改名为中欧班列）货物开启运行，从郑州将集中的各项目产业物品装载入车厢中运往德国汉堡。② 郑州的"米"字形铁路网的建设，将郑州推向了著名的铁路城市，凭借明显的中部位置的优越条件，有得天独厚的运输优势，而开通的郑欧班列货运覆盖面很广，其集货半径长达约1500公里，其中涉及的省份达到20多个，形成了稳定的珠三角、长三角、环渤海等重要经济区的经济货源地，为数百家企业提供服务，在中国各地区属于运行速度最快的班列。郑欧班列实现了客运化运行，其运行的最高时速可以达到120公里，对于郑欧班列来讲，以郑州为支点，覆盖了河南省内的大多数货源，并且辐射了周边地区及韩日等亚太国家和地区，是往返最趋于平衡的班列。

郑欧班列与最先开通的海运相比，在时间上缩短了近一半，与空运相

---

① 袁凯声，彭俊杰：《把郑州航空港建设融入"一带一路"大格局》，《河南日报》2015年10月28日。
② 孙娟：《航空港区要实现"六个突破"推进"一带一路"建设方案》，《郑州日报》2015年3月31日。

比，在运费上比空运减少了近 3/4。举个例子进行说明，对于同样一件货物来说，走空运费用大约是 100 元，走海运费用约 15 元，而走郑欧班列费用约 30 元，但对于大宗货物的出口其成本差距就很大。虽然铁路成本较海运高，但海运需要至少 35 天时间，而郑欧班列只要 12~15 天时间，节省的一半的时间使得货物的发货速度提高了一倍，回流的资金就快了一倍，在快速的资金流转中，可以充分利用资金，使企业接到更多订单，生产更多服装，降低更多成本，获得更高经济效益。①

中欧班列与国内其他的班列相比在时间上不占有优势，但以郑州为始发点，利用郑州地铁的区位和交通经阿拉山进入欧洲比其他班列要有优势。一是郑州地处中原腹地，拥有发达的交通网络，具有区位优势。二是货源的辐射范围广，郑欧班列的货源辐射半径为 1500~2000 公里，不仅覆盖了约 3/4 的省份，还有日韩等地区。三是运载货物种类最多，郑欧班列输送的货物种类高达 1000 多种，包括有日常生活用品、工业用品和生产资料产品等。四是目的地分拨地域最广，郑欧班列的分拨点覆盖了欧洲和中亚的 105 个城市，基本覆盖了欧洲的全境。五是与其他班列相比，郑欧班列签订的合作伙伴是最多的，郑欧班列从开通到现在已经三年多，境内外的合作伙伴将近 400 家。六是郑欧班列在欧洲等主要合作城市中设立有专门的办事机构，组织回国返程的货物运送。七是在运行的班列中，郑欧班列的集装箱的载货率最高，开行频次的提高使得郑欧班列的满载率不断提高。八是多式联运潜力最大，郑州航空港的发展联合铁路运输打造交通枢纽发展国际多样式联运。②

郑欧班列的货源地覆盖了全国 3/4 的省份，不仅是本地货物和单一货物的运输，货物品种多样式。郑欧班列的返程货品是来自于整个欧洲境内，不仅是欧洲本地的特色产品，还包含有整车、高档服装等高价货物，还包括有德国牛奶、德国啤酒、进口零食等深受消费者喜爱的冷链运输的畅销货物。郑欧班列开通时间虽晚，但其发展速度明显较其他班列要快。2015 年，郑新欧班列开行 156 班，而渝新欧班列开行 257 班，郑欧班列少开行 101 次，但与其他的班列相比开行次数则要多。当前，郑欧班列的运行路线要先经过俄罗斯再运行至欧洲各国，假如俄罗斯受到欧盟制裁，郑欧班列将面临停运风险。郑欧班列在预估风险后，正积极地开辟南线，改由经土耳其、中欧进

---

① 陈薇：《郑欧班列将开辟新线路》，《中亚信息》2015 年第 12 期。
② 李海燕：《郑欧班列："新丝路"上铿锵前行》，《人民周刊》2015 年第 8 期。

入西欧,在开辟成功后不仅会增加运行班次,双线运行也大大增加了对国际政治经济环境的适应能力。

目前,为了抓住郑州跨境电子商务综合试验区设立后带来的货运机遇,2016 年,郑欧班列计划比 2015 年增开 44 班,承载的货物总量也比 2015 年要提升近 30%,随着跨境贸易设立后带来的经济效益,货物量将持续增加,返程的班列也将在 7 月中旬以后从当前的每周 2 班增加至每周 3 班,实现往返每周 3 班均衡对开,是当前国内所有中欧班列之中,返程列车最稳定的货运线路。郑欧班列在中欧班列中属于高产出的班列,成为全国货运班列中的模范,帮助郑州率先实现了"买全球、卖全球"的梦想,让河南人民在不用出国的情况下即可买到欧洲、亚洲地区生产的商品。

2016 年前 5 个月,郑州对欧洲的出口额共增长 254.9%。对欧盟的出口额增长速度为 245.3%;德国是欧盟的成员国之一,也是欧盟的领头国家,且德国的汉堡是郑欧班列的终点站,因此,郑州对德国的出口额增速达到了 500.1%;而作为郑欧班列的中转国家,对俄罗斯的出口额增速达到了 348.9%。这些数据显示出郑欧班列对河南在出口上的拉动作用,也充分证明了郑欧班列对"一带一路"战略的拉动作用。[①]

随着经济发展社会进步,现代物流业发展水平已经成为衡量一个地区综合竞争力的重要标志。对于河南来说,大力发展现代物流业是重中之重,加快建设国际化的物流中心有助于产业结构的升级和转型,也有助于将郑州的交通网络优势转化为经济发展的优势,进而提升郑州的产业发展业态。在发展现代物流业过程中,郑欧班列的开通发挥了很大作用,有力地推动了郑州建设国际物流中心的加速。

郑欧班列自开通以后就承载了世界"500 强"——美国微软公司的电子产品,由此可见,郑欧班列不仅在国内具有影响力,在国际区域物流集聚的能力也是不一般。可以说郑欧班列已经架起了内陆通往世界各国的大"桥梁"。而今,郑欧班列将实现往返每周 3 班均衡对开,其潜在的发展力更是有待挖掘,若能将其充分利用必能取得更加诱人的效益。

郑欧班列助力于河南物流大通道的开通,在开放平台的助推下,河南对外贸易稳步增长,使得各行业在运输货物时的物流成本降低,同时得到增强的还有物流配套服务能力,本地区制造业层次有了质的提升,初步实现了产业、物流和市场的联动发展。

物流业是服务业重要产业之一,其对于培育新的经济增长点,推动经济结构调高、调优、调轻，提高郑州经济运行的质量和效益具有重要意义。河南在利用位置和交通便利的优势下需要在建立大产业、强物流、稳交通三大体系上大力投资，而郑欧班列的运行正是符合趋势。如果这三大体系能够顺利建成，将加快郑州成为国际物流中心的步伐，河南地区的经济效益和在国内的竞争力也会相应提升。①

郑欧班列的开行，贯通了"新丝绸之路经济带"上的物流大动脉，拉动了沿线国家产业的发展。郑州国际陆港正加快建设，一旦建设成功，将成为国际铁路一类口岸、多市联运服务中心、中欧班列货运中心和智慧物流信息中心。②

在首趟郑欧班列运行以后，国际物流的发展格局被改写了，货物不再单一地通过空运和海运到达国外消费者手中，更多的货物可以通过铁路直接运送到欧洲居民手中。洲际铁路货运成为河南经济发展的重要推动力，高附加值和小批量货物的运输增加，而大宗商品的运输不断减少，这对于货物在运输途中的安全和快捷性都提出了比以往更高的要求。郑州铁路部门需要实施货运组织改革，全面参与现代物流业竞争，为客户节约成本、提升商贸速度、加快资金周转、促进国际贸易的交流与合作，提供高效便捷的通道。

新经济时代，物流被誉为改变世界的八大力量之一。郑欧班列将货物直接运送到欧洲，为河南的经济升级提供了动力。③ 郑州航空港经济综合实验区，让河南摆脱了空域的束缚，而郑欧国际铁路货运班列，让河南打破了不沿海、不沿边的"天花板"。

"丝绸之路经济带"是中国经济发展及外交事业的一大重要构想。国家主席习近平同志在2013年9月7日在哈萨克斯坦提出了共同建设"丝绸之路经济带"倡议，这是丝绸之路经济带首次被世界所知晓。"丝绸之路经济带"与亚太经济圈在东部相接，与欧洲经济圈在西部相接，是极具发展潜力的经济大走廊。"丝绸之路经济带"首先是一个"经济带"概念，不是单

---

① 《郑欧班列加快郑州国际物流中心脚步》，大河网，http://opinion.dahe.cn/2015/06-18/105116617.html。
② 《郑欧班列的开通 带动新丝路物流发展》，http://www.soo56.com/news/20140305/67589m1_0.html。
③ 《郑欧国际铁路货运班列 多式联运打造国际物流集散地》，中国网，http://henan.china.com.cn/news/henan/201307/U29847KHHL.html。

一国家的经济战略也不是双边的经济合作,而是将经济带上各国家的思路进行融合,制定出协调发展的政策,把经济发展与沿线国家、地区的居民需求联系起来,与两大经济引擎通联的需求叠加在一起,构建出"丝绸之路经济带"的国际战略基础。

"丝绸之路经济带"沿途所经过的国家第一是中亚的哈萨克斯坦、吉尔吉斯斯坦、塔吉克斯坦、乌兹别克斯坦和土库曼斯坦五国。这五个国家是与中国在中亚地区合作最为密切的国家,与中国的西部在交通和居住上相互融合,最重要的是这五个国家是中国能源和资源的主要供给国。能源问题是中国需要解决的重要问题,因此中国在这些国家的投资以能源为主。第二途经的国家是西亚的伊朗、伊拉克、土耳其等国。①这些国家的特色是石油和天然气的开采,虽然这些国家的能源经济相对发达,但是其经济结构相对单一,这在长期发展中会出现很多问题,它们期待通过"丝绸之路经济带"与中国在农业和其他产业上进行合作。第三途经的国家是高加索的阿塞拜疆、格鲁吉亚、亚美尼亚以及东欧的乌克兰、白俄罗斯和摩尔多瓦等国。

上述国家处在欧亚地理交界线,在外交上也多倾向于和欧盟国家的合作,"丝绸之路经济带"的建设将有助于这些国家与中国在各类产业上的经济合作,既可以促进这些国家的经济发展也保障了中国在东西两向上的外交合作。②第四途经的是俄罗斯。俄罗斯是丝绸之路局部路径所通过的国家,其本身与中国就有很密切的经济合作关系,在"丝绸之路经济带"建设中,必须考虑到俄罗斯因素,应与俄罗斯的"欧亚经济联盟"战略和中亚、西亚战略形成自然衔接。第五是阿富汗、巴基斯坦和印度。三国与"丝绸之路经济带"的中心区域——中亚地区的关系及未来发展,主要取决于阿富汗问题的解决,如果阿富汗和平进程顺利,则三国与中亚的经济合作也将提速,这将有助于"丝绸之路经济带"的顺利建设。

融入"丝绸之路经济带",河南不仅有先天优势,也有后天基础。河南需要从先天的优势出发,提出用物流带动城市,用城市带动整个经济,最后形成一个经济带的思想和建设大交通、发展大物流、促进大发展的物流大省,航空港、郑欧班列、跨境电子商务的建设都将促使河南成为"丝绸之

---

① 徐智慧:《郑欧班列"拉"来的国际陆港》,《郑州日报》2015年2月14日。
② 张建卫:《新亚欧大陆桥运营管理及发展的研究》,《铁道运输与经济》2014年第6期。

路经济带"上的物流枢纽城市。①

中国现今正处于建设新"丝绸之路经济带"的历史最佳时期。当前，东部国家和西部国际存在联通的巨大战略需求，中国恰好处在最佳的地理位置上，此时推动建立"丝绸之路经济带"，是一个很合适的选择。河南在此时选择融入"丝绸之路经济带"建设，准确地抓住了历史机遇，既能满足中国自身发展的需求，又可为河南经济发展、文明融合做出巨大的贡献。"丝绸之路经济带"的建设应坚持走"独立自主"的和平外交原则，在肯定和接受不同国家地区内的文化差异，将各方面融合在一起求同存异，充分发挥各方力量，充分体现大国政治的胸襟。②不仅要强调政治协调、经济交流、促进安全、制度建设，更要突出民心相通、人民外交的思想，为开展区域合作奠定坚实的民意基础与社会基础。

河南融入"丝绸之路经济带"建设是在恰当的时机、恰当的地点提出的恰当的战略建议。在制度建设上，实际需要处理主权让渡与不干涉内政原则的平衡。河南在融入"丝绸之路经济带"过程中要权衡利弊，在意识形态相近的背景下，较容易形成政治互信，从而提升制度化建设的水平。推进"丝绸之路经济带"须对地区一体化进程起到促进作用，而不是相反的作用。

在河南融入"丝绸之路经济带"建设中，安全保障是一个突出重要的问题。中亚的"三股势力"长期在该地区肆虐；阿富汗、缅甸等国家的局势仍然动荡不安，毒品交易等跨境犯罪问题也还存在；印巴之间存在严重的领土争端，在政治领域也存在分歧，这些问题如若处理不当便会诱发军事冲突。安全问题保障不了，"丝绸之路经济带"的建设便不稳固，河南融入"丝绸之路经济带"的各方面投入便不会有好的成果。

河南要积极融入"丝绸之路经济带"，需要扩大视野，站在全球的视角下理解"丝绸之路经济带"的内涵，要明确自己的定位，分析可以给自己带来的机遇，在优势项目上扩大优势，在劣势项目上弥补不足。③第一，充分发挥区位优势。河南省位于我国中部地区，是连接东部地区与西部地区、

---

① 《郑欧班列打通欧亚物流大通道　河南争当丝绸之路经济带桥头堡》，网易财经，http://money.163.com/14/0606/01/9U1785DR00253B0H.html#from=keyscan。
② 李庚香、王喜成：《新"丝绸之路经济带"的战略特点与河南的积极融入》，《区域经济评论》2014年第6期。
③ 何茂春、张冀兵：《新丝绸之路经济带的国家战略分析》，《人民论坛·学术前沿》2013年第12期。

北方与南方的咽喉要道,是丝绸之路经济带向东部地区延伸的起点和腹地,同时,也是我国"两横三纵"城镇密集区及经济发展轴的黄金交会点,具有不可替代的区位优势。第二,国家丝绸之路经济带的规划及建设对位于亚欧大陆桥战略腹地的河南省来说,提供了做强工业、做大服务业、做优农业的新的发展机遇。同时,这一国家战略也为加快推进河南新型城镇化进程、加快中原城市群的发展、提升郑州作为中部地区中心城市的地位进而向国家中心城市这一目标迈进提供了前所未有的战略发展空间。第三,加强交通枢纽建设。河南要融入丝绸之路经济带,加强交通枢纽建设至关重要。要充分认识、发挥中欧班列在带动沿线地区经济发展中的作用,在班列开行、货运量、货运覆盖面和通关便利等方面不断完善,逐步将河南建设成为辐射东部、中部、西部地区以及连接境内、境外的物流运输枢纽,让源源不断地从全国各地集结到河南的货物,通过中欧班列输送到世界各地。第四,构建东、西部双向开放的战略格局。河南位于丝绸之路经济带——欧亚大陆桥东端,同时,地处我国"两横三纵"的城市化战略格局中陆桥通道和京广通道的交会处,向东可以连接长三角等东部沿海发达地区,范围涵盖沿海各省份,承接海上丝绸之路;向西可以直通西部地区,直接通向亚欧大陆;向北可以对接京津冀等经济发展区;向南可以连接长江经济带、珠三角等经济发展区。①

当前,中国地区间的经济发展不平衡,面临诸多挑战。从国家的层面,需要兼顾各地区的发展,同时,也要着力开拓各地区新的经济增长点。国家实行"丝绸之路经济带"的战略布局,在中欧班列的带动下,可以促进经济发展相对落后、经济实力相对薄弱的西部地区的发展;在中欧班列的带动下,可以把中国特色的民俗文化带到世界各地,为中国营造良好的周边外交、周边政治环境;在中欧班列的带动下,可以将中国过剩的产能输送到沿线的欧亚国家,不仅有利于消化国内严重的过剩产能,同时,可以与沿线国家、地区建立良好的合作关系,促进彼此的经济发展。丝绸之路经济带的战略布局,有利于形成以开放促进西部地区大开发、促进东部地区再改革的新的倒逼格局。②

---

① 王向前:《郑欧班列成"一带一路"快速通道 海关:交易总量不高》,网易新闻,http://news.163.com/15/0401/08/AM3Q13G000014Q4P.html。
② 王卓怡:《全面解读"丝绸之路经济带"》,人民网,http://www.rmlt.com.cn/eco/caijingzhuanti/special/sichouzhilu/。

丝绸之路经济带的建设中，道路连通是基础，贸易畅通是本质。建设丝绸之路经济带的五大具体措施，包括开辟交通和物流大通道、实现贸易和投资便利化、打破地区经济发展瓶颈、推进金融领域合作、成立能源俱乐部、建立粮食合作机制。但是，在建设丝绸之路经济带的进程中，需要注意的是"丝绸之路经济带"沿线地区的政治形势复杂，存在各种各样的分歧、矛盾。面对这样的环境，推进国家、地区间的经济合作，就要求同存异，进一步创新合作理念，切实解决合作双方最现实的问题。

第三节 河南自贸区与"网络丝绸之路"建设

中国（河南）自由贸易试验区［China（He'nan）Pilot Free Trade Zone］，简称河南自由贸易区或河南自贸区，是中国政府设立在河南的自由贸易区，位于河南省郑州市、洛阳市、开封市境内。2016年8月31日，国务院决定设立中国（河南）自由贸易试验区。根据规划，河南自贸区以郑州为主，包括郑州、洛阳、开封三个片区，网内网外相结合，一区多片分层推进，总面积140.24平方公里，其中郑州片区81.9平方公里，洛阳片区27.8平方公里，开封片区30.54平方公里。

一 中国（河南）自由贸易试验区的建立

河南自贸区范围涵盖郑州航空港经济综合实验区、中原国际陆港、郑东新区金融集聚区、郑州新郑综合保税区、郑州出口加工区、河南保税物流中心、国家郑州经济技术开发区、国家洛阳经济技术开发区、国家开封经济技术开发区九个海关特殊监管区域。自建设之日起，河南自贸区就以打造贯通南北、连接东西的现代立体交通体系和现代物流体系为目标，以促进流通国际化和投资贸易便利化为重点，以国际化多式联运体系、多元化贸易平台为支撑，打造对外开放高端服务平台，发展成为"一带一路"战略核心腹地。

河南省自贸区与我国其他自由贸易试验区一样，类似于自由港，是一种享受特殊政策的经济区。一般而言，自贸区享有境内关外、负面清单管理、离岸贸易、离岸金融等优惠待遇，具有投资效率高、通关便利、贸易和金融自由等优势。从目前我国其他自贸区的发展情况看，各自贸区的通关效率平均提高40%，2015年，4个自贸区新设立企业约9万家，其中广东、天津、福建自贸区新设立企业数同比增长2倍。同时，上海自贸区还形成了能够向全国推广的制度创新经验34项。自贸区在推动经济发展和深化改革开放方面，都具有较强的优势。此外，我国经济仍面临巨大的下行压力，稳增长、调结构的任务仍很艰巨，同时，受到全球经济复苏与国际金融环境的不利影响，中国经济保增长的问题困难重重。自贸区的建立，既能缓解一定的经济下行压力，又能缓解国际交流压力，推动全面深化改革和扩大开放，通过应对世界经济的挑战，来提升国内经济的竞争力，从而推动"一带一路"的全面建设。

二 建设河南自贸区的战略意义

河南自贸区的建设有利于拉动省内经济增长。虽然近年来河南一直保持较好的经济发展态势，然而，由于产业结构的不合理，对于传统产业的依赖性很强，在竞争激烈的高新产业，河南省不具备竞争力。且由于经济发展的不平衡，不健康的经济发展模式带来了诸如环境污染、产能过剩等问题，不利于河南经济的可持续发展。自贸区的建设能够与世界经济快速接轨，以"买全球，卖全球"的理念推动国家间的贸易活动，使经济发展有了新的转变。

具体而言，河南自贸区的建设有利于刺激需求，鼓励投资。首先，河南省劳动力资源丰富，且区位优势明显，过去经济的发展受到地理位置的影响。自贸区的建设有利于承接东部的产业转移，并且在自贸区内可以享受税收等各方面的优惠政策，鼓励企业投资，推动经济发展。其次，自贸区的建立有利于优化产业结构。国内企业生产以往只面对国内市场，与世界密切交往后，河南的企业必须要与世界标准相匹配，严格以发达国家的标准体系为基准，进而提高产品质量，优化产业结构。再次，自贸区的建设能够大大提高河南省的出口比例。河南省通过在自贸区入驻企业的支持，着重鼓励出口型企业的发展，进而形成以出口企业为主导经济发展模式。最后，河南省自贸区的建设，能够提供就业岗位，带动相关产业发展，从而提高收入水平，为经济的全面建设提供动力支持。

三 以河南自贸区助推"网络丝绸之路"建设

随着新时期科学技术和经济的发展，"网络丝绸之路"成为"一带一路"适应科学进步与技术创新的全新丝路模式。建设"一带一路"是构建全方位对外开放新格局的重要举措。作为全国最具代表性的自贸区之一，河南省主动对接融入"一带一路"建设，严格按照习近平总书记"干在实处永无止境，走在前列要谋新篇"的要求，力求探索并打造"网上丝绸之路"。通过互联网、大数据、云计算等新理念、新技术，构建一个由沿线数十亿消费者、零售商、制造商、服务提供商和投资者组成的网络经济体，为推动形成"一带一路"线上线下新格局做出贡献。

打造"网络丝绸之路"，河南具有优越的区位条件。河南地处中原腹地，虽然古代丝绸之路并未经过河南，然而，新时期河南已经成为"一带一路"的重要节点与枢纽之一。河南省近年来，发挥首批跨境贸易电子商务服务试点城市的优势，集聚了综合性电商网站，积极构建全国乃至全球领先的跨境电子商务产业链和生态链。郑州这一试点城市同上海、重庆、杭州、宁波四个城市一起，通过"先行先试"，依托电商口岸建设机制和平台优势，实现了外贸电子商务企业与口岸管理相关部门的业务协同与数据共享，解决了制约跨境贸易电子商务发展的瓶颈问题，优化了通关监管模式，提高了通关管理和服务水平。且近年来，河南省注重人才引进，尤其是高新技术人才和网络人才，从而开发新时期经济的更大潜力。因此可以说，建设"网上丝绸之路"，河南省具备了"天时、地利、人和"。

打造"网络丝绸之路"，河南省责无旁贷。推进跨境电商自由化、便利化、规范化，是"网络丝绸之路"的核心所在。河南省坚持以综合试验区为平台，推进制度、管理、服务"三大创新"，推动信息流、资金流、货物流"三流合一"，实现国际规则、政策体系、数据化监管方式、供应链服务体系的"四个突破"，尽快形成一套适应和引领全球跨境电商发展的管理制度和规则，创新发展道路。

建设"网络丝绸之路"是河南省发展开放经济的一项全新的事业。河南省自贸区的建设，是"网络丝绸之路"的基本保障和核心平台。河南自贸区与"网络丝绸之路"建设的重点，首先，要注重服务国家战略，通过发挥综合试验区的先行先试作用，着力破解跨境电商发展中的深层次矛盾和体制性难题，加快形成完整的产业链和生态链；其次，要注重转变外贸发展方式，尽快打开外贸转型发展新通道，巩固拓展 B2C 业务，下大力气发展 B2B 贸易，助推"中国制造"更好更快地走出国门；再次，要注重发挥企业主体作用，鼓励更多企业在"网络丝绸之路"建设中"唱主角"，支持电商龙头企业积极参与、主导国际规则和标准制定，增强在全球贸易体系中的话语权；最后，要注重体现改革综合性，做好监管制度、金融服务、物流服务和诚信体系等举措的协同推进，建好线上平台和线下平台。

走好"网络丝绸之路"，我们既要有责无旁贷的使命感，更要有时不我待的紧迫感。要马上就办，全面落实国务院《关于同意设立中国（河南）跨境电子商务综合试验区的批复》和河南市出台的跨境电子商务综合试验区实施方案，推动首批已明确的32条创新举措落地，加快编制综合试验区产业发展和布局规划。要钉钉子，着力解决制约跨境电商发展的通关物流、金融支持、人才支撑等难题。要精准化服务，以"一对一"、个性化的"店小二"式服务营造良好发展环境，努力多出成果、快出成果。

近年来，中国网络文化市场发展迅速，成果显著。与此同时，中国网络文化行业"走出去"的步伐也在加快。在"一带一路"的发展框架下，中国—东盟信息港已经成功搭建了一条连接我国与东盟国家的"信息丝绸之路"，以深化网络互联、信息互通、互利合作为基本内容，为推动文化的多样性传播发挥了重要作用。

河南省作为"网络丝绸之路"的代表性省份，首先是因为河南省地处我国中部中心地带和交通枢纽，省内"三纵五横"的铁路干线网和"十二横九纵六放射"的高速公路网纵横交织，是东部产业转移、西部资源输出、南北经济贸易交流的桥梁和纽带。高铁、高速公路通车里程多年保持全国前列。以郑州为中心的"米"字形高速铁路和航空运输中转中心是中原地带交通的心脏。空中丝绸之路的建设已经初具规模，以郑州为亚太物流中心，以卢森堡为欧美物流中心、覆盖全球的航空货运网络已经逐步形成，郑州新郑国际机场开通国际货运航线28条，占中部地区的95%，现已覆盖了除非洲和南美洲以外的全球主要经济体。河南省在陆空对接、通联海港、多式联运的现代综合交通运输体系方面正在日益完善，国际物流中心地位持续上升，这一区位优势为河南省打造"网络丝绸之路"提供坚实的后盾，并且赋予河南省走向世界的重大历史使命。

郑州、洛阳是丝绸之路经济带的重要节点城市，郑州还是中原经济区和中原城市群的核心，具有大枢纽、大物流、大产业、大市场的独特优势，具备成为"一带一路"战略核心腹地的坚实基础，因此外向经济日益健全。河南拥有郑州新郑综合保税区、郑州出口加工区、河南保税物流中心等多个海关特殊监管区；拥有郑州航空口岸、郑州铁路东站货运口岸、洛阳航空口岸三个一类口岸；并且经国家批准，河南正在加快建设进口肉类指定口岸、汽车整车进口口岸、粮食进口口岸等一批特定口岸和多式联运监管中心。不断完善的平台体系为河南省建设自由贸易试验区提供了良好的载体支撑。

"一带一路"的核心词是互联互通，互联网最能打破国家之间的疆界。网络媒体，是促进民心相通、增进国家间了解互信、推动文化互荣的重要桥梁和纽带。特别是"互联网+"是一种创新型沟通，是"网络丝绸之路"最为重要的创新模式。"网络丝绸之路"框架下，数字、信息资源共享，事实上触及互联网企业发展的痛点。"大数据"是未来互联网发展的趋势，是最重要的机会，但实际上中国信息割裂的状况还是存在，有各种各样的信息孤岛。因此，河南省能够通过自贸区建设和"网络丝绸之路"的建设，推动河南积极参与中国新丝路即"一带一路"，增强信息的沟通连接，不断完善大数据，以服务我国继续推行"走出去"战略，在世界经济文化交流合作中能够尽可能地缓解压力，寻找适宜中国信息建设的发展道路，进而在"一带一路"的落实过程中掌握先机。

河南自贸区的建设和"网络丝绸之路"的建设，是适应国家对外开放政策的重要决策，也是河南省力争发挥中原省份重要作用的重要方式。通过资源整合，充分利用丝路经济发展的有利条件，把握时机，进而提高河南省在全国经济发展中的地位和形象，也真正表明中国在世界经济发展中的诚意和信心。

第四节 中原文化与丝路文化旅游建设

中原文化，是中国传统文化的重要组成部分。在几千年的中国历史的长河中，中原从上古至唐宋，一直是中国的政治、经济、文化中心。中原文化在某种程度上就代表着中国传统文化，它既是一种地域性的文化，又区别于一般性的地域文化，可以说是中国传统文化的主体和根源。

一 中原文化的特征

中原文化的形成与发展经历了漫长的历史过程。在发展核心文化的基础上，通过吸取周边文化精髓，逐步形成了独特的文化内容。在中原文化发展过程中，由于大规模的人类迁徙、战争以及经济交流等活动频繁，中原文化不断与异地文化交流融合，因而文化特征事实上并不是很明显。但作为中华民族传统文化的根源和主干，中原文化的历史特征是不可磨灭的。中原文化的地域性明显，但是不同于其他地域文化，其最显著的特点就是与中国文化形成的直接关联。由于黄河泥沙的淤积和气候等诸多便利的自然条件，河南自上古时期就形成了发达的农业文明，在诸地域中最先跨过了"文明的门槛"。根据这种文明衍生的文化，中国的社会政治制度、文化礼仪典章的形成和发展有了基本的参考范本。此外，中原文化在中国文化的整体格局中地位之重，在于其强大的辐射力。在中国历史发展过程中，依托于生产方式的先进性、军事的扩张，以及中央政权崩解导致的移民大批迁移，中原文化向四方传播。在中原以外的地区，到处都有中原文化的影子。因此，中原文化是中华文化之根源，是中华文明之核心。具体而言有以下特征。

一是根源性特征。中原文化在整个中华文明体系中具有发端和母体的地位，是中华传统文化的根源。无论是口口相传的史前文明，还是文字记载，都表明中原文化的核心地位。例如，从"盘古开天""女娲造人""河图洛书""三皇五帝"等神话传说对中华文明起源的精彩描述，一些重要的考古挖掘对早期的裴李岗文化、仰韶文化、龙山文化和二里头文化的研究探索等，都表明了中原文化的根源性作用。同时，在河南境内起源的夏、商、周三代，一直都是中华文明的根源，是中国历朝历代借鉴学习的范例。作为东方文明轴心时代标志的儒道法等诸子思想，正是在研究总结这三代文明的基础上，产生于河南，发扬于中原，成为中国思想文明的核心力量。因此，中原文化是中华文化之根，是华夏文明之源。中原文化在中华文化系统中处于主体地位，在与其他文化不断的融合交流中，自身的外延也在不断扩大，并由此催生了中华文化的形成。中原文化"大同""和合"的核心思想，成为流传至今的中华文化的核心思想。而中原文化中的一些重大民俗活动，如婚丧嫁娶、岁时节日等，都成为中华民族的民俗活动。中原文化之根，进而发散中华文明的巨大枝干。

二是原创性特征。中原文化对与构建中华文明体系发挥了重要的开创作用。无论是汉字文明和元典思想，还是政治制度和商业文明，以及重大科技发明与中医药的产生，中原文化始终保持开创先河的历史作用。《易经》《道德经》对宇宙、社会、人生的独特发现，极大地影响了中国人的民族性格和民族文化心理。黄帝都"有熊"、置百官和李斯提出的郡县制，确立了中国几千年封建社会的基本制度模式；张仲景的《伤寒杂病论》、张衡的浑天仪，都在中国历史乃至世界历史上占据着举足轻重的地位。

三是包容性特征。中原文化通过经济、宗教、战争、人口迁徙等方式，兼容众善，使得物质文化、制度文化和思想观念全面融合。从新石器时代开始，中原地带的文化交流就非常频繁，文化融合现象十分普遍。新石器时代中原文化与周边地域文化融会贯通，具有许多共同点。如中原地区的大汶口文化源于东夷的海岱民族，通过与中原民族交往，进而形成最终融合的结果——郑州大河村遗址中出土的一些陶器，富有山东大汶口文化特征，说明中原文化借鉴吸收周边地域的文化成果。对于外来文化，中原地区也采取较为开放的态度，如胡服、胡乐、胡舞、胡人食品在汉唐间传入中原，经中原人民的接受和改进，都融入中原文化之中。一般而言，世界上其他地区的宗教具有明显的排他性，但是佛教作为一种外来宗教传入中原后，却与本土儒道文化相融贯通，最终成为中原文化和中华文化的重要组成部分。

四是开放性特征。中原文化的辐射力和影响力较强，无论远近，只要有辐射的机会，中原文化开放的特征就推动中原文化走向各地。例如，比较有特色的岭南文化、客家文化及闽台文化，其核心思想都来源于中原的河洛文化；而潮汕文化则受到唐代的思想家文学家韩愈思想的深刻影响。此外，中原文化还被化民成俗，一些基本礼仪规范被历代统治者编成统一的范本，上至国家管理，下至家庭教育，"万里同风"，思想同步，将中原文化作为规范应用到各朝各地的经营管理。中原文化的开放性还表现在对其他国家的影响。自秦汉以来，中原文化主要通过陆路交通向周边国家辐射传播，朝鲜、日本的古代文明一直延续至今。从北宋开始，中国凭借当时发达的航海技术，将中原文化传播至南亚、非洲各国。正是由于中原文化的这种开放性，推动了中国历史的发展前进，也推动了世界文明的不断前行。

二 中原文化与丝路文化旅游的结合

"一带一路"建设中，除了基础设施、能源建设、科技交流以及资源共享等工作外，一个重要的项目就是发展丝路文化特色旅游项目。旅游服务业在第三产业中的地位显著，是辐射性、收益性与带动性都很强的产业，具有低耗能、高回报等特征。中原文化作为最具代表性的中国传统文化，是中国丝路特色文化建设中必不可少的部分，因此必须将二者密切结合，充分挖掘旅游文化的底蕴，推动特色旅游的发展。我们知道，在古丝路的线路中并未将河南划入范围，而是源于陕西。但是新时期的丝路范围进一步扩大，与其说是对古丝路的复兴，不如说是将中国整体作为"一带一路"的源头，整体上提升了丝路的格局。河南省在中原文化的维护和推广中承担重要的功能，因此在推动以中原文化为特色的丝路文化旅游建设中，应当着重发掘河南的丝路文化旅游资源。

首先，河南丝路文化旅游的建设，要把握国家建设"丝绸之路经济带"政策机遇。习近平总书记提出建设"丝绸之路经济带"的重大战略构想，将进一步促进中国与中亚五国在旅游、文化产业上的交流与合作。进一步提升文化旅游发展内涵，率先推动河南重要城市尤其是古都古城的旅游深度开发，共同打造丝绸之路文化旅游合作平台。

在河南省自贸区的建设推动下，构建中国与丝路沿线国家文明交流的对话平台，围绕中原文化和中原特色，打造一批富有丝路文化特色的旅游产品。

其次，注重发挥文化的融合优势。中原文化与黄河文化、西域文化、丝路文化一起，都属于中华民族的传统文化。通过近年来的"走出去"战略实施，中原文化注重与各地文化的融合沟通，既保留了原有文化的特色，又增添了新的元素。在进行文化融合的过程中，要注重创意文化产业的建立推广，培育品牌化的文化经济实体，主动与国际市场接轨，引进并培养文化领军人才。河南省的古代传统文化遗址较多，在建设丝路特色旅游文化时，一定要注重对文物古迹的保护，创新但不立异，保证传统文化与新兴模式的融合实现绿色、有序。

再次，提升中原文化的形象。注重塑造具有广泛认同的中原文化旅游品牌，通过共同开拓市场、联合开展文物保护、提升产品观赏性等多种方式，深入发掘丝路文化内涵，努力建设世界旅游黄金线路。中原文化有精华也有不足，在建设旅游产业的过程中，要注意把优良美好的形象打造作为工作的重心，将沉淀了几千年的深厚文化底蕴全方位地展示给中外旅游者。这种不可效仿、不可比拟的独特文化成就和历史资源，是打造丝路文化旅游产业的核心竞争力。同时，要用科学、论证的方式来引领中原旅游文化的市场需求，将文化性与经济性协调发展，全面开发中原文化的深刻内涵，提升中原文化的国际形象和国际影响力。

最后，中原文化与丝路文化旅游的结合，要注重形式的丰富多样。人类文明的发展使得人们的审美水平不断提升。旅游文化资源如果没有丰富的形式和深刻的内涵，很难吸引游客的注意，也不利于中原特色文化的传播。具体而言，可以通过媒体宣传、影视作品、文艺演出等方式，充分挖掘和展示河南地区特有的文化内涵和特色，开发系列特色文化旅游产品，促进旅游业加快发展。

三 中原文化是丝路文化旅游建设的内在联系

"国之交在于民相亲，民相亲在于心相通。"自古以来，文化都是沟通心灵最好的媒介。丝路文化既是中华文化在国内的传播教育，也是极具代表性的"走出去"的文化。中原文化在中国有着悠久的历史，深刻影响着人们的生活和观念，这将成为"一带一路"旅游建设的民间基础。

丝路文化旅游建设，不只是旅游资源的开发，更是中国文明形象在全世界的展示。有不少"一带一路"地区争先恐后地对本区域内的资源进行开发，产生了许多问题，例如，因资源雷同导致开发雷同，使丝路沿线的一些景区景点相同或相似，相互之间没有明显的竞争特色，造成了巨大的资源浪费；还有一些景区因同质化导致出现无序竞争，有些景区景点在尚未回收成本时，便已走到产品的生命周期的衰退期，造成了投资的浪费；另有些省区的文化旅游营销不考虑文化旅游资源的跨区域性和整体性，将整体的旅游资源分散化，对本来有着高度完整性和逻辑性的宏大文化资源随意"解构"，丧失了应有的整体特征。此外，还有一些地区为了标新立异，对原有的文化特色旅游资源进行了破坏，虽然表面上更为吸引眼球，实际却破坏了深厚的文化底蕴，等等。

当然，在文化特色旅游建设过程中，出现的问题并不是主流，但是也应当引起重视。中原文化讲求礼教、文明和共享，因此，在建设中原特色的丝路文化旅游建设中，必须把握道德方面的导向。无论是景区的形象，还是旅游产品的消费者，都要以中华文明作为行为规范，树立良好的中原文化形象。河南地区丝路特色的旅游资源开发，将会进一步推动"一带一路"旅游产业的发展，成为中部地区的中坚力量。

参考文献

[1] 包心鉴:《全面深化改革:决定当代中国前途和命运的关键抉择》,《中国延安干部学院学报》2014年第1期。

[2] 龚雄军:《新时期我国对外开放面临的新形势和新挑战》,《国际贸易》2012年第1期。

[3] 金碚:《中国经济发展新常态研究》,《中国工业经济》2015年第1期。

[4] 黄海洲、周诚君:《中国对外开放在新形势下的战略布局》,《国际经济评论》2013年第4期。

[5] 林木西:《以经济体制改革为重点推动全面深化改革——学习领会党的十八届三中全会〈决定〉》,《辽宁大学学报(哲学社会科学版)》2014第1期。

[6] 李安方:《探索对外开放的战略创新——"新开放观"研究的时代背景与理论内涵》,《世界经济研究》2007年第3期。

[7] 李健:《"十二五"中国外贸政策取向》,《瞭望新闻周刊》2011年第4期。

[8] 龙永图:《新常态下的中国对外开放战略》,《探索与争鸣》2015年第2期。

[9] 隆国强:《中国对外开放面临的挑战与新战略展望》,《宁波经济(三江论坛)》2009年第7期。

[10] 齐建国、王红等:《中国经济新常态的内涵和形成机制》,《经济纵横》2015年第3期。

[11] 王浦劬:《全面准确深入把握全面深化改革的总目标》,《中国高校社

会科学》2014年第1期。

[12] 薛志伟:《全面提高开放型经济水平》,《经济日报》2012年11月14日。

[13] 杨帆:《论新改革开放观》,《开放导报》2005年第3期。

[14] 张占斌、周跃辉:《从经济大国迈向经济强国》,《经济研究参考》2015年第4期。

[15] 张幼文:《新开放观:对外开放理论与战略再探索》,人民出版社,2007。

[16] 张旭东:《"改革"内涵的演进:从"改革"到"全面深化改革"》,《党的文献》2016年第1期。

[17] 张海梅、吴长春:《十八大对外开放战略的新内涵及对广东的重大指导意义》,《岭南学刊》2013年第6期。

[18] 张玉阁、黄启云:《新一轮开放内涵和路径解读》,《开放导报》2014年第2期。

[19] 张海梅:《实行更加积极主动的开放战略》,《南方日报》2013年1月5日。

[20] 中国社会科学院工业经济研究所课题组:《论新时期全面深化国有经济改革重大任务》,《中国工业经济》2014年第9期。

[21] 申现杰、肖金成:《国际区域经济合作新形势与我国"一带一路"合作战略》,《宏观经济研究》2014年第11期。

[22] 杨枝煌:《全面建立"一带一路金融+"战略机制》,《国际工程与劳务》2015年第6期。

[23] 李文兵、南宇:《论丝绸之路沿线旅游合作机制》,《干旱区资源与环境》2010年第1期。

[24] 王海运:《"丝绸之路经济带"建设与中国能源外交运筹》,《国际石油经济》2013年第12期。

[25] 安宇宏:《"一带一路"战略》,《宏观经济管理》2015年第1期。

[26] 安树伟:《"一带一路"对我国区域经济发展的影响及格局重塑》,《经济问题》2015年第4期。

[27] 李月好、杨震:《"一带一路"战略对中国经济发展的影响》,《合作经济与科技》2015年第13期。

[28] 高东新、程丽辉:《丝绸之路经济带建设的西安策略研究》,《城市观

察》2015年第1期。

[29] 陈伟光:《论21世纪海上丝绸之路合作机制的联动》,《国际经贸探索》2015年第3期。

[30] 王保忠、何炼成、李忠民:《"新丝绸之路经济带"一体化战略路径与实施对策》,《经济纵横》2013年第11期。

[31] 袁新涛:《"一带一路"建设的国家战略分析》,《理论月刊》2014年第11期。

[32] 胡鞍钢、马伟、鄢一龙:《"丝绸之路经济带":战略内涵、定位和实现路径》,《新疆师范大学学报(哲学社会科学版)》2014年第2期。

[33] 夏显力、王婷:《加快新型城镇化建设助推新丝绸之路经济带发展》,载陕西省改革发展研究会编《陕西改革与新丝路新城镇建设研究2014年优秀论文集》,2014。

[34] 刘大可:《会展活动促进服务贸易发展》,《中国经贸》2011年第7期。

[35] 王碧珺:《中国参与全球投资治理的机遇与挑战》,《国际经济评论》2014年第1期。

[36] 柳思思:《"一带一路":跨境次区域合作理论研究的新进路》,《南亚研究》2014年第2期。

[37] 蒋润祥、姜永辉、宋亚:《丝绸之路地区国际区域合作述评及启示》,《甘肃金融》2015年第4期。

[38] 徐文杰:《浅析"一带一路"及其惠民效应》,《商场现代化》2015年第9期。

[39] 张茉楠:《"一带一路"重构全球经济增长格局》,《发展研究》2015年第5期。

[40] 王建丰:《新形势下河南省对外开放发展格局分析》,《特区经济》2013年第5期。

[41] 孙丹萍:《改革开放以来河南省招商引资战略与对策研究》,硕士学位论文,西安工程大学,2012。

[42] 赵保佑:《河南开放型经济》,社会科学文献出版社,2009。

[43] 覃成林:《区域经济发展的轨迹:河南区域经济发展实证研究》,科学出版社,2008。

[44] 章劼:《我国外资政策的取向及其影响分析》,《北京工商大学学报

（社会科学版）》2006年第4期。

[45] 喻新安、王建国、任晓莉、毛兵副：《策论中原崛起——破解河南经济社会发展的六大矛盾》，经济管理出版社，2006。

[46] 李雅莉：《河南省发展开放型经济的对策研究》，《信阳师范学院学报（哲学社会科学版）》2011第6期。

[47] 杨芳：《提高对外开放度促进河南省经济增长》，《河南广播电视大学学报》2011年第2期。

[48] 吴言荪、邢慧慧：《建设内陆开放高地的战略思考》，《中国科技论坛》2011年第1期。

[49] 张占仓、蔡建霞：《郑州航空港经济综合实验区建设与发展研究》，《郑州大学学报（哲学社会科学版）》2013年第4期。

[50] 李朝民：《中部六省贸易依存度研究——河南贸易依存度现状分析》，《经济经纬》2009年第5期。

[51] 河南省社会科学院课题组：《推进郑州航空港经济综合实验区建设若干问题研究》，《区域经济评论》2015年第2期。

[52] 孙熙倩：《郑州航空港综合经济实验区开放型经济发展策略研究》，硕士学位论文，郑州大学，2015。

[53] 沈净瑄：《河南省对外贸易存在的问题及对策研究》，硕士学位论文，河南大学，2014。

[54] 李宁宁：《河南省外商直接投资问题研究》，硕士学位论文，河南大学，2013。

[55] 孙先芝：《内陆开放型经济发展中的政府职能研究》，硕士学位论文，重庆大学，2012。

[56] 马江波：《河南省对外开放优势分析》，《经营管理者》2015年第1期。

[57] 张大卫：《郑州航空港经济综合实验区——经济全球化时代推动发展方式转变的探索与实践》，《区域经济评论》2013年第3期。

[58] 王先菊：《中原经济区建设对河南开放型经济的影响研究》，《中国商贸》2011年第24期。

[59] 王国英：《浅议郑州航空港综合实验区建设与河南经济发展的互动关系》，《商场现代化》2015年第3期。

[60] 侯雪梅、袁仲、张慎举：《河南粮食生产核心区建设现状、存在问题与对策》，《粮食与食品工业》2014年第4期。

[61] 河南省人民政府办公厅:《河南省人民政府办公厅关于粮食生产核心区建设规划的实施意见》,《河南省人民政府公报》2010年第23期。

[62] 谈琰:《我国粮食核心区建设执行层面的困境与对策》,《农村 农业 农民(B版)》2009年第7期。

[63] 贾林娟:《浅析河南粮食核心区建设与区域经济协调发展》,《当代经济》2010年第11期。

[64] 王玉英:《河南粮食核心区的产业化建设问题研究》,《农业经济》2010年第6期。

[65] 袁仲、李哲斌、张慎举:《河南省粮食核心区建设背景下农产品加工业发展的思考》,《农产品加工(学刊)》2011年第1期。

[66] 王治涛:《试论河南省历史文化资源的优势与开发》,《许昌学院学报》2006年第4期。

[67] 河南省地方史志编纂委员会:《河南省志》,河南人民出版社,1992。

[68] 洛阳市地方史志编纂委员会:《洛阳市志》,中州古籍出版社,1994~2001。

[69] 大河图书编辑室:《厚重河南》,中州古籍出版社,2003。

[70] 陈周钦:《人力资源管理在增强城市竞争力方面的路径探讨》,《中国人力资源开发》2004年第11期。

[71] 韩喜明:《河南省人力资源竞争力评价分析及对策》,硕士学位论文,复旦大学,2008。

[72] 国务院研究室课题组:《中国农民工调研报告》,中国言实出版社,2006。

[73] 完世伟:《河南推进城乡一体化的思路与对策》,社会科学文献出版社,2007。

[74] 曾湘泉:《国际化背景下的中国教育发展与人力资源开发》,《中国人力资源开发》2004年第1期。

[75] 朱达明:《人才政策法规体系建设探析》,《中国人力资源开发》2004年第10期。

[76] 赵光辉:《我国人才强国战略的一些思考与建议》,《中国人力资源开发》2004年第7期。

[77] 蔡昉:《人口转变、人口红利与刘易斯转折点》,《经济研究》2010年第4期。

[78] 张珺:《全球产业转移下的服务生产网络及其对发展中国家的启示》,

《科技管理研究》2010 年第 11 期。

[79] 王向阳:《区域和双边贸易协定的不断增长对多边贸易自由化进程的影响》,《现代营销(学苑版)》2013 年第 8 期。

[80] 王晓佳:《人民币汇率制度改革与中国对外贸易的相关性分析》,硕士学位论文,黑龙江大学,2007。

[81] 王建丰:《新形势下河南省对外开放发展格局分析》,《特区经济》2013 年第 5 期。

[82] 宋红军:《河南省优化对外开放环境的着力点及对策研究》,《中州大学学报》2015 年第 5 期。

[83] 梁琦:《跨国公司海外投资与产业集聚》,《世界经济》2003 年第 9 期。

[84] 樊尊:《河南对外开放竞争力研究》,硕士学位论文,河南大学,2009。

[85] 李良杰:《河南省海外高层次人才引进中的先进经验和启示》,《戏剧之家》2013 年第 9 期。

[86] 李清树:《努力实现河南对外开放工作的新突破》,《学习论坛》2007 年第 4 期。

[87] 任晓莉、杜明军:《河南经济国际化:成就、比较与推进》,《中州学刊》2008 年第 5 期。

[88] 吕红:《河南省对外开放发展态势及制约因素研究》,《长春教育学院学报》2014 年第 24 期。

[89] 郑俊丽:《论新时期河南对外开放的机遇与挑战》,《品牌营销》2014 年第 11 期。

[90] 马江波:《河南省对外开放优势分析》,《经营管理者》2015 年第 1 期。

[91] 刘黎清:《中国省域对外开放度实证研究》,《商业时代》2010 年第 9 期。

[92] 邓招阳:《河北省经济增长与 FDI 的实证研究》,《经济论坛》2009 年第 1 期。

[93] 杨大凤:《河南建立自由贸易区的 SWOT 分析》,《黄河科技大学学报》2016 年第 1 期。

[94] 张鹏岩、张倩倩、杨丹等:《中原城市群核心—外围经济联系潜力与地缘经济关系类型分析》,《河南大学学报(自然版)》2015 年第 5 期。

[95] 贺卫华:《建设郑州航空港经济综合实验区,打造中原经济区核心增长极》,《黄河科技大学学报》2013 年第 5 期。

[96] 贺桂仁：《河南省棉花生产现状分析及发展对策研究》，硕士学位论文，河南农业大学，2006。

[97] 石晓光：《中国手工艺的发展现状与未来（摘要）》，《中华手工》2004年第4期。

[98] 侯银辉：《谈近代中国农村经济的运行机制》，《娄底师专学报》1989年第1期。

[99] 仝新顺、郑秀峰：《郑州航空港经济综合实验区临空经济发展研究》，《区域经济评论》2013年第1期。

[100] 刘美平：《马克思主义区域经济学视阈内"一带一路"倡议实施方略》，《区域经济评论》2016年第2期。

[101] 陈晓：《河南省参与丝绸之路经济带战略的优势分析与推进策略》，《河南商业高等专科学校学报》2015年第6期。

[102] 冯麟：《郑州航空港经济综合实验区动力机制与发展模式研究》，硕士学位论文，河南大学，2014。

[103] 周晓利：《航空港经济综合实验区航空物流发展策略期——以郑州为例》，《企业经济》2014年第4期。

[104] 李金辉：《中国航空产业发展热潮现象及其利益博弈分析》，《现代财经（天津财经大学学报）》2011年第4期。

[105] 刘勇：《郑州机场航空货运发展战略研究》，硕士学位论文，华中科技大学，2008。

[106] 赵明月、邹锡兰：《广州白云机场综合保税区打造空港经济新引擎》，《中国经济周刊》2014年第27期。

[107] 刘忠胜：《郑州航空港经济综合实验区"多元一体化"发展模式研究》，硕士学位论文，广东财经大学，2015。

[108] 谈琰：《国外空港经济发展对郑州航空港经济综合实验区的启示与借鉴》，《黄河科技大学学报》2013年第5期。

[109] 刘明君、刘海波、高峰、刘智丽：《国际机场航空物流发展经验与启示》，《北京交通大学学报（社会科学版）》2009年第4期。

[110] 罗钢：《"丝绸之路经济带"建设中交通物流制度协同与推进探讨》，《开发研究》2014年第2期。

[111] 孙新锋：《航空港构建现代经济体系 国外临空产业经济发展案例纵览》，《郑州晚报》2013年4月8日。

[112] 黄卿:《拓展对外开放平台 引领临空经济腾飞——郑州航空港经济综合实验区建设进展及展望》,《港口经济》2013年第12期。

[113] 张郁:《郑州航空港经济综合实验区临空经济发展的对策》,《港口经济》2014年第11期。

[114] 贺卫华:《发展国际航空物流推进郑州航空港经济综合实验区建设》,《黄河科技大学学报》2014年第3期。

[115] 王淑湘、叶长兵:《郑州航空港经济综合实验区临空产业发展研究》,《决策探索》2014年第5期。

[116] 吴建有:《航空港建设等于再造郑州》,《中国经济时报》2013年5月24日。

[117] 平萍、朱殿勇、王延辉:《积极融入国家"一带一路"战略 乘势而上加快郑州航空港经济综合实验区发展》,《郑州日报》2015年4月7日。

[118] 张华飞:《国际化背景下加快郑州航空港区建设的几点思考》,《中共郑州市委党校学报》2010年第3期。

[119] 王洪梁:《"一带一路"背景下郑州航空城发展与建设研究》,《山东社会科学》2015年12月。

[120] 耿纯:《郑州航空港区产业发展与空间布局研究》,硕士毕业论文,郑州大学,2012。

[121] 袁凯声、彭俊杰:《把郑州航空港建设融入"一带一路"大格局》,《河南日报》2015年10月28日。

[122] 陈薇:《郑欧班列将开辟新线路》,《中亚信息》2015年第12期。

[123] 李海燕:《郑欧班列:"新丝路"上铿锵行》,《人民周刊》2015年第12期。

[124] 张建卫:《新亚欧大陆桥运营管理及发展的研究》,《铁道运输与经济》2014年第6期。

[125] 何茂春,张冀兵:《新丝绸之路经济带的国家战略分析——中国的历史机遇、潜在挑战与应对策略》,《人民论坛·学术前沿》2013年第23期。

[126] 李庚香、王喜成:《新"丝绸之路经济带"的战略特点与河南的积极融入》,《区域经济评论》2014年第6期。

[127] 董建恒、宗国俊、岳忠贤:《大力发展跨境电子商务 推动河南外贸

跨越发展——加快推进河南省跨境电子商务发展的探讨与建议》，《创新科技》2015年第8期。

[128] 叶华：《浅谈中国外贸跨境电子商务的发展》，《湖北经济学院学报（人文社会科学版）》2013年第11期。

[129] 李文一：《郑州市跨境贸易电子商务发展战略研究》，硕士学位论文，北京交通大学，2014。

[130] 李国学：《"一带一路"倡议下中国对外投资促进国际竞争力提升的路径选择》，《学海》2016年第5期。

[131] 张贺玲：《河南申建自贸区的现状分析及实施策略研究》，《大观》2016年第9期。

[132] 叶华光：《中国对外投资对国内环境改善的作用机制研究》，《湖北社会科学》2009年第11期。

[133] 罗洁：《中国对外投资特征分析及其经济增长效应研究》，硕士学位论文，南京大学，2016。

[134] 翟玮：《论全球化条件下我国民族文化的发展》，《北京工业大学学报（社会科学版）》2004年第2期。

[135] 刘迪、陈亮、王睿智：《自贸区和"一带一路"战略的建设意义与联系分析》，《中国商贸》2015年第18期。

[136] 赖满瑢：《"一带一路"与自贸区战略对接研究》，《中国集体经济》2015年第33期。

[137] 赵鸣、刘增涛、张建民：《旅游产业如何对接"一带一路"》，《群众》2016年第3期。

[138] 朱赟、叶新才：《非物质文化遗产旅游开发适宜性评价研究——以惠安女聚集地为例》，《旅游论坛》2015年第2期。

[139] 井静：《区域环境对旅游业可持续发展的影响分析——以宝鸡市为例》，《宝鸡文理学院学报（自然科学版）》2015年第2期。

[140] 蓝建学：《中国与南亚互联互通的现状与未来》，《南亚研究》2013年第3版。

[141] 高彪：《冷战后中国的南亚战略研究》，硕士学位论文，山东大学，2013。

[142] 吴涧生、张建平、杨长湧：《我国与东盟共建21世纪海上丝绸之路的内涵、潜力和对策》，《中国经贸导刊》2014年第36期。

［143］刘美平：《"一带一路"的理论依据与建设方略研究》，河南人民出版社，2016。

［144］余斌：《马克思 恩格斯 列宁 斯大林 论政治经济学》，中国社会科学出版社，2013。

［145］马克思、恩格斯：《马克思恩格斯文集》，人民出版社，2009。

后 记

党的十八届五中全会确定的"五大发展理念"是今后一个时期指引中国发展全局性理念，是中国走向国际社会引领世界经济发展的全球性理念。在这五大发展理念中，让中国走向世界的正是开放发展理念。如何实现新时期的开放发展，是摆在我们每一个国人面前的任务。"一带一路"倡议就是中国走向世界和让世界了解中国的开放发展战略。马克思、恩格斯在《共产党宣言》中指出："过去那种地方的和民族的自给自足和闭关自守状态，被各民族的各方面的互相往来和各方面的互相依赖所代替了。"习近平主席提出的"一带一路"倡议就是新时期各个国家各个民族"互相往来"和"互相依赖"的全球化国际开放平台。

河南作为地处中部地区的一个内陆省份，如何积极融入并参与到这个全球化国际开放平台之中，如何摆脱以往西方国家依靠海洋实现开放发展的传统做法，怎样走出一条具有河南特色和内陆特点的开放发展之路，是河南哲学社会科学工作者义不容辞的责任。这部《河南开放发展：现实与未来》就是我们肩负责任的体现形式。当该书即将交付出版社的时候，我们仿佛看到了郑州航空港一片非常忙碌的繁荣景象，看到了中欧班列犹如一条彩带在丝绸之路经济带上风驰电掣，看到勤劳勇敢的河南人民正在奔向小康社会，看到一个富强、文明、开放的河南伫立在中原大地……这就是我们中原人民的美好梦想！

作为集体智慧的结晶，本书由杨宏志教授总领提纲，刘美平教授负责组织协调。全书共分七章：第一章由杨宏志教授撰写；第二章由史自力教授、蒋凤玲同学撰写；第三章由武晓利博士撰写；第四章、第五章、第六章由刘美平教授、徐丽杰副教授撰写;第七章由赵俊红博士、张远同学、任丹丹同学撰写。全书由杨宏志教授审稿,刘美平教授统稿、校对。

在本书的撰写过程中,借鉴了国内外学者的很多重要观点和研究成果。在此对这些研究成果的作者表示衷心感谢!

鉴于本书作者的理论水平有限以及时间仓促,难免有疏漏和不当之处,恳请专家学者批评指正。

本书由河南财经政法大学政府经济发展与社会管理创新研究中心、现代服务业河南省协同创新中心共同出版,并得到了河南财经政法大学道德与文明研究中心的支持。

杨宏志

2017 年 1 月

图书在版编目(CIP)数据

河南开放发展:现实与未来/杨宏志等著.--北京:社会科学文献出版社,2017.7
 ISBN 978-7-5201-0728-0

Ⅰ.①河… Ⅱ.①杨… Ⅲ.①区域经济-经济开放-研究-河南②区域经济发展-研究-河南 Ⅳ.①F127.61

中国版本图书馆CIP数据核字(2017)第088036号

河南开放发展:现实与未来

著　　者 /	杨宏志 等
出 版 人 /	谢寿光
项目统筹 /	周　丽　陈凤玲
责任编辑 /	宋淑洁
出　　版 /	社会科学文献出版社·经济与管理分社 (010) 59367226
	地址:北京市北三环中路甲29号院华龙大厦　邮编:100029
	网址:www.ssap.com.cn
发　　行 /	市场营销中心 (010) 59367081　59367018
印　　装 /	北京玺诚印务有限公司
规　　格 /	开　本:787mm×1092mm　1/16
	印　张:14.5　字　数:251千字
版　　次 /	2017年7月第1版　2017年7月第1次印刷
书　　号 /	ISBN 978-7-5201-0728-0
定　　价 /	85.00元

本书如有印装质量问题,请与读者服务中心(010-59367028)联系

▲ 版权所有 翻印必究